PRÁTICAS DE ANÁLISE DO DISCURSO

Marília Novais da Mata Machado (ORG.)

PRÁTICAS DE ANÁLISE DO DISCURSO

Marília Novais da Mata Machado (ORG.)

Colaboradores

Carlos Henrique de Souza Gerken
Danilo Rodrigues de Matos
Fábio Henrique Silva
Filippe de Mello Lopes
Ivânia Fátima de Carvalho Moura
Juliana Dias Paes Nahass
Keila Deslandes
Larissa Medeiros Marinho dos Santos
Maria José Duarte Utsch
Maristela Nascimento Duarte
Marta Elisabete Guimarães Alfano
Mayara Pacheco Coelho
Rodolfo Luís Leite Batista
Talyta Resende de Oliveira
Tamiris Amanda Rezende de Alvarenga
Tatiane Rose Oliveira de Mendonça
Yara Lombardi

Artesã

Práticas de Análise do Discurso

COLABORAÇÃO NA ORGANIZAÇÃO
Tamiris Amanda Rezende de Alvarenga. - Belo Horizonte, MG

COORDENAÇÃO EDITORIAL
Karol Oliveira

DIREÇÃO DE ARTE
Tiago Rabello

REVISÃO
Giovanna M. Hailer Felipe

CAPA
Karol Oliveira

PROJETO GRÁFICO E DIAGRAMAÇÃO
Conrado Esteves

P912
Práticas de análise do discurso / organizadora : Marília Novais da Mata Machado. – Belo Horizonte : Ed. Artesã, 2018.
216 p. ; 23 cm.

ISBN: 978-85-7074-006-9

1. Psicologia social. 2. Análise do discurso. 3. Ciências sociais. 4. Pesquisa - Metodologia. I. Machado, Marília Novais da Mata, 1944-.

CDU 316.6:81'42

Catalogação: Aline M. Sima CRB-6/2645

IMPRESSO NO BRASIL
Printed in Brazil

ARTESÃ EDITORA LTDA.
Site: www.artesaeditora.com.br
E-mail: contato@artesaeditora.com.br
Belo Horizonte/MG

Apresentação

Tamiris Amanda Rezende de Alvarenga

Este livro reúne trabalhos produzidos em diferentes momentos de interação professora/alunos em sala de aula, seminário de pesquisa e reuniões de orientação, sempre em torno da análise do discurso, tema de início pouco ou nada conhecido pela maioria dos estudantes e bolsistas que participaram das experiências. A sequência de capítulos do livro conserva as marcas temporais distintas que o produziram, apontando uma trajetória de uso da análise do discurso, de busca e apreensão de sentidos e de rejeição *a priori* de interpretações únicas e verossímeis (Maingueneau, 1997). A maior parte dos capítulos ganha aqui uma segunda publicação.

O livro começa com o texto *Análise do discurso: vivências, projetos, pesquisas*, da referida professora Marília Novais da Mata Machado, em que ela descreve sua trajetória de encontros e entrelaces com a análise do discurso. Mais que nos permitir conhecer sua trajetória, a professora nos permite identificar sua maneira de fazer análise do discurso: de forma precisa, descritiva, sistemática, rigorosa e atenta às condições de produção do discurso analisado. O seu compromisso em compreender minuciosamente o falado e/ou o escrito mediante a pesquisa de seu contexto de produção inspira seus alunos e os incita, até hoje, a conhecer e apreender essa prática.

A *Análise de uma entrevista de pesquisa* é a primeira dessas práticas apresentadas, realizada em 1990, com as então mestrandas em Psicologia pela Universidade Federal de Minas Gerais (UFMG), Keila Deslandes e Marta Elisabete Guimarães Alfano. Trata-se da análise do discurso de uma única entrevista realizada no contexto de uma pesquisa junto a proprietários urbanos de lotes ocupados por favelas.

A segunda análise, cujo título é *O homossexual e a AIDS: o discurso do risco*, foi desenvolvida entre os anos de 1997 e 1999 com as psicólogas, à época, recém-formadas pela UFMG, Juliana Dias Paes Nahass e Maria José Duarte Utsch. Nessa produção, as autoras se preocuparam em compreender por que pessoas com conhecimentos sobre prevenção e recursos para evitar a infecção pelo HIV – caso dos sujeitos entrevistados – incorrem, mesmo assim, em risco. Que a nova publicação desse trabalho seja um agradecimento e uma homenagem a Juliana Dias Paes Nahass, falecida em 2013. Ela foi a principal responsável por pinçar, na teoria psicanalítica, pontos de referência que dão ao capítulo um toque especial.

A análise do discurso feita em 2012 com o título *O louco e seus predicados* contou com a participação da professora Marília e de seus alunos na disciplina *Análise do Discurso*, oferecida pelo Mestrado em Psicologia da Universidade Federal de São João del-Rei (UFSJ), Mayara Pacheco Coelho, Ivânia Fátima de Carvalho Moura e Fábio Henrique Silva, e ainda da professora doutora Maristela Nascimento Duarte, que acompanhou o curso. O *corpus* de pesquisa consistiu em transcrições de entrevistas e falas de trabalhadores da saúde mental e de autoridades na inauguração de um Centro de Atenção Psicossocial (CAPS) em uma cidade no interior de Minas Gerais, cujos serviços de psiquiatria haviam sido, no passado, objeto de fortes críticas pelos movimentos antimanicomiais.

Em 2013, quatro outras análises de discurso foram realizadas a partir da disciplina oferecida na UFSJ. As quatro tiveram o acompanhamento e a coautoria da professora Marília. A análise *Contribuição para a historiografia da saúde mental no Brasil: análise de discurso de 1991 do presidente da Associação Internacional de Psiquiatria* foi realizada pelos então mestrandos Filippe de Mello Lopes, Danilo Rodrigues de Matos e Talyta Resende de Oliveira. Trata-se da análise de um discurso de 1991, enunciado pelo presidente da Associação Internacional de Psiquiatria em carta escrita aos senadores da República, no momento de discussão do substitutivo do projeto de lei 3657/89 da reforma sanitária, que contou com o apoio dos trabalhadores da saúde mental.

A análise *A construção discursiva da autoridade e do saber salesianos no jornal Diário do Comércio de São João del-Rei em meados do século XX* teve como primeiro autor o então mestrando Rodolfo Luís Leite Batista e, além da professora Marília, contou também com a participação do co-orientador de dissertação de Rodolfo, o professor Carlos Henrique de Souza Gerken. O corpus analisado foi formado por recortes do jornal Diário do Comércio publicados entre 1958 e 1961. A sua análise permitiu a descrição de como a autoridade e o saber salesianos foram constituídos no âmbito da Educação e da Psicologia em São João del-Rei, Minas Gerais.

A *Análise do discurso sobre o TDAH em uma revista voltada para a Educação*, de Tatiane Rose Oliveira de Mendonça e também de sua orientadora de dissertação Larissa Medeiros Marinho dos Santos, apresentou uma análise do discurso publicado em *Nova Escola*, revista da Fundação Vitor Civita e do Grupo Abril acerca do TDAH (Transtorno do Déficit de Atenção com Hiperatividade).

A *Análise do discurso de um relato publicado acerca de uma prática psicossocial em instituição prisional* foi feita por mim, mestranda à época, Yara Lombardi, discente isolada da disciplina Análise do Discurso, e pela professora Marília. O objetivo foi analisar o relato publicado em 2009 de uma intervenção ocorrida em uma instituição prisional, dando especial atenção às questões metodológicas, epistemológicas e éticas envolvidas nessa prática psicossocial.

A última análise do discurso apresentada neste livro data do ano de 2018: *Reflexologia do trote de calouros: argumentos histórico-políticos contra o condicionamento subversivo*. Ela foi desenvolvida pela professora Marília e por Rodolfo Leite Batista, atualmente doutorando na Universidade Federal de Minas Gerais. O texto apresenta a análise do discurso de um artigo de 1971 localizado no arquivo da Assessoria Especial de Segurança e Informação da Universidade Federal de Minas Gerais (AESI/UFMG) que mantém documentos do período da ditadura brasileira de 1964 a 1982.

As oito práticas de análise do discurso relatadas neste livro são fruto de atividades acadêmicas, mas resultaram, sobretudo, de um trabalho coletivo, compartilhado e de momentos de interação e encontros em salas de aula, em seminários de pesquisa, em reuniões de orientação. Elas ressaltam o desejo, um tanto receoso, em adentrar por essa "ordem arriscada do discurso" (Foucault, 2007, p. 7).

São oito práticas que não só revelam parte da diversidade de encontros e produções construídas ao longo de uma trajetória de mais de 30 anos de uma professora, mas que apontam, simultaneamente, a multiplicidade da própria análise do discurso.

As seguintes instituições contribuíram para a existência deste livro: Universidade Federal de Minas Gerais (especialmente o Programa de Mestrado em Psicologia Social da Faculdade de Filosofia e Ciências Humanas e o Projeto Horizonte, da Faculdade de Medicina); FAPEMIG, que concedeu bolsa de aperfeiçoamento a duas pesquisadoras; Universidade Federal de São João del-Rei, em especial ao Programa de Pós-Graduação em Psicologia; a CAPES, que concedeu à professora Marília a bolsa PVNS (Professora Visitante Nacional Sênior) que lhe permitiu pesquisar e lecionar na UFSJ. Este livro contou com a autorização para segunda publicação pelos seguintes periódicos e programas: Psicologia & Sociedade, Projeto Horizonte (Ministério da Saúde), Mnemosine (UERJ), Memorandum (FAFICH-UFMG), Psicologia em Revista (PUC Minas).

Referências

FOUCAULT, Michel. **A ordem do discurso**. São Paulo: Edições Loyola, 2007.

MAINGUENEAU, Dominique. **Novas tendências em análise do discurso**. Tradução Freda Indursky. Campinas: Pontes; Ed. da Unicamp, 1997.

1

Análise do discurso:
vivências, projetos, pesquisas

Marília Novais da Mata Machado

Meus primeiros contatos com a análise do discurso

A primeira vez que lidei com a análise do discurso foi em 1971. Nessa ocasião, apresentei em um seminário do Setor de Psicologia Social, UFMG, o livro de Michel Pêcheux (1969) que propõe uma análise automática do discurso (AAD), projeto esse nunca concretizado tal como imaginado. Hoje, há uma ótima tradução do livro (PÊCHEUX, 1990a). Ainda retiro dele algumas noções, como a definição de *condições de produção do discurso*. Gosto da definição porque ela remete à pesquisa do contexto, ou seja, das relações que dão sentido ao discurso produzido, além de falar, de forma muito precisa, de lugares imaginários:

> Nossa hipótese é de que esses lugares estão representados nos processos discursivos [...]; o que funciona nos processos discursivos é uma série de formações imaginárias que designam o lugar que A e B se atribuem cada um a si e ao outro, a imagem que eles se fazem do seu próprio lugar e do lugar do outro. Se assim ocorre, existem nos mecanismos de qualquer formação social regras de projeção que estabelecem as relações entre as situações (objetivamente definíveis) e as posições (representações dessas situações). [...]
>
> A posição dos protagonistas do discurso intervém a título de condições de produção do discurso. [...] O "contexto", a "situação"

na qual aparece o discurso pertence igualmente às condições de produção. (PÊCHEUX, 1990a, p. 82-83).

No livro, gosto ainda da hipótese segundo a qual os textos, como a língua, funcionam, o que permite a utilização, na análise de textos, dos instrumentos conceituais da linguística, hipótese à qual Pêcheux chegou ao questionar as oposições língua/fala e estrutura/função presentes na teoria de Saussure. Discurso e texto não se confundem, pois o funcionamento do discurso não é apenas linguístico, mas algo vinculado também às suas condições de produção. Desde já, vê-se que, na perspectiva pêcheutiana, assim como na maior parte das perspectivas da análise do discurso, é fundamental a consideração do texto e, ainda mais, do contexto em que a fala ou a escrita surgiram.

Gosto igualmente das críticas feitas por Pêcheux, em 1969, à análise do conteúdo, sobretudo a de que essa análise apenas reproduz a grade de leitura pré-definida que a tornou possível e a de que ela pressupõe ser a língua transparente, classificável e nada opaca. Finalmente, quando uma análise se torna difícil, quando a opacidade da língua vai ficando cada vez mais evidente, ainda faço transformações nas proposições, semelhantes às sugeridas na primeira AAD, a fim de ter claro, por exemplo, qual é o sujeito de uma proposição e que predicações o descrevem.

Os percalços da AAD são conhecidos. Por anos, tentou-se construí-la, sem jamais chegar-se a ela. Subprodutos importantes surgiram, sendo o principal deles uma teorização sólida, diversa, desafiadora e rica. O próprio Pêcheux, em um dos seus últimos escritos, diagnosticou o problema que o impediu de avançar tecnicamente na análise: o princípio estruturalista que o guiara, afinal, não funcionava:

> A noção de formação discursiva tomada de empréstimo a Michel Foucault começa a fazer explodir a noção de máquina estrutural fechada [...]: uma formação discursiva não é um espaço estrutural fechado, pois é constitutivamente 'invadida' por elementos que vêm de outro lugar (isto é, de outras formações discursivas). (PÊCHEUX, 1990b, p. 314).

Minha formação discursiva básica

Com a introdução acima, digo que me inspiro, em minha prática de pesquisa, na tradição da *análise do discurso francesa* (AD). Esse sintagma evidentemente não existia em 1969 nem em 1971 e, devido o seu caráter redutor, que transforma um projeto amplo e universal num tema local, certamente seria rejeitado pelo próprio Pêcheux. Hoje, o uso do sintagma é uma das evidências do fato de haver uma diversidade enorme no campo das análises do (e de) discurso, bem maior que as 57 variedades sugeridas, certamente numa brincadeira, por Rosalind Gill (2002, p. 246), em seu excelente texto introdutório à análise do discurso.

O caminho pelo qual cheguei à AD foi-me indicado por Célio Garcia, estudioso da língua, da psicanálise, da política, da ética, introdutor do pensamento de Lacan no meio psicanalítico de Minas Gerais, criador e, por cerca de dez anos, coordenador do Setor de Psicologia Social da UFMG, meu local de trabalho entre os anos 1960 e 1990. Tive a oportunidade de trabalhar diretamente com ele entre 1966 e 1978.

A cada ano, Garcia passava uma temporada na França e, nessas ocasiões, se punha a par do que ocorria acadêmica e culturalmente na Europa. Em 1970, ele já havia contatado os dois Michel, Pêcheux e Foucault, que, um tanto sem se comunicarem diretamente, embora ex-discípulos de um mesmo mestre, estiveram no nascedouro da análise do discurso em 1969. Naquele ano, além da AAD de Pêcheux, surgiram ainda na França o número 13 da revista *Langages*, elaborado na Universidade de Nanterre e intitulado *A análise do discurso*, e o livro de Foucault *Arqueologia do Saber*, do qual se pode extrair uma verdadeira metodologia da análise do discurso. Nele, o autor argumenta contra posturas estritamente estruturalistas, sugere que a análise seja, sobretudo, uma descrição e formula um conceito que considero central para o campo: o de formação discursiva: "conjunto de regras anônimas, históricas, sempre determinadas no tempo e no espaço, que definiram, em uma dada época e para uma determinada área social, econômica, geográfica ou linguística as condições de exercício da função enunciativa". (Foucault, 1987, p. 136).

Uso bastante essa noção. Em cada análise que faço, indago sobre o contexto de produção do discurso ("realidade material da coisa pronunciada ou escrita", como já o define Foucault, em 1970[1]). Indago então sobre a época em que o discurso foi escrito ou dito, assim como

[1] *A ordem do discurso*, Foucault (2010, p. 8). Trata-se de uma definição clássica do que é discurso. Em outras palavras, Trask (2006, p.84), em dicionário de linguagem e linguística, escreve a mesma coisa, ao definir discurso como qualquer fragmento de fala ou escrita.

sobre o lugar, as condições sociais, culturais, políticas, econômicas de quem o disse ou o escreveu, e também, as condições de seu entorno. Tanto quanto possível, quero saber sobre as regras que aí operam. Esse é o quadro de referência a partir do qual atualmente inicio uma análise.

Entretanto, nem sempre adotei essa postura, nem tenho nenhum compromisso firmado com ela. O convite inicial de Pêcheux era no sentido de se fundamentar na psicanálise, tal como reelaborada por Lacan e no materialismo histórico dialético, tal como trabalhado por Althusser. Era o que ele tentava construir nos anos 1970. Nessa época, eu estava impregnada pelo positivismo herdado da Psicologia norte-americana, que foi minha formação no Brasil, e dificilmente conseguiria lidar simultaneamente com esses dois grandes referenciais não positivistas.

Mas como já estava bastante treinada para ser uma acadêmica empírica, a AAD me atraía. Isso não me evitou uma má figura em janeiro de 1972. Na França, Célio Garcia, Maria Emília Amarante Torres Lima e eu tivemos um encontro com Pêcheux, que quis saber o que pensávamos fazer, no Brasil, com a AD. Falei-lhe a respeito da pesquisa que iniciávamos. Dávamos a ela o nome de *experimento*. Queríamos apreender e comparar discursos de doentes mentais que, a nosso pedido, completariam sentenças. Pretendíamos controlar variáveis do tipo sexo, idade, escolaridade e religião, partindo da certeza de que os diagnósticos que rotulavam nossos sujeitos eram definitivos, corretos e evidentes. Para a análise, iríamos adotar "parte do método proposto por Michel Pêcheux no livro *Analyse automatique du discours*" e teríamos como unidade de análise o enunciado "tal como definido por Pêcheux" (Amaral; Machado, 1971, p. 17). Compararíamos dois a dois todos os enunciados obtidos.

Como se vê, a proposta foi permeada por uma formação científica experimental, já criticada na ocasião por Pêcheux[2], por uma crença no diagnóstico da psicopatologia da época e por uma perspectiva que se fechava à inovação representada pela AAD e simplificava a análise, limitando-a aos poucos recursos que tínhamos. De fato, nessa altura, o único computador que conhecíamos era um modelo 1130 que ocupava boa parte de um andar da Faculdade de Engenharia da UFMG e fazia bem menos que o mais simples dos microcomputadores de hoje. Dessa

[2] A respeito dessa crítica, ver Pêcheux (1970), Herbert (1972) e Machado (2008). Observa-se que Herbert é um dos pseudônimos utilizado por Michel Pêcheux.

forma, imaginar fazermos uma análise automática verdadeira era algo distante. Pêcheux foi delicado, mas me permitiu ver a forma limitada e estreita segundo a qual pensávamos.

Em 1973, num convênio internacional, Célio Garcia trouxe Foucault ao Brasil. Nessa ocasião, o professor do *Collège de France* já havia definido a análise do discurso como uma descrição simultaneamente crítica e genealógica (Foucault, 1971). Nesse mesmo ano, graças a Garcia e ao convênio com a embaixada francesa, Maria Emília obteve bolsa de estudo naquele país. Entre 1973 e 1984, Maria Emília permaneceu na França e teve Pêcheux como orientador de sua tese (Lima, 1990) e como diretor de pesquisa no grupo do CNRS. Durante esse tempo, ela manteve seus colegas do Setor de Psicologia Social, no Brasil, atualizados quanto ao desenvolvimento da AAD1, AAD2 e AAD3. Na medida em que apareciam, ela nos dava acesso a textos de Jean-Jacques Courtine, Michel Plon, Paul Henry, Jacqueline Léon, Régine Robin e a diversos de Michel Pêcheux[3].

O principal sentimento que Maria Emília transmitia a mim era o de que a criação da análise do discurso caminhava apenas muito lentamente. De outro lado, retomei por outras vias uma formação positivista nos Estados Unidos e esqueci-me da análise do discurso. Voltei a ela apenas em 1989, na França, para o fechamento de minha tese de doutorado. Nesse ano, segui seminário sobre análise de discurso, conduzido por meu orientador, André Lévy.

Aprendendo a lidar com alguns instrumentos analíticos

Teórico e prático da Psicossociologia, Lévy criava uma análise feita ao vivo, voltada às práticas de intervenção psicossociológica[4]. Além disso, ele analisava entrevistas individuais e grupais e teorizava a respeito[5]. Com formação norte-americana e europeia, seus fundamentos de análise de discurso valiam-se da filosofia analítica, da pragmática, da linguística, do interacionismo simbólico e da análise conversacional.

[3] Neste capítulo, disponibilizo algumas referências (a maioria em português) de textos desses autores. Graças, sobretudo, a Eni Orlandi, da Unicamp, hoje há muitas traduções do material produzido pelo grupo de análise do discurso do CNRS liderado por Pêcheux. Ver também Indursky e Ferreira (2005).

[4] A esse respeito, consultar Giust-Desprairies e Lévy (2002).

[5] Lévy (1983); Lévy e Trognon (1986).

Com Lévy, aprendi a tratar entrevistas como um caso particular de discurso coproduzido, provocado, efeito da própria situação de interlocução/intervenção. De fato, tudo o que o entrevistado diz, seja uma declaração, uma argumentação ou, mais comumente, uma narração, é sempre uma resposta, ainda que indireta, a um entrevistador específico. O seu discurso será diferente se dirigido a um homem ou a uma mulher, a um jovem ou a um idoso, a alguém de uma hierarquia superior ou inferior. É uma ação dirigida a uma pessoa específica, numa situação única.

Em uma entrevista, dificilmente obtém-se o real, mas antes algo contado, relatado, produzido na situação e no ato de narrar. Pode ser, por exemplo, uma racionalização ou uma lembrança destorcida. Comumente, serão histórias não necessariamente verídicas, impossíveis de serem provadas como verdadeiras ou falsas.

Além disso, a situação de entrevista leva os entrevistados a reflexões, elaborações, reelaborações e criação de novos sentidos. Nada disso pode ser desconsiderado pelo entrevistador no ato de entrevistar e na análise do material.

Para a análise de entrevistas, guardo ainda sugestões feitas verbalmente por Lévy e certamente já modificadas por mim:

(a) Procurar o eixo articulador do discurso do entrevistado, o que certamente tem a ver com o ganho material ou psíquico que ele espera obter ao conceder a entrevista. Para tanto, perguntar durante a análise: Por que ele disse isso? O que pretendia obter com isso? Quando chegamos às respostas ou nos aproximamos delas, elas são sempre muito interessantes.

(b) Abandonar, na análise, fragmentos de discurso que são falas estereotipadas, lugares-comuns, rótulos ou chavões, visando apenas agradar ao entrevistador ou responder o que o entrevistado acha que o entrevistador quer ouvir (a expressão *langue de bois*, com equivalentes em outras línguas e traduzida entre nós por língua de madeira, refere-se exatamente a essa fala cristalizada, congelada; evidentemente, se a *langue de bois* é o objeto da pesquisa, ela deve ser cuidadosamente investigada).

Finalmente, no curso sobre análise de discurso de Lévy, fui introduzida às contribuições de Austin, Searle, Grice, Ducrot, Flahault e retomei escritos de Goffman, já meus conhecidos[6].

[6] Austin (1990); Searle (1981); Grice (1957; 1979); Ducrot (1973); Flahault (1978); Goffman (1987).

Desde então, considero importante aprender e dominar o maior número possível de dispositivos ou instrumentos analíticos, muitos deles procedentes da linguística, da filosofia analítica, do interacionismo e da análise conversacional. Nas últimas décadas, eles resultam prioritariamente dos desenvolvimentos da própria análise do discurso. Esses dispositivos são designados também por *marcadores* ou *pontos de referência para a análise*. O mais comum deles é o *termo-pivô* ou palavra-chave. Se eu pesquiso, por exemplo, a infância, percorrer um texto buscando o termo-pivô "criança" pode ser fundamental.

Num determinado corpus[7] de pesquisa, pode ser útil buscar verbos performativos (ou de ação). Eles foram descobertos por Austin (1990) que os estudou, especialmente quando empregados na primeira pessoa do singular: eu prometo, peço, ordeno, agradeço, afirmo, aconselho, advirto, certifico, juro, aposto, abençoo, permito, concedo, etc. Performativos podem me informar sobre meu objeto de pesquisa. Por exemplo, quando estudei o discurso da equidade e da desigualdade sociais (MACHADO et al., 2010), em uma proposição como "— Consinto que vás dar um passeio", pude apreender uma instância de desigualdade, alguém em situação de mando e alguém em situação de obediência. Trabalhava então com material de ficção. Mas, igualmente em corpora de situações de vida cotidiana (entrevistas e reuniões transcritas, por exemplo), as análises de atos de fala[8] como as expressões performativas apontam ações concretas, atuações sobre o real, constituição do real.

As análises de afirmações, ordens, perguntas, promessas, referências e predicações estudadas por Searle (1981) apontam do mesmo modo atos de fala que seguem regras e convenções. Por exemplo, na pesquisa que realizei com colegas e alunos sobre as predicações atribuídas ao louco na fala de profissionais de saúde e de autoridades municipais, apresentada neste livro, foi possível apreender uma mudança discursiva nas predicações ao louco, indo de sua caracterização como alguém confinado e contido a alguém livre e autônomo, o que, no contexto de uma cidade

[7] Corpus é o material empírico sobre o qual a análise é feita: uma entrevista transcrita, um documento histórico, um texto de jornal, um livro, uma ata de reunião, uma fala pública, etc. Corpora é o plural de corpus.

[8] Atos de fala, de linguagem e de palavra referem-se à mesma coisa; da mesma forma, ato ilocutório e ilocucionário são apenas duas formas diferentes de traduzir um mesmo termo.

onde a reforma psiquiátrica tornou-se uma exigência, correlaciona-se com mudanças concretas nas práticas de cuidados ao louco.

Nessa mesma pesquisa, as regras conversacionais propostas por Grice (1979)[9], porque não obedecidas, nos mostraram a dificuldade das autoridades municipais para se referirem ao louco, seja por não dominarem o vocabulário politicamente correto que se impõe na área, seja por estarem diante de profissionais de saúde críticos e exigentes, seja por outra razão. As falas das autoridades apareceram truncadas, vazias, incompletas, com proposições mal construídas em que o sujeito louco é um não dito.

Ducrot (1973) investigou pressuposições, lugares ocupados pelos interlocutores, interrogação e ordem (instâncias que modificam o lugar do outro), implícito linguístico (Ex.: "X não é mais casado"), implícito discursivo (Ex.: "Não sou louca, nunca farei Y...")[10] entre outros dispositivos analíticos. Valendo-se de teorizações de Ducrot sobre pressuposições, Lima (1990) estudou a construção discursiva do povo brasileiro nos discursos de 1º de maio, de Getúlio Vargas. Percorrendo o corpus constituído pelos discursos, ela buscou pressuposições que lhe apontaram convenções e leis formadoras do quadro institucional da fala do governante. Ela usou também outros pontos de referência para a análise, em especial o termo-pivô "povo".

Flahault (1978) investigou trocas intersubjetivas, como diálogos, conversas e discussões banais, palavras cotidianas, cálculos, atos performativos, atos ilocucionários (performativos que prescindem do uso do pronome eu, podendo ser explícitos, quando usam verbos performativos, e implícitos, quando não usam essa classe de verbo). Flahault criou também um registro de lugares. Usei esses instrumentos em minha pesquisa da interação pesquisador/entrevistado (Machado, 2002).

Em 1991, por um curto período, participei da formação do grupo de Análise do Discurso desenvolvido na Faculdade de Letras (Fale)/UFMG em torno de Ida Lúcia Machado, no qual Patrick Charaudeau

[9] Segundo Grice (1979), trocas de palavras requerem cooperação que obedece a regras relativas à *quantidade* de informação (tanta quanto necessária, mas não mais do que o requerido), à *qualidade* da informação (ela deve ser verídica), à sua *relevância* e *modalidade* (a informação deve ser importante e clara).

[10] Proposições das quais se pode recuperar: "X foi casado"; "Não convém fazer Y", a primeira com marca na língua e a segunda recuperada no funcionamento discursivo.

e Dominique Maingueneau tiveram papel central, graças a um acordo França-Brasil. Em novembro desse mesmo ano, acompanhei informalmente o curso que Charaudeau ofereceu na Fale sobre interação, construção de sentido e contrato, noções que incorporei ao meu repertório de analista do discurso. Nessa ocasião, Charaudeau já fundara e dirigia o CAD (*Centre d'Analyse du Discours*), na Universidade de Paris XIII[11].

Como se vê, nesse apanhado que citou apenas um número diminuto de dispositivos analíticos – aqueles sobre os quais aprendi um pouco com Maria Emília Amarante Torres Lima, André Lévy e Patrick Charaudeau – são numerosos os instrumentos passíveis de serem utilizados na análise do discurso. Diversos outros estão bem estudados como conectivos argumentativos, citações, paráfrases, endóforas e interdiscurso; outros vêm sendo criados e utilizados em pesquisas relativas, por exemplo, a metáforas, ethos, fatos diversos, humor, ironia, pathos, emoção, provérbios, efeitos retóricos.

No meu espaço nas Ciências Humanas, coloco-me apenas como usuária desses instrumentos que vêm sendo criados e investigados mais por pesquisadores da língua que por utilizadores da análise do discurso. Há, contudo, também instrumentos que surgiram na Psicologia, especialmente aqueles provenientes da Psicanálise. Usei alguns, como as parapraxias propostas por Freud (lapsos, esquecimentos, reticências, falas fortuitas, erros), os chistes, as repetições, resistências, passagens ininteligíveis, lacunas, contradições.

Utilizando análise do discurso em pesquisas

Minha principal área de atuação tem sido sempre a Psicologia Social, embora algumas vezes meu interesse metodológico tenha suplantado o psicossocial. Com isso quero dizer que não construo análise do discurso nem instrumentos analíticos. Trabalho com objetos e questões das Ciências Humanas e uso, ultimamente com alguma frequência, conhecimentos da disciplina Análise do Discurso para responder às minhas questões de pesquisa e para ajudar mestrandos a formularem as suas. Tenho verificado que, em cada caso e para cada objeto de pesquisa, a análise é

[11] Boa parte do conteúdo do curso dado por Charaudeau em 1991 pode ser encontrada, hoje, em português, em Charaudeau (2008).

única. Elaborar um receituário geral, regras e normas de análise é praticamente impossível, mas posso apresentar alguns trabalhos que realizei ou coordenei.

Favela Acaba Mundo

A primeira análise do discurso que fiz foi para a minha tese de doutorado (Machado, 1990), cujo objeto foi a favela, especificamente a do *Acaba Mundo*, em Belo Horizonte, onde, com colegas e alunos, participei de uma longa pesquisa-intervenção, iniciada em 1985[12]. Nela, utilizei questionário estruturado que me forneceu dados estatísticos representativos da população do *Acaba Mundo*, como idade dos moradores, escolaridade, trabalhos, hábitos, crenças, etc. Esses dados importam aqui apenas porque informam sobre o contexto de produção de discursos obtidos por meio de entrevistas. Para analisar essas entrevistas, comecei com uma análise do conteúdo *temática* que classificou falas e informações nas categorias "Crescimento da favela", "Interações com proprietários, grileiros e órgãos estatais", "Interações com outros agentes externos", "Associações internas" e "Atividades de trabalho e interações com a mina vizinha". Isso foi útil, pois explicitou a história da favela, as relações entre moradores e deles com vizinhos e instituições, ou seja, forneceu mais informações de contexto.

A análise do discurso propriamente dita permitiu conhecer a estruturação e o funcionamento da favela. O referencial teórico foi derivado do então chamado novo paradigma da ciência ou, mais precisamente, da teoria da auto-organização de Atlan (1979). Assim, supondo que minha equipe de trabalho fosse um agente perturbador na favela e que os moradores respondiam a ela de acordo com seu funcionamento (auto-organizado) usual, as reações dos moradores à equipe revelariam o funcionamento usual da favela. Assim, (a) a entrevista representaria uma perturbação no sistema-favela e (b) as interações verbais entre pesquisador e entrevistado revelariam o funcionamento do sistema. Dessa forma, minha pesquisa sairia do plano das representações (do narrado, relatado, da história contada) para um plano mais objetivo, geralmente denominado realidade.

[12] Os primeiros passos desse trabalho estão relatados em BOMFIM; LIMA e MACHADO (1986).

Para analisar o discurso dos moradores usei como marcadores as interrogações feitas pelos entrevistados ao entrevistador (a pergunta: Né?, por exemplo), as menções diretas à "senhora", ao "senhor", a "você", interpelações feitas pelos entrevistados ao entrevistador ("Olha"..., por exemplo) e outras falas em que se identificou inversão de papéis entrevistador/entrevistado, o segundo assumindo a direção das trocas verbais.

Com esses marcadores, pude detectar formas de *aproximação* do entrevistador que tiveram a função de sondá-lo, a fim de saber quem era ele, e implicá-lo na problemática da favela. Verifiquei que há normas para uma aproximação amiga: o agente externo (no caso, minha equipe) deve estar disposto a entrar na favela e tratar bem seus habitantes. A análise me revelou igualmente *divisões internas* à comunidade e distinções entre grupos, dentro e fora da favela. O entrevistado, estrategicamente, busca fornecer uma boa imagem de si mesmo e de seus próximos como pessoas de bem, merecedoras de reconhecimento. Morro do Papagaio, uma favela vizinha, era o espelho e, ao mesmo tempo, o alvo de projeções de imagens indesejáveis.

A análise mostrou ainda o entrevistado se colocando diante do entrevistador em posição de inferioridade e utilizando uma estratégia de *justificativas*. "Tal sujeição tem a função de demonstrar a legitimidade da ocupação do terreno: o entrevistador é tomado como testemunha junto à qual o entrevistado se tranquiliza, reafirmando a certeza de seu direito ao espaço ocupado" (Machado, 2002, p. 53-54). Diferentes argumentos legitimam a ocupação: "o terreno estava vazio, sem cercas; o vigia das terras permitiu que barracos fossem construídos; a ocupação adquiriu um caráter oficial, sancionado seja pela polícia, seja pela prefeitura, seja por algum órgão do governo; o número de anos da ocupação a consagrou em lei" (p. 54).

Outras falas revelaram uma estratégia de *expor sofrimentos e dificuldades*, por meio da qual os entrevistados exercem de alguma forma um poder sobre os entrevistadores, implicando-os emocionalmente na sua problemática pessoal e comunitária. A exposição dos sofrimentos assemelha-se à mendicância e é uma forma desagradável de pedir compaixão e ajuda. Pode-se dizer que, como estratégia funcional, "é uma provocação ao entrevistador ('você não sabe o que é ser pobre... '), um ajuste de contas, uma maneira de encarar a insegurança e o perigo" (Machado, 2002, p. 54).

Enfim, outras interpelações chamaram a atenção do entrevistador para o estado de *insegurança* e de *medo* vivido no cotidiano da favela. "Inundações, desbarrancamentos, queda de barracos são lembrados, assim como os perigos advindos dos choques com os proprietários particulares e com grileiros de terra" (Machado, 2002, p. 54). Verifiquei que, nas interações com o pesquisador, o entrevistado age de forma notadamente defensiva, padrão que certamente mantém também com outros agentes externos.

Análise de uma entrevista de pesquisa

Ainda na pesquisa da favela *Acaba Mundo* e já de posse das entrevistas com os moradores posseiros da terra (os favelados), pensei em entrevistar também os proprietários dos terrenos sobre os quais a favela foi formada. A análise da primeira entrevista se revelou tão curiosa que, em coautoria com Keila Deslandes e Marta Alfano, então mestrandas na UFMG, fizemos um artigo a partir dela (Machado; Deslandes e Alfano, 1990-1991)[13].

Trabalhávamos com algumas hipóteses de análise: a de que seria possível chegar ao eixo articulador do discurso da entrevistada e a de que parapraxias da fala seriam pistas do processo de estruturação da entrevista. Repetições, resistências, passagens ininteligíveis e lacunas foram tomadas como "momentos privilegiados que apontariam aquilo que conscientemente não se destinava a ser comunicado" (Machado; Deslandes e Alfano, 1990-1991, p. 186).

Foi Keila quem atentou para a constante repetição do pronome pessoal "eu" na fala da entrevistada. Foram contados, sem o auxílio de computador, na época ainda não disponível para essa função, 280 repetições do pronome *eu* em oitenta minutos de entrevista e isso desconsiderando as ocorrências implícitas. Paralelamente, a ocorrência de muitos meus, minhas, me, mim, comigo remetiam sempre a uma constelação familiar, envolvendo pai, mãe, filhos.

A partir daí, acompanhando a pista deixada pelo "eu" e "meu" numa fala cheia de repetições e lacunas, foi possível reconstituir a história

[13] Esse artigo está reproduzido na íntegra, neste livro.

do lote ocupado. Ele havia sido comprado pelo pai da entrevistada, que o colocou em nome de suas três filhas. Com a morte do pai, a entrevistada comprou a parte das irmãs e para tanto, trabalhou arduamente, segundo relata. Seu sonho era construir naquele espaço de 580 metros quadrados quatro casas, para seus quatro filhos, com um "comodozinho" para ela própria.

Aos poucos o eixo articulador do discurso ficou claro: era o sonho agora frustrado de reunir a família no lote, prolongando a vontade do pai da entrevistada que o comprara para as suas três filhas. O lote que fora anteriormente um sonho lindo não concretizado passou a ser associado a perdas, a falta, a uma dor de cabeça contínua e, repetidamente, à data 1953, correspondente à da compra do lote e à da morte do pai. Transformada em herdeira única de um patrimônio, ela herdou também o desejo paterno irrealizável e, com ele, veio a frustração e o ódio ao favelado.

Proprietários e posseiros urbanos

A análise relatada acima alimentou outra pesquisa sobre as lógicas respectivas de proprietários e posseiros urbanos (Machado, 1990-1991). Nesse trabalho, usei os mesmos procedimentos analíticos empregados anteriormente: múltiplas leituras das entrevistas, busca do eixo articulador do discurso, atenção às parapraxias e às repetições, atenção aos pontos obscuros e uso de termos-pivô.

A política municipal de então era a da legalização da posse, a fim de dar solução definitiva aos problemas da favela, solução que, hoje, passadas três décadas, ainda não se concluiu no *Acaba Mundo*. Naquela altura, com mais de seis anos de pesquisa na favela, eu já sabia que, para o posseiro, o proprietário privado era uma figura opaca, designada como "eles". Era um adversário oculto, representado sempre por advogados, grileiros, políticos, empregados e policiais falsos ou verdadeiros.

Os relatos feitos por posseiros sobre as estratégias usadas por proprietários para afastá-los da área incluíam ofertas de dinheiro ou de terrenos na periferia da cidade, colocação de olheiros, vigias e grileiros na favela, intimidações, repetidas construções de muros e cercas, intervenções policiais repressivas, ameaças físicas pessoais e destruição de barracos. Os relatos de suas medidas defensivas incluíam apelos a entidades religiosas e ao poder público, além de defesa com pedras e enxadas.

Em larga medida, as entrevistas com proprietários confirmaram, numa linguagem indireta, de meios ditos, as intervenções que eles promoviam, dentro ou fora da legalidade. Uma lista dos nomes de cerca de 80 proprietários foi obtida junto à Prefeitura e foi feito contato com a associação que eles haviam formado em defesa de seus interesses. Um ano de tentativas de acesso (1988-1989) resultou apenas em três entrevistas gravadas, uma delas feita simultaneamente com mãe e filho, três outras apenas anotadas e lembretes das tentativas fracassadas de abordar outros proprietários. Eles formavam um grupo heterogêneo, incluindo desde um antigo posseiro que legalizou suas terras a um grande especulador imobiliário, passando por pequenos e grandes proprietários urbanos, além de um policial que, com informação privilegiada, escolheu o momento de comprar sua terra na área. Todos eles pressionavam o poder público, às vezes manipulavam o pagamento do imposto predial, sonhavam com a remoção da favela ou com indenizações vultosas. Às vezes, recorriam ao Poder Judiciário e sempre avaliavam o posseiro como alguém indigno, sujo ou malandro.

A análise do discurso revelou, para proprietários e posseiros, "duas lógicas diferentes que, entretanto, mantêm entre si relações especulares de projeções e estranhas identificações" (Machado, 1990-1991, p. 18). O posseiro vê a ocupação como legítima, uma vez que a área estava livre e sem cerca. Para ele, o número de anos de ocupação já consagrara a legalidade. Mas sempre vive o medo, confessado ou denegado, do despejo. O proprietário alega seus direitos e lamenta a desvalorização do imóvel.

Entre proprietários e posseiros, o vínculo é de hostilidade com acusações recíprocas. Mas são também, um para o outro, modelos: o posseiro quer ser um dia o dono do terreno no qual mora e vê seu barraco como um patrimônio a ser deixado de pai para filho. O pequeno proprietário, ao se comparar ao grande, identifica-se ao favelado, imaginando também ocupar um bom terreno. Já os especuladores e grandes proprietários projetam qualidades, sentimentos e mesmo atos que dizem respeito a eles próprios no posseiro; por exemplo, eles veem a ocupação simplesmente como um negócio lucrativo.

Entrevista de pesquisa: a interação pesquisador/entrevistado

Em 1992, retomei pela terceira vez as entrevistas feitas no *Acaba Mundo*, agora com outras questões de pesquisa (Machado, 2002).

Inspirada, sobretudo, nas reflexões do etnólogo Georges Devereux (1980), interessou-me analisar a implicação (ou contratransferência) do pesquisador. Para tanto, coloquei no foco de minha pesquisa as interações (ou melhor, interlocuções) verbais entre pesquisador e entrevistado nos dois corpora: o das entrevistas com posseiros e o das entrevistas com proprietários. Selecionei nos corpora os fragmentos de discursos em que havia interações completas (esse foi o critério adotado), como uma sequência formada por uma questão, uma resposta pertinente e uma avaliação da resposta. Cheguei assim a um novo corpus constituído por interlocuções, todas com três ou mais trocas verbais entre pesquisador e entrevistado.

As interações completas foram analisadas considerando-se marcadores diversos, entre os quais os registros de lugares propostos por Flahaut (1978), as pressuposições de Ducrot (1981), as conexões de salto de Trognon[14] (1988), as situações de "fazer má figura" de Goffman[15] (1959, 1974).

As análises permitiram confirmar que "o discurso produzido na situação de entrevista é construído conjuntamente pelos dois agentes em interação" e que essa co-construção "é mediada por atos de palavras, pressupostos, convenções, negociações, acordos tácitos, pedidos de reconhecimento" (Machado, 2002, p. 133). Além disso:

> [...] as posições enunciativas de cada locutor se relacionam não apenas às comunidades discursivas às quais pertencem, mas também às diferentes insígnias que aí circulam e incidem sobre os discursos. Assim, vemos os entrevistadores a corrigirem a fala dos posseiros, a se imporem sobre eles, a se atribuírem uma posição hierarquicamente superior; os posseiros reagem, sobretudo expondo suas misérias, mas tentam também controlar os entrevistadores, através de questões, desacordos, recusas; porém, usualmente, submetem-se ao pesquisador.
>
> Nas entrevistas com os proprietários particulares, observa-se outro encadeamento discursivo. Esses interatuantes situam-se

[14] Nesse tipo de conexão, numa troca verbal, há situações em que um falante A encadeia sua fala no que ele próprio disse anteriormente, o mesmo acontecendo com o falante B, os dois perdendo temporariamente a ligação entre o que dizem.

[15] São situações em que há quebras numa interação ou numa comunicação, quando um interlocutor diz ou faz algo errado ou deslocado (*loose the face; perdre la face*).

economicamente em posição superior à da entrevistadora[16]: esta se submete, justifica-se, deslumbra-se diante das insígnias de poder ostentadas por eles; sua fala é corrigida e ela é colocada em posição de informante. (p. 133-134)

Tanto com proprietários quanto com posseiros, os entrevistadores querem, sobretudo, obter informações que avaliam pertinentes a uma pesquisa (data, local, números). Convenções próprias ao aparelho escolar científico, histórias particulares, desejos, insígnias e representações da ciência e da pesquisa científica atuam nas suas falas (incluindo na minha, pois eu também entrevistei). É possível afirmar que, nas entrevistas, foram produzidos monólogos articulados às posições enunciativas de seus protagonistas, às suas formações imaginárias e aos seus desejos. Esses monólogos são permeados por imposições e tentativas de dominação, configurando certa violência. Porém, eles "são indissociáveis da situação de interação; não seriam produzidos independentemente dela" (Machado, 2002, p. 134).

O discurso do risco

Entre 1997 e 1999 estive ligada, junto à Faculdade de Medicina da UFMG, ao componente comportamental do *Projeto Horizonte*, dedicado tanto ao estudo da incidência e prevalência da infecção pelo HIV quanto a ensaios clínicos com vacinas candidatas anti-HIV. Para tanto, constituía-se uma coorte aberta com sujeitos participantes, homossexuais e bissexuais masculinos com sorologia negativa para o HIV. Fiz parte da equipe de psicólogos e sociólogos do projeto, que se mantém até os dias de hoje. Os participantes são acolhidos pela equipe comportamental que os entrevista e aplica um questionário de questões fechadas. Posteriormente, se os participantes se comprometem com a entrada na coorte, submetem-se a exames laboratoriais e a consulta clínica. Eles retornam a cada seis meses, passam pelas consultas e respondem ao mesmo questionário. Entrementes, são oferecidas atividades educativas e culturais que os instruem sobre a AIDS, a prevenção e o sexo seguro.

[16] Todas as entrevistas com proprietários foram feitas por Lizainny A. A. Queiroz, então jovem bolsista de Convênio CNPq-CPq/UFMG.

Orientei o trabalho de duas psicólogas da equipe comportamental, as bolsistas de aperfeiçoamento Juliana Nahass e Maria José Utsch. As duas tinham experiência como terapeutas. A encomenda feita a nós pelo projeto foi a de analisar as questões abertas do questionário e propor um subprojeto de pesquisa relacionado. Na nossa pesquisa específica, perguntamos por que pessoas com conhecimentos sobre prevenção e recursos para evitar a infecção pelo HIV – como é o caso dos participantes do Projeto Horizonte que passam por sessões de aconselhamento e recebem gratuitamente camisinhas – incorrem, mesmo assim, em risco de infecção pelo HIV[17].

No espaço de seis meses entre as consultas, Juliana e Maria José verificaram que, entre os participantes que atenderam, quatro estiveram nessa situação. Eles foram então convidados a participar de entrevistas a esse respeito e aceitaram o convite. As entrevistas foram abertas, conduzidas como uma intervenção psicossocial clínica em que eles tiveram a oportunidade de falar livremente. As análises realizadas estão publicadas em MACHADO, NAHASS e UTSCH (2001), texto que apresenta também o tratamento dado às questões fechadas do questionário. Interessa, no caso da análise do discurso, a parte sob o título *O discurso do risco*[18]. Esse estudo nos permitiu, inclusive, chegarmos à construção de um modelo teórico.

Para a análise, perguntamos sobre o ganho do entrevistado. Além de usarmos como marcadores os termos-pivô "eu" e "ele", prestamos especial atenção aos pontos obscuros das entrevistas transcritas, aos lapsos e repetições. Verificamos que o risco ocorre vinculado a uma sujeição ao parceiro decorrente de situações objetivas como consumo excessivo de álcool e excitação sexual incontrolável, como relatado pelos sujeitos participantes, e, sobretudo, à sujeição devida à confiança inquestionável no parceiro, ao envolvimento afetivo desmedido, à idealização do outro, à queda em estado de desamparo. Incorrer em risco é precedido por negociações de sexo seguro falhas e, na falta delas, por cálculos de risco errôneos.

[17] Reproduzimos neste livro os resultados dessa pesquisa (O discurso do risco).

[18] Anexo II, no endereço eletrônico http://www.aids.gov.br/sites/default/files/Serie_Avaliacao_5.pdf.

Discurso da equidade e da desigualdade sociais (Deds)

Entre 2005 e 2010, eu conduzi uma longa pesquisa em que, pela primeira vez, meu objeto foi o próprio discurso, o da equidade e desigualdade sociais, e não uma questão de Ciências Humanas a ser examinada (e respondida) por meio de uma análise de discurso. Influenciada por Foucault (1987), restringi muito a realização de interpretações e o uso de marcadores derivados da psicanálise, enfatizando cada vez mais descrições. Embora o discurso tenha sido o meu foco, minha ambição era mais ampla, era a de apreender, a partir da investigação dele, as instâncias de construção social da equidade e da desigualdade.

Para essa pesquisa, consegui a colaboração voluntária de três colegas doutores, de nove mestrandos e de duas bolsistas de pesquisa. Foi um trabalho de equipe interessante e desafiante. Abrimos novas trilhas em uma paisagem desconhecida: "uma delícia", como se expressou um dos mestrandos.

Defini meu objetivo como sendo conhecer a formação discursiva da equidade e da desigualdade sociais, invertendo o que vinha fazendo anteriormente, que consistia em obter tanta informação quanto possível sobre o contexto de produção do discurso (e sua formação discursiva), mas apenas como um auxílio à análise que visava compreender e eventualmente interpretar um objeto de pesquisa. Dessa vez, a partir do discurso detectado, eu queria apreender os meandros da própria construção social da equidade e da desigualdade sociais.

Como referencial teórico, vali-me da reflexão relativa a significações imaginárias sociais de Castoriadis (1982), o filósofo da autonomia que mostrou o imaginário criando verdades e as encarnando em instituições de poder reguladoras. Pressupus que, da mesma forma, equidade e desigualdade foram instituídas imaginariamente e tornaram-se concretas.

A fonte em que busquei o discurso de meu interesse foi a ficção literária. Analisei, com a equipe, utopias, romances de aventuras, peças teatrais e contos, um total de 22 obras cobrindo do séc. XVI ao séc. XXI. Todas traziam uma organização social e um funcionamento imaginários. Para cada uma, investigamos as suas condições de produção, os acontecimentos da época e as circunstâncias em que foi escrita. Fizemos também sobre elas transformações que permitiram serem lidas (e também relidas) em cerca de uma hora. A isso demos o nome de construção do corpus, o que foi feito segundo critérios rigorosamente estabelecidos.

Na análise, demos especial atenção à língua: procedemos simultaneamente à leitura cuidadosa de cada obra, agora transformada em corpus empírico e tomada como texto sobre o qual foram feitos os procedimentos analíticos. Foram utilizados basicamente termos-pivô, o principal deles sendo o termo "igual", mas muito outros sugeridos pelo próprio texto em análise (senhor, rei, fidalgo, pai, patrão, vassalo, escravo, servo, governador, comendador, etc.). Verbos performativos e implícitos discursivos, uma ou outra vez, auxiliaram na análise. Nos corpora foram buscadas as significações imaginárias da equidade e desigualdade sociais presentes.

A partir da articulação das diferentes determinações (econômicas, sociais, históricas, geográficas) que atuaram sobre as escritas e das significações imaginárias explicitadas nas 22 obras, descrevemos o processo instituinte de criação imaginária da equidade e da desigualdade, observando a proximidade entre o discurso imaginário e as condições de sua constituição.

Os resultados mostraram que: (1) O discurso da equidade e desigualdade sociais está atrelado a tensões entre ideologias amplas; (2) O discurso da desigualdade refere-se sempre à estruturação e ao funcionamento de uma sociedade imaginária estratificada em que se estabelecem hierarquias de senhores e servos[19]. (3) Esse discurso é reproduzido para a família, imaginada de acordo com referenciais ideológicos e estratificações semelhantes. (4) O discurso da equidade social é mais raro e surge associado a impasses relativos à solução de uma equação complexa que envolve igualdade, felicidade, liberdade e unicidade[20].

A criança no imaginário social (Cis)

Da pesquisa Deds resultou uma série de corpora prontos, além do conhecimento das condições de produção e da formação discursiva de várias obras (mais que as 22 apresentadas em Machado et al. (2010), livro que afinal não incorporou tudo o que havia sido investigado). Com essa

[19] Entre os divisores de estratos encontramos a religião, o saber científico e as características físicas, pessoais e sociais: relações de gênero, cor da pele, nascimento nobre ou não, posse de bens, inteligência, aparência, ordem do nascimento, tipo de trabalho realizado, postos e cargos, classe social, herança genética, virtudes, vestimentas e adereços.

[20] O resultado dessa pesquisa pode ser encontrado no livro Machado; Ribeiro; Viana et al. (2010).

base, propus outro projeto de pesquisa: *A criança no imaginário social*. Dessa vez, concentrei-me em nove utopias e perguntei sobre as significações imaginárias sociais (SIS) da criança e do jovem construídas nas obras literárias. Perguntei também a respeito das múltiplas determinações que atuaram sobre os autores, isto é, as condições históricas, geográficas, culturais, econômicas, sociais, linguísticas e políticas às quais eles estavam expostos e às quais obedeciam.

Embora investigando no território do imaginário – espaço instituinte de criação, construção, constituição, gênese de novas formas e do inesperado –, eu queria apreender, na linguagem e no discurso, os processos de instituição da criança e do jovem na sociedade concreta.

De novo, trabalhei com equipe, formada dessa vez por mestrandos de Psicologia da UFSJ, meus alunos no curso sobre Análise do Discurso que ofereci em 2011. Dividimos entre nós as utopias, três delas renascentistas e as outras do séc. XX: *Utopia*, de Thomas More (1478-1535), de 1516; *A Cidade do Sol*, de Tommaso Campanella (1568-1639), escrita em 1602; *Nova Atlântida*, de Francis Bacon (1561-1626), publicada postumamente em 1627; *Nós*, de Evgueny Zamiatin (1884-1937), escrita provavelmente entre 1920 e 1921; *Admirável mundo novo*, de Aldous Huxley (1894-1963), de 1932; *Walden II*, de Burrhus F. Skinner (1904-1990), de 1945; *O macaco e a essência*, também de Huxley, de 1947; *1984*, de George Orwell (1903-1950), publicada em 1949, e *A ilha*, igualmente de Huxley, de 1962.

Procuramos nas obras as concepções, ou melhor, as significações imaginárias sociais (SIS) da criança e do adolescente. Para isso, utilizamos termos-pivô. Começamos simplesmente com criança e, na medida em que a pesquisa avançava, outros termos correlatos surgiram. Com variações de gênero e número, eles foram: criancinha, bebê, menino, garoto, pai, mãe, escola, educação, família, filho, filhinho, aluno, jovem, juventude, juvenil, irmão, moço, infância, rapaz, rapariga, infantil, instrução, ensino, ensinamento, colégio, aula, estudante, professor, mestre, maternal, paternal, criar, geração, procriação, procriar, lar, berçário, brincar, brinquedo.

Acompanhando de perto esses termos, pudemos descrever, para cada obra, quem era a criança e o jovem presente nela. Em linhas gerais, cronologicamente, encontramos: (a) no renascimento, a criança totalmente submetida ao adulto, enclausurada na família, na escola, em outra instituição ou simplesmente ignorada; (b) na contemporaneidade, a criança como uma esperança de salvação (que não se concretiza), o fim da família (crianças geradas em provetas, criadas pela coletividade, pela comunidade ou pelo Estado e simplesmente sacrificadas), espiãs horríveis a serviço de regimes totalitários ou figuras sacralizadas.

Esses achados foram contrapostos não apenas à história da infância apresentada em Ariès (1978) e Ariès e Chartier (1986), mas também àquela apresentada por Renaut (2004), que examina as propostas para a infância e para a juventude presentes nas declarações internacionais dos direitos da criança de 1924, 1959 e 1989.[21]

Outras práticas de pesquisa

Nos últimos anos, participei ainda, como consultora, de outras investigações. Junto ao Polos de Cidadania – grupo da Faculdade de Direito da UFMG que se dedica a programas de extensão universitária –, participei entre 2005 e 2006, do trabalho sobre crianças e adolescentes exploradas sexualmente. As entrevistas geradas foram analisadas, por decisão de equipe, utilizando as análises do conteúdo e do discurso. Elas foram transcritas e lidas cuidadosamente e permitiram chegar a um retrato dessas crianças e adolescentes e do seu entorno.[22]

Paralelamente, tenho orientado dissertações de mestrado. As análises são temáticas ou de discurso, dependendo do objeto em foco. Em uma delas, a opção fenomenológica do autor o levou, na análise do discurso, a abandonar toda e qualquer interpretação (Carvalho, Machado e Meirelles, 2011). Acompanhar essa pesquisa e orientar a análise foi um exercício intelectual interessante. Penso que a renúncia à interpretação e o privilégio à descrição deram um tom foucaultiano ao trabalho.

Como tenho feito a análise do discurso

Os exemplos elencados de utilização de análises do discurso sugerem que cada caso é único e que, dependendo da teoria principal,

[21] Essa pesquisa encontra-se publicada em Machado; Wuo; Souza et al. (2013).

[22] Publicamos quatro artigos a respeito, além dos relatórios de pesquisa. Uma panorâmica dos resultados é encontrada em Machado, Queiroz, Donato et al. (2006).

do objeto em foco e/ou dos objetivos visados, cada análise é construída de uma forma específica. Os exemplos mostram também que, mesmo quando se pretende chegar à realidade social, essa se revela praticamente inapreensível. Chega-se, de fato, a um discurso sobre um determinado objeto, com características imaginárias mais ou menos claras.

Não me parece que a análise do discurso se preste a alcançar uma realidade, mas, antes, ela demonstra a complexidade e a instabilidade do que se designa por real. Com essa ressalva, penso que, quando ela é utilizada no bojo de uma pesquisa em Ciências Humanas, alguns procedimentos são, contudo, importantes:

1. O principal é a leitura (ou escuta) repetida, exaustiva, do corpus, até tornar desconhecido e opaco aquilo que antes parecia evidente e claro. Nesse momento, os fragmentos incompreensíveis, as lacunas, contradições e repetições tornam-se o cerne da análise que, de fato, se inicia nesse ponto.
2. Outro procedimento é a obtenção de muita informação de contexto sobre quem escreveu ou falou, para quem, quando, onde e por que, de acordo com que normas ou regras, além de outras informações relativas à época e ao espaço da enunciação. Usualmente, essa busca ocorre durante toda a pesquisa. Pode ser interrompida antes, se for atingido o ponto de saturação, isto é, quando então novas buscas chegam a resultados já conhecidos.
3. No caso de análise de entrevista, a indagação a respeito do eixo articulador do discurso, do possível ganho de cada interlocutor, das tentativas recíprocas de agradar o outro, da co-construção discursiva e das falas estereotipadas e cristalizadas (as chamadas "língua de madeira") são importantes.
4. É também útil o uso de dispositivos analíticos como termos -pivô, predicações, argumentações, pressuposições, outros atos de fala e outros marcadores, independentemente do tipo de corpus analisado.
5. Quando (e se) possível, é vantajoso renunciar à obtenção de totalidades, estruturas profundas, revelações, decodificações e interpretações.
6. Fundamental também é a articulação refletida do texto e do contexto, buscando o que os une, diferencia ou iguala.

7. Finalmente, a análise (ou a pesquisa) se completa com a descrição sistemática do discurso analisado, considerando a diversidade e multiplicidade de seus enunciados, suas contradições e asperezas. Chega-se assim à reescrita do (ou sobre o) discurso, ou seja, à produção de outro discurso.
8. Para concluir, penso que nenhum dispositivo de análise e nenhum marcador substituem uma escuta atenta, uma leitura minuciosa e uma tentativa de compreender meticulosamente o que foi dito ou escrito, frente ao contexto histórico, geográfico, social, cultural, político, econômico e linguístico em que a fala e a escrita foram produzidas. Com esse quadro de referência, torna-se possível, eventualmente, testar hipóteses e, com certa frequência, produzir um novo discurso em que resultados são evidenciados. Finalmente, a realização bem feita de uma análise do discurso permite teorizar.

Referências

AMARAL, José R. C.; MACHADO, Marilia N. M. Estudo das formas de expressão de doentes mentais. In: UFMG. Departamento de Psicologia. **Relatório das atividades do Setor de Psicologia Social**. Belo Horizonte: Setor de Psicologia Social, 1971.

ARIÈS, Philippe. **História social da criança e da família**. Tradução de Dora Flaksman. Rio de Janeiro: Zahar Editores, 1978.

ARIÈS, Philippe; CHARTIER, Roger. **História da vida privada 3**: Da Renascença ao Século das Luzes. São Paulo: Companhia das Letras, 1986.

ATLAN, Henri. **Entre le cristal et la fumée**. Essai sur l'organisation du vivant. Paris: Seuil, 1979.

AUSTIN, John L. **Quando dizer é fazer**. Palavras e ações. Trad. Danilo Marcondes de Souza Filho. Porto Alegre: Editora Artes Médicas Sul Ltda, 1990.

BOMFIM, Elizabeth M.; LIMA, Maria Emília A. T.; MACHADO, Marília N. M. **Acaba Mundo**: da proposta de urbanização a um projeto de ecologia humana em favela. Encontro Nacional de Psicologia Social, II e Encontro Mineiro de Psicologia Social, II, 1986, Belo Horizonte. *Anais...*, Belo Horizonte: ABRAPSO, FAPEMIG, p.69-79, dez. 1986.

CARVALHO, José L. R.; MACHADO, Marília N. M.; MEIRELLES, A. M. Mudanças climáticas e aquecimento global: Implicações na gestão estratégica de empresas do setor siderúrgico de Minas Gerais. **Cadernos EBAPE.BR** (FGV), v. 9, p. 220-244, 2011.

CHARAUDEAU, Patrick. **Linguagem e discurso**: modos de organização. Trad. Ângela M. S. Corrêa e Ida Lúcia Machado. São Paulo: Contexto, 2008.

COURTINE, Jean-Jacques. **Metamorfoses do discurso político**. São Carlos: Clara Luz, 2006.

DEVEREUX, Georges. **De l'angoisse à la méthode dans les sciences du comportement**. Trad. H. Sinaceur. Paris, Flammarion, 1980.

DUCROT, Oswald. **Provar e dizer**. Leis lógicas e leis argumentativas. Trad. Maria Aparecida Barbosa, Maria de Fátima Gonçalves Moreira, Cidmar Teodoro Pais. São Paulo: Global Ed., 1981. 264p. Tradução de: La preuve et le dire. Paris: Mame, 1973.

FLAHAULT, François. **La parole intermédiaire**. Paris: Seuil, 1978.

FOUCAULT, Michel. **L'Ordre du discours**: Leçon inaugurale au Collège de France pronocée le 2 décembre 1970. Paris: Gallimard, 1971.

FOUCAULT, Michel. **A arqueologia do saber**. Tradução de Luiz Felipe Baeta Neves. 3. ed. Rio de Janeiro: Forense-Universitária, 1987.

FOUCAULT, Michel. **A ordem do discurso**: aula inaugural no Collège de France, pronunciada em 2 de dezembro de 1970. São Paulo: Edições Loyola, 2010.

GILL, Rosalind. Análise do discurso. In: BAUER, Martin W.; GASKELL, George. **Pesquisa qualitativa com texto, imagem e som**: Um manual prático. Petrópolis: Vozes, 2002, p. 244-270.

GIUST-DESPRAIRIES, Florence; LÉVY, André. Analyse de discours. In : BARUS-MICHEL, Jacqueline; ENRIQUEZ, Eugène; LÉVY, André. **Vocabulaire de Psyhosociologie**: Références et positions. Ramonville Saint-Agne: Érès, 2002, p. 302-312.

GOFFMAN, Erving. **Façons de parler**. Trad. Alain Kihm. Paris: Minuit, 1987.

GRICE, H. P. Meaning. **The Philosophical Review**, Cornell University, v. LXVII, n. 3, p.377-388, jul. 1957.

GRICE, H. P. Logique et conversation. **Communications**/École Pratique des Hautes Études, 30: 57-72, 1979.

HENRY, Paul. Os Fundamentos Teóricos da 'Análise Automática do Discurso' de Michel Pêcheux (1969). In: GADET, Françoise, HAK, Tony (orgs). **Por uma análise automática do discurso**. Campinas: Editora da UNICAMP, 1990, p. 13-38.

HERBERT, Thomas. Reflexões sobre a situação teórica das ciências sociais e, especialmente, da psicologia social. **Tempo Brasileiro**, nº 30-31: 3-36, jun-dez 1972. (Original: **Cahiers pour l'analyse**, 2, março-abril 1966, reedição, 1-2 :141-167.)

INDURSKY, Freda; FERREIRA, Maria Cristina L. (orgs.). **Michel Pêcheux e a análise do discurso**. São Carlos: Clara Luz, 2005, p. 25-32.

LÉVY, André. Organisation et discours. **Connexions**, n. 39, p. 21-45, 1983.

LÉVY, André, TROGNON, Alain. Une histoire conversationnelle dans un groupe de formation. **Connexions**. A.R.I.P., Paris: Épi, No 47 (Intersubjectivités), p. 19-62, 1986.

LIMA, Maria Emília A. T. **A construção discursiva do povo brasileiro**: Os discursos de 1º de Maio de Getúlio Vargas. Campinas: Editora da UNICAMP, 1990.

LÉVY, André. L'interpretation des discours. **Connexions**, n. 11, p. 43-63, 1974.

MACHADO, Marília N. M. **La favela en tant que système social**: son histoire et son organisation. Étude d'une favela à Belo Horizonte: *Acaba Mundo*. Tese. Paris: Université Paris Nord, Paris XIII, 1990.

MACHADO, Marília N. M. Proprietários e posseiros urbanos. **Psicologia e Sociedade**, v. 6, n. 9, p. 9-25, 1990-1991.

MACHADO, Marília N. M. **Entrevista de pesquisa**: A interação pesquisador / Entrevistado. Belo Horizonte: C/Arte, 2002.

MACHADO, M. N. M. Análise do discurso e psicologia social: um vínculo esquecido. **Mnemosine**, v. 4, n.2, p. 20-37, 2008.

MACHADO, Marília N. M.; DESLANDES, Keila; ALFANO, Marta E. G. Análise de uma entrevista de pesquisa. **Psicologia e Sociedade**, v.6, n. 9, p. 183-190, 1990-1991.

MACHADO, Marília N. M.; NAHASS, Juliana D. P.; UTSCH, Maria José D.. O homossexual e a AIDS: Análise da recorrência de condutas de risco. In: Ministério da Saúde/Secretaria de Políticas de Saúde e Coordenação Nacional de DST e Aids. (Org.). **Bela Vista e Horizonte:** Estudos comportamentais e epidemiológicos entre homens que fazem sexo com homens. 2ª ed. Brasília: Brasil. Ministério da Saúde. Secretaria de Políticas de Saúde. Coordenação Nacional de DST e Aids, 2001, p. 127-185. http://www.aids.gov.br/sites/default/files/Serie_Avaliacao_5.pdf.

MACHADO, Marília N. M.; QUEIROZ, Carla P.; ROCHA, Gilmar; MONTEIRO, Júnia P.; AGERO, Matilde. A exploração sexual de crianças e adolescentes no Médio Vale do Jequitinhonha. **Pesquisas e Práticas Psicossociais**, v. 1, n. 1, p. 1-20, 2006.

MACHADO, Marília N. M., RIBEIRO, Ana M. V.; VIANA, Eliete A. S.; CLEMENTE, Fabiane A. S.; ASSIS, Fernando A. C.; PASSOS, Izabel C. F.; TEIXEIRA, Janete A.; CARVALHO, José L. R.; PEREIRA, Márcia S.; VIEIRA-SILVA, Marcos; DUTRA, Michelle R. S.; SANTOS, Mônica P.; BARROS, Raimundo N. O.; SANTOS, Sheyla R. A.; VEIGA, Sônia. **Discurso da equidade e da desigualdade sociais**: Significações imaginárias, vínculo social. Belo Horizonte: Argvmentvm Editora Ltda, 2010.

MACHADO, Marilia N. M.; WUO, Andrea S.; SOUZA, Cláudio D; AKERMAN, Deborah; ASSIS, Frederico A.; SILVA, Hélder H.; CASTILHO, Sabrina S.; ROGÉRIO, Yone M. A. P.. **A criança no imaginário social**. São Paulo: Hucitec, 2013.

MAINGUENEAU, Dominique. **Termos-chave da análise do discurso**. Belo Horizonte: Ed. UFMG, 1998.

MAINGUENEAU, Dominique. **L'Analyse du Discours**: Introduction aux lectures de l'archive. Paris: Hachette, 1991.

MAINGUENEAU, Dominique. **Novas tendências em análise do discurso**. Trad. Freda Indursky. Campinas: Pontes Editores, 1989.

ORLANDI, Eni P. **Análise de discurso**. 6ª ed. Campinas, SP: Pontes, 2005.

PÊCHEUX, Michel. Sur la conjoncture théorique de la psychologie sociale. **Bulletin de Psychologie**, Tome 23 (4-5), nº 281: 290-297, 1970.

PÊCHEUX, Michel. **Semântica e discurso**: Uma crítica à afirmação do óbvio. Tradução de Eni P. Orlandi et al.. Campinas: Editora da Unicamp, 1988 (Tradução de PÊCHEUX, Michel. **Les vérités de La Palice**. Paris: Maspero, 1975).

PÊCHEUX, Michel. **Análise automática do discurso** (AAD-1969). Tradução de Eni P. Orlandi. In: GADET, Françoise; HAK, Tony. (orgs.) **Por uma análise automática do discurso**. Campinas: Editora da Unicamp, 1990a, p. 61-161.

PÊCHEUX, Michel. A análise do discurso: três épocas (1983). In: GADET, Françoise; HAK, Tony. **Por uma análise automática do discurso**: uma introdução à obra de Michel Pêcheux. Tradução de Jonas de A. Romualdo. Campinas: Editora da Unicamp, 1990b, p. 311-317.

PÊCHEUX, Michel. **O discurso**: Estrutura ou acontecimento. Tradução de Eni P. Orlandi. Campinas: Pontes, 1990c.

PLON, Michel. Análise do discurso (de Michel Pêcheux) vs. Análise do Inconsciente. In: INDURSKY, Freda; FERREIRA, Maria Cristina L. (orgs.). **Michel Pêcheux e a análise do discurso**: uma relação de nunca acabar. São Carlos: Clara Luz, 2005, p.33-50.

RENAUT, Alain. **A libertação das crianças**: A era da criança cidadão: Contribuição filosófica para a história da criança. Lisboa: Instituto Piaget, 2004.

ROBIN, Régine. **História e linguística**. Tradução de Adélia Bolle. São Paulo: Cultrix, 1977.

SEARLE, John. R. **Os actos de fala**. Um ensaio de Filosofia da Linguagem. Trad. Carlos Vogt. Coimbra: Livraria Almedina, 1981.

TRASK, R.L. **Dicionário de linguagem e linguística**. Tradução de Rodolfo Ilari. 2ª ed. São Paulo: Contexto, 2006.

TROGNON, Alain. Passages à l'acte dans les entretiens d'enquête. **Connexions**. *A.R.I.P.*, Paris: Éditions Érès, No 52 (L'entretien. Lieux et méthodes), p. 67-80, 1988/2.

2

Análise de uma entrevista de pesquisa[1]

Marília Novais da Mata Machado[2]
Keila Deslandes[3]
Marta Elisabete Guimarães Alfano[4]

Relatos de pesquisas que utilizaram o procedimento de entrevista, frequentemente, trazem na conclusão as interpretações feitas a partir da fala dos entrevistados. Entretanto, para se chegar às interpretações, um elaborado processo de análise foi realizado. Tal trabalho não aparece quando são apresentados os resultados.

Várias razões corroboram para tal ocultamento da análise que, entretanto, permanece sendo a principal etapa do processo da pesquisa. Primeiramente, tudo é importante no trabalho moroso envolvido, desde a marcação da hora para uma entrevista, os encontros possivelmente repetidos entre o pesquisador e o entrevistado, a sessão principal de coleta de informações. Todos os sinais que denunciam as diferentes inserções na estrutura social de cada uma das pessoas envolvidas no processo interativo são importantes no estabelecimento do vínculo em formação:

1 Artigo publicado em Psicologia & Sociedade, Revista da ABRAPSO – Associação Brasileira de Psicologia Social. Ano VI, nº 9, Nov./90 - Mar./91, p. 183-190.

2 Professora adjunta na UFMG na data em que a pesquisa foi feita e o artigo escrito.

3 Aluna do Mestrado em Psicologia – UFMG, nos anos 1990. Professora doutora na Universidade Federal de Outro Preto, UFOP/MG.

4 Aluna do Mestrado em Psicologia – UFMG, nos anos 1990. Professora na Universidade Federal do Recôncavo da Bahia, UFRB/BA.

guarda-roupa, posturas, linguagens, estados de espírito, idade, sexo, raça, tudo pode afetar o fiel da balança, fazendo com que o domínio da entrevista caia nas mãos do pesquisador ou do entrevistado. A compreensão da gravação e a transcrição dela estão sujeitas a todo tipo de deformações, que, naturalmente, devem também ser objetos de análise. As inúmeras leituras das transcrições e as novas escutas de gravações são trabalho que, além de moroso, é frequentemente rotineiro; interessantes são apenas aqueles raros momentos de insight, quando inesperadamente muda-se de nível de análise e aprofunda-se na compreensão dos discursos produzidos pelas entrevistas.

Em segundo lugar, se apenas uma entrevista já aponta tantos veios a serem explorados na análise, se cada uma tem que ser examinada na íntegra e isoladamente, deve-se lembrar de que uma pesquisa não é feita apenas de uma entrevista. As interpretações devem atravessar o corpo de todo o material coletado. Uma descrição completa do procedimento seria cansativa, talvez mesmo impossível.

Há que se fazer opções. A mais usual é a de detalhar, no procedimento de pesquisa, apenas o número de entrevistas feitas e algumas das características dos sujeitos pesquisados.

No momento em que nos propomos a relatar uma análise realizada, confrontamo-nos também com a necessidade de opções. Onde colocar o foco? Na análise da interação do pesquisador com o entrevistado, incluindo suas relações de transferência e contratransferência e estabelecimento de vínculos identificatórios? Nas múltiplas interações do triângulo: analista-entrevistador-entrevistado? No discurso do entrevistado?

Temos em mãos uma entrevista realizada no contexto de uma pesquisa a respeito de proprietários urbanos de lotes ocupados por favela[5]. Deixando de lado as relações de transferência e contratransferência que operaram no processo de entrevista, interessamo-nos aqui basicamente em demonstrar como chegamos a captar, nos meandros do texto discursivo, o eixo articulador do discurso da entrevistada.

Nosso resultado, falsificável, pode ser contestado por outros pesquisadores. Representa, entretanto, o nível de análise ao qual chegamos e nos parece plausível. Antes de apresentá-lo, porém, gostaríamos de

[5] Lizainny Aparecida Alves Queiroz, na qualidade de bolsista do Convênio CNPq-CPq/UFMG, foi a entrevistadora.

fazer algumas observações a respeito da entrevista como procedimento de pesquisa e dos caminhos que seguimos para a realização da análise.

Um contrato de não diretividade não escrito, mas implícito e com cláusulas mutuamente conhecidas, atua na situação da entrevista. Alguém é procurado para ser entrevistado por outro, que busca uma informação. O entrevistado é livre para prestá-la ou não. A recusa ou a aceitação já é um dado de pesquisa. Aquele que se permite prestar a informação possivelmente tem em vista um ganho, que pode ser financeiro, embora mais comumente seja de ordem psicológica, como ter a oportunidade de se expressar ou mesmo de desabafar. De seu lado, o pesquisador também tem um ganho, uma vez que se apropria de um saber e leva adiante um projeto de pesquisa pelo qual possivelmente recebe uma remuneração.

Tanto para o pesquisador quanto para o entrevistado, a situação é atípica, pouco familiar. Nela são despertadas lembranças de outras interações peculiares. Essas lembranças atravessam o processo, da mesma forma que os sinais das diferentes inserções sociais, sinais que são "exalados" e captados por cada personagem. Muito da entrevista se passa, portanto, em nível inconsciente.

A qualidade da informação obtida depende muito das condições de emergência dos discursos e das transversalidades que aí operam, mas o resultado obtido é sempre um objeto concreto, fotografável e copiável, passível de análise. Se a fidedignidade do procedimento é baixa, sua validade, sem dúvida, é grande.

A análise do material coletado pode ser feita de diferentes maneiras, dependendo não apenas dos objetivos da pesquisa, mas também do referencial teórico dos investigadores e dos recursos técnicos e financeiros à disposição. Não tivemos escolha, senão aquela de realizar uma análise muito mais dependente de um trabalho de reflexão do que de recursos técnicos. Assim, procedemos a inúmeras leituras da entrevista, com o objetivo de captar os eixos que articulariam a produção discursiva provocada pela situação de pesquisa.

Algumas hipóteses de trabalho nos guiaram: supusemos que o ganho almejado pelo entrevistado, ou seja, sua demanda, bem como sua percepção do entrevistador, relacionou-se aos articuladores invisíveis de seu discurso; supusemos também que as pistas deixadas pelas parapraxias (Freud, 1916-17 [1915-17]) do entrevistado e do pesquisador, seus lapsos, esquecimentos, reticências, falas fortuitas e erros permitiriam explicitar o processo que estruturou a entrevista. Finalmente, buscamos as cadeias associativas detectáveis no discurso e as constelações de associações resultantes.[6]

Igualmente, as repetições, as resistências, as passagens ininteligíveis, as lacunas e as contradições foram tomadas como momentos privilegiados que apontariam aquilo que conscientemente não se destinava a ser comunicado. As situações nas quais pesquisador e entrevistado se perdem, cada um passando a monologar, falando, sobretudo, de si próprio, ou seja, as "conexões de salto" na terminologia de Alan Trognon (1988), também foram trechos da entrevista analisados com cuidado especial.

Detalhamos a seguir os passos que demos para chegar a compreender a lógica de nossa entrevistada.

No seu discurso, uma das primeiras características que nos chamou a atenção foi a constante repetição do pronome pessoal eu, falado 280 vezes em oitenta minutos de entrevista. Não consideramos as ocorrências ocultas do mesmo pronome como, por exemplo, no seguinte segmento de discurso: "consegui este lote comprando...", o que aumentaria o número de repetições de tal uso pronominal que vem, além disso, acompanhado de muitos "meu(s)", "minha(s)", "me", "mim", "comigo".

Reconstituímos a história do terreno a partir da fala da entrevistada. O lote se apresenta como um núcleo em torno do qual gravitam familiares, como podemos acompanhar nos segmentos discursivos abaixo:

> [...] *meu pai* comprou [o lote] ali porque gostava do local.
>
> [...] consegui este lote comprando a parte da *minha irmã*.
>
> [...] *eu* paguei, trabalhei até tarde da noite, [...] *eu* trabalhei muito, até quatro horas da manhã, cinco horas, era noite afinco, com *minha mãe*, juntando um dinheirinho para comprar o lote.
>
> [...] levei anos para pagar *minha irmã*.
>
> [...] *meu* lote não foi feito para venda, ele foi feito para *meus filhos* e para *mim*, futuramente.
>
> Se (a Prefeitura) for *me* dar outro lote para ficar no lugar *eu* quero o equivalente, aquele que seja num, como se diz, numa faixa perto de minha casa, perto de *minha mãe*, perto de *meus filhos*, não é?

[6] Muito desse procedimento de análise que aqui explicitamos se deve a reflexões feitas juntamente com nossa colega, Sonia Roedel.

O mundo é percebido pela entrevistada segundo um modelo familiar. A própria palavra família é constantemente repetida. De uma forma confusa, outros atores sociais relacionados ao lote em questão (outros proprietários, funcionários de órgãos do Poder Público) surgem também como membros de um grupo familiar:

> [...] uma *família* só, tudo gente amiga, com propriedade desde que abriu o loteamento.
>
> [...] ou então eles [os funcionários municipais] são tão ricos que *pai* deles e *mãe* deles não precisam trabalhar para comprar lote, comprar tudo, não é?
>
> [...] *família* de vinte e quatro pessoas, são vinte e quatro lotes.
>
> É esse Elt*on, sobrinho da Vania, que, sobrinho que, Hilton, que é o tio que morreu; e tem o* pai dele que também é proprietário.

É também para resolver o problema de sua família que a entrevistada quer reaver o lote:

> Quero fazer duas casas para lá, duas casas para cá. Porque tenho quatro filhos, não é? [...] alugar aqui, que essa casa é grande, fazer lá um comodozinho para mim, morar perto deles, era o sonho da gente, não é? Hoje não é o sonho deles, mas é o meu, não é?
>
> [...] ter aquele lote para eles, cada um fazia seu cantinho e depois ajuntava e fazia a casinha, sei lá; um lote de 580 metros dá muito. Faz duas para lá, faz duas para cá, foi o que eu pensei, não é?

Tais repetições e lacunas aproximam-nos daquilo que consideramos o eixo articulador de toda a fala da entrevistada: o sonho de reunir a família no lote, sonho este que surge como um prolongamento da vontade do pai da entrevistada:

> Papai comprou da Construtora Atlas e... e... *ele comprou o mesmo para nós três, para três filhas e tal, como na verdade estava no nome das três*. E eu comprei das minhas irmãs. Então... está no meu nome só. A escritura já veio no meu nome.

Encontramos aqui uma chave para a compreensão do texto. Nossa entrevistada é a herdeira única do lote, com o qual herda também o desejo do pai de reunir a família. Ao tentar prolongar a vontade, enfrenta a frustração de um sonho: "*Tudo, tudo o que eu pensei, que eu quis daquele lote, não saiu nada, só amolação, aborrecimento, a vida toda.*" Falas de perda, de falta, presentes ao longo do texto, assim como a repetição de uma única data, 1953, ano no qual aparentemente o pai comprou o lote e morreu, tornam-se inteligíveis.

Outros trechos do discurso articulam-se em torno desse tema central de separação, frustração, solidão:

(a) Uma estranha identificação com os favelados, dos quais ela ferrenhamente se distingue em outras passagens, expressando o sonho de fazer o que eles fizeram, ou seja, ocupar um lote:

> Então, eu também vou comprar um monte de lote e vou fazer dele o que eu quero. Compro, por exemplo, uma mata virgem, jogo tudo no chão e faço casinha de favela e ele é meu, uai.
>
> Quando esse meu menino chega aqui dizendo: 'Mamãe, eu não tenho condição de comprar nada', eu digo assim: 'sabe qual é a opinião minha? Invade, escolhe e invade. Divide ele no meio. Duzentos metros para você, duzentos metros para quem chegar. Enquanto isto você faz um troço lá. Porque [esta é] a única coisa que eu posso te ensinar, meu filho. Porque eu paguei, eu fui dona, hoje me tomaram para botar favelado lá dentro. Invasores. Então, você invade também'.

(b) A expressão de uma somatização, relacionada à questão do lote, o que nos leva a supor que a perda desse patrimônio é também a perda de um elemento estrutural de sua organização psíquica:

> É uma dor de cabeça igual a que eu tenho a vida toda desde 1953, era mocinha ainda e comecei a ter dor de cabeça com este lote.
>
> Eu fiquei louca, eu quase que enlouqueci.
>
> Fiquei com a boca amargando tanto...

Elementos para uma compreensão mais profunda da articulação do discurso de nossa entrevistada são fornecidos por Freud (1930 [1929]): de um lado, está o sonho da felicidade plena, ligado à vivência do princípio do prazer e jamais concretizado ("papai comprou em 1953. Lá era lindo... lindo..., lindo, lindo."); por outro lado está a morte ("hoje não é o sonho deles"); e, intermediando os dois polos, evitar o sofrimento e os sentimentos de desprazer ("Largava aqueles favelados que estão lá embaixo e... passar... fazer um condomínio fechado. Como um jardim...").

No nível intermediário, entre o sonho e a sua morte, inscrevem-se as percepções do mundo da entrevistada, em que o favelado é desprazer (a evitar), aquele que ocupa o lote, lugar sonhado que, então, provoca o pesadelo. De paraíso idílico, "lindo", "como um jardim", os posseiros transformaram o lugar em "vergonha", "feiura", onde "está tudo sujo, espedrejado, tudo sujo, tudo imundo".

Seres do mundo dos maus sonhos, os favelados são "gente que não faz nada", que "mora de atrevimento", "montada" no morro, com "chiqueiro de porco misturado com gente", "invasores", "sem-vergonha", "cretino", "vagabundo", ladrões de qualquer coisa, "nem que seja um pedaço... um toco de pau", "ladrão de terra".

E, ultraje máximo, os favelados são mesmo ladrões de sonho. No caso de outra proprietária, o pesadelo é concretizado – o lote destinado à própria família foi invadido por quatro posseiros, justamente o número de filhos de nossa entrevistada: "Coitada, é uma senhora que também está... com moral baixa. [...] Ela tem quatro favelados morando no lote dela. [...] Então eu acho que é um ultraje ao proprietário, é um ultraje, é um ultraje."

E ainda, correspondendo a evitar o sofrimento, a entrevistada, lembrando-nos uma criança e em linguagem infantil, nos apresenta a solução idealizada para a recuperação do local:

> tira... tira... tira um topo, faz loteamento, bota aquela pessoa toda, que tá pequena ainda, ainda dá jeito, ele ainda é recuperável, o local.
>
> Bota esse povo mais para baixo, gente, tudo divididozinho, bonitinho, engraçadinho com jardinzinho na frente...

Referências

FREUD, Sigmund (1916-17 [1915-17]). Conferências Introdutórias sobre Psicanálise. **Edição Standard Brasileira das Obras Completas de Sigmund Freud**. Vol. XV. Rio de Janeiro: Imago, 1976.

FREUD, Sigmund (1930 [1929]). O Mal estar na Civilização. **Edição Standard Brasileira das Obras Completas de Sigmund Freud**. Vol. XIII. Rio de Janeiro, Imago, 1974.

TROGNON, Alain. Passages à l'acte dans les entretiens d'enquête. **Connexions,** Nº. 52 (L'entretien. Lieux et méthodes). A.R.I.P., Paris. Editions Erès, 1988/2. ps. 67-80.

Novembro de 1990

3

O homossexual e a AIDS:

o discurso do risco[1]

Marília Novais da Mata Machado

Juliana Dias Paes Nahass

Maria José Duarte Utsch[2]

O problema, a teoria, o método

Informações limitadas sobre como evitar HIV/AIDS nas relações sexuais e/ou falta de recursos para prevenção são responsáveis por número relevante de infecções. Não nos detemos nesses casos. Buscamos saber por que, mesmo com conhecimento suficiente e formas de prevenção à mão, ainda assim há quem incorra em risco de se infectar.

Ouvimos, para isso, homossexuais e bissexuais do sexo masculino, não infectados, não usuários de drogas intravenosas e com condutas de risco recorrentes. Eles eram sujeitos participantes do Projeto Horizon-

[1] Este trabalho foi realizado no interior do Projeto Horizonte – "Estabelecimento de coorte de homossexuais e bissexuais masculinos para estudos de incidência da infecção pelo HIV e para futuros ensaios clínicos com vacinas candidatas anti HIV/AIDS em Belo Horizonte" –, sob a coordenação geral dos professores doutores Dirceu Bartolomeu Greco, da Faculdade de Medicina/UFMG, Carlos Maurício Antunes, do Instituto de Ciências Biológicas/UFMG, e Edson de Oliveira, coordenador do componente comportamental do projeto. O extrato aqui apresentado, revisto e ampliado, é parte do relatório "O homossexual e a AIDS: análise da recorrência de condutas de risco" (MACHADO; NAHASS & UTSCH,1999). Agradecemos ao Prof. Dirceu Bartolomeu Greco pela revisão e atualização de nomenclatura, no presente texto. A pesquisa contou com a preciosa supervisão da socióloga Marília Greco, foi financiada pela Fapemig e os resultados foram publicados em BRASIL (2001).

[2] Juliana Dias Paes Nahass e Maria José Duarte Utsch eram então psicólogas recém-formadas pela UFMG e bolsistas de aperfeiçoamento pela Fapemig (1997-1999), vinculadas ao Projeto Horizonte.

te, programa que tinha em vista avaliar a incidência da infecção pelo HIV, avaliar o impacto de intervenções educativas e aconselhamento na redução da vulnerabilidade à infecção e informar e discutir a eventual participação de voluntários em estudos para realização de ensaios clínicos com vacinas anti-HIV/AIDS. Os participantes do projeto têm atendimento clínico e psicossocial a cada seis meses e recebem, gratuitamente, camisinhas para a prevenção.

Sendo nós próprias membros da equipe comportamental que realizava o acompanhamento semestral, sabíamos quem apresentava condutas recorrentes de risco. Alguns participantes nessa situação, respondendo ao convite para partilhar de nossa pesquisa, se dispuseram a nos falar de suas vidas sexuais, suas relações com parceiros e parceiras, suas paqueras e transas. O nosso desejo de escutá-los despertou neles o desejo de serem ouvidos e engendrou o discurso aqui analisado.

Embora nossa comunidade discursiva tenha sido tão delimitada, adiantamos que as informações por nós obtidas ultrapassam o caso de homossexuais e bissexuais do sexo masculino: ajudam a compreender por que tantas mulheres e tantos jovens estão se infectando. Possivelmente, ajudam também na formulação de modelos preventivos eficazes.

Sempre com base na teoria psicanalítica – nosso referencial teórico –, em um primeiro momento, antecipamos que as condutas de risco se articulariam a acontecimentos traumáticos na infância, inadequação da representação de normas e regras sociais, individualização elevada, autoestima reduzida, modelos identificatórios enganosos, introjeções inconscientes.

À medida que a prática de pesquisa avançava, ela incidia sobre a construção teórica, sugerindo mudanças e complementos. Num segundo momento, passamos a dar maior importância à constituição do psiquismo desses sujeitos, às suas subjetividades e lógicas próprias de funcionamento e, especialmente, aos lugares imaginários que criam para si e para o outro, o(a) parceiro(a). O risco surge sempre articulado à resposta que se dão à questão: Quem sou eu para ele, quem é ele para mim? (Flahault, 1978). Afetos, desejos, angústias, medos, insegurança, fantasias, denegações e suposições atravessam as trocas intersubjetivas e são elementos da decisão final, vital, de se prevenir ou não.

A sujeição ao desejo do outro surgiu cada vez mais, como conceito fundamental para compreender as instâncias de risco, pois tudo depende do lugar imaginário no qual nosso sujeito participante se insere e se vê reconhecido pelo parceiro e do lugar complementar que atribui ao outro. Enquanto é senhor de seu lugar, e nele se realiza, é capaz de evitar o risco, pois sabe como fazê-lo e tem os recursos. Caso contrário, fica a mercê do parceiro e/ou da situação.

As entrevistas não diretivas e semiestruturadas foram minuciosamente transcritas, lidas e relidas, a fim de compreender cada detalhe do discurso do sujeito participante. Buscávamos informações sobre a constituição de seu psiquismo, sua lógica de funcionamento, suas relações e interações com o outro, os lugares imaginários em que se colocava e ao outro.

As entrevistas não foram apenas instrumentos de pesquisa. Foram também intervenções da equipe junto a sujeitos participantes em situações de risco. Parafraseando Lévy (1994), foi um momento em que os entrevistados refletiram em voz alta, para si próprios, sobre suas práticas de risco e suas dificuldades, suas histórias e seus destinos, na presença de uma interlocutora supostamente neutra e atenta. Puderam assim elaborar sobre os riscos em que incorriam e trabalhar sobre suas enunciações, dando-lhes novo sentido. Se o nosso objetivo teórico era responder a uma questão de pesquisa, preenchendo lacunas de conhecimento, cumprimos também o objetivo prático de colaborar na prevenção contra HIV/AIDS.

O discurso construído na situação de diálogo representada pelas entrevistas tem características próprias. Todo ele é uma resposta – mesmo que indireta – ao pesquisador e é a ele endereçado. No nosso caso, as entrevistas foram conduzidas pelas duas bolsistas de aperfeiçoamento em pesquisa, membros do Projeto Horizonte. São mulheres, psicólogas, cientistas. Duas vezes por semana trabalham atendendo participantes. Para o entrevistado, cada uma é alguém com uma identidade clara, pois, a cada seis meses, ele se encontra com ela no contexto do projeto, responde a um questionário sobre suas práticas sexuais e é aconselhado. Ela tem, para o sujeito participante, papel sócio institucional definido. A entrevista se passa no mesmo ambulatório no qual ele é sempre atendido, dentro do consultório médico. Dessa vez, ele está presente em caráter especial, a pedido da pesquisadora que o havia convidado para uma entrevista aprofundada, versando sobre os riscos em que incorria.

Estabelecem-se contratos e convenções tácitos para trocas linguísticas, seguindo um rito preestabelecido. O sujeito participante (SP) espera que sua fala ficará sob a égide do sigilo e que não será usada contra ele, mas em seu benefício e em benefício do conhecimento científico.

A pesquisadora (P) conduz a entrevista, facilita a fala de SP e coleta informações.

Cada um dos interlocutores – P (pesquisadora) e SP (sujeito participante) – espera um ganho. P, ao convidar SP à fala, quer, para sua pesquisa, informações que lhe permitam inferências, ou seja, a partir dos enunciados de SP, quer descobrir sentidos novos, não necessariamente os mesmos que são enunciados. Interagindo com P, SP entra em situação de resposta e tenta colaborar, agradando a P, mesmo sem saber exatamente qual é a sua demanda, embora esta tenha sido explicitada. Mas visa, sobretudo, um ganho pessoal que será o motor de sua fala, o que estruturará o discurso que produz.

Fizemos quatro entrevistas. Em todas ocorreram elaborações sobre o risco e a explicitação da certeza de que a oportunidade de discuti-lo mais profundamente era uma necessidade. Mas as localizações subjetivas foram diferentes, articuladas ao ganho pessoal visado. Cada SP se posicionou em relação ao que disse de forma própria. SP1 construiu seu discurso em torno da indagação inconsciente se ele seria capaz de agradar aos homens tanto quanto ele supõe que as mulheres o fazem; SP2, imaginando-se HIV+ em decorrência de suas últimas práticas sexuais, preparava-se para enfrentar a sua nova situação; SP3 demandava da entrevistadora o que ela não poderia dar – a segurança para fazer sexo oral sem uso de camisinha, sem risco e sem mudar as próprias práticas sexuais e, concretamente, o ganho gratuito, no Projeto Horizonte, de camisinhas especiais para sexo oral; SP4 queria resolver o que apresentou como seu conflito básico, ou sua confusão – ser homossexual ou heterossexual.

As interações de P e SP se passaram, assim, em meio as opacidades e as ambiguidades que, na medida do possível, foram desveladas na análise. Outra fonte de opacidades: ao enunciarem, os SPs provocavam efeitos imprevistos sobre seus próprios discursos, pois ao falarem de suas vidas e práticas de risco já realizavam mudanças, justamente porque falavam.

Para a análise, indagamos a respeito do que unia as entrevistas, o que atravessava os diversos discursos pessoais, o que os articulava como um todo. O motor estruturante do discurso de cada sujeito participante – o ganho pessoal – aponta diferenças. Mas há também semelhanças que dão um sentido ao conjunto das entrevistas: os SPs compartilham certa representação da homossexualidade, do HIV e da camisinha; compartilham certos meios que têm uma linguagem própria, um código, em que a paquera é regida por regras, entre as quais a necessidade antevista de negociar um sexo seguro e a tentativa de antecipar o estado de saúde e a prática sexual preferida pelo parceiro (ativa ou passiva); todos negociam, com maior ou menor sucesso, todos realizam cálculos de risco, acertados ou errados.

A análise das regras de paquera, das negociações, dos cálculos e das instâncias de risco envia, assim, a alguma coisa diferente do relato, ou da enumeração de representações; aponta para um *modelo teórico do risco* mais abrangente, não restrito a homossexuais e bissexuais do sexo masculino.

Dissemos que os discursos foram produzidos nas trocas face a face com as pesquisadoras e que elas estavam interessadas em analisar não apenas essas trocas verbais (interlocuções com as entrevistadoras espelham as interações de SP com seus parceiros), mas, sobretudo, compreender as instâncias de risco de infecção por HIV/AIDS. O risco, ocorrendo na relação sexual com parceiros, envia a análise do discurso justamente aos relatos das interações e das relações do sujeito participante (*eu*, sujeito enunciador, homossexual ou bissexual do sexo masculino) e seu parceiro (*ele*, sujeito enunciado). Evidentemente, se o olhar das analistas avalia a relação *eu/ele*, a partir da fala de *eu*, avalia, sobretudo, a subjetividade de *eu*, sujeito que fala, supondo que, a partir dessa fala será possível apreender as instâncias reais de risco de infecção por HIV/AIDS. Esse fato – não ouvimos *ele*, o outro – certamente coloca limites a qualquer generalização irrestrita de nosso modelo teórico.

Nosso *arquivo* (Maingueneau, 1991) para a análise do discurso do risco foi formado pelas quatro entrevistas. Dentro dele, foram selecionadas *sequências discursivas* relativas ao objeto de estudo (o risco). O *corpus*, unidade empírica de análise, foi constituído por interlocuções marcadas pelo início da fala do entrevistado após uma intervenção da entrevistadora e a próxima fala dessa última (para a finalidade de escrita, a interlocução é marcada, aqui, por parágrafo ou barra). Especial atenção foi dada às interlocuções nas quais os dois marcadores – *eu* e *ele* – ocorriam duas ou mais vezes.

Os sujeitos participantes: infância, juventude, representações construídas

Aos 11 anos, SP1 já sentia curiosidade, atração e tesão por homens. Ele relata sua primeira experiência sexual, nessa idade, como sido um tanto pavorosa e traumática, meio animalesca, sem o carinho que esperava. Foi com um vizinho, sete anos mais velho, que o levou para o mato, acompanhados por outro par, também do bairro. Poucos anos depois (aos 14-15 anos) teve outra experiência, descrita como maravilhosa: o irmão do mesmo vizinho o leva a um lugar mais afastado, depois de um baile, e o despe para verificar se ele era realmente um homem. Ao confirmar que o corpo nu não era o de uma mulher, decepcionado, diz que não é possível dois homens manterem relações. Memórias de infância registram também as bichas que o esperavam, no caminho da escola (queriam enturmar?, pergunta-se), se dependuravam na janela e esmurravam seu ônibus, gritavam nomes. E ainda as mulheres (sapatões, como relata) que mexiam com ele por causa dos óculos que usava.

SP2 cresceu em uma cidade pequena do interior de Minas Gerais. No pasto, buscando boi e vaca, arrumando cerca, nadando no rio, começou a olhar a beleza dos outros meninos. Enquanto esses olhavam as meninas, SP2 os olhava. Descobertos os seus primeiros relacionamentos sexuais com os meninos, a mãe o aconselha: "herda ou deserda" – não herdou, continua hoje olhando os meninos; deserdou para a cidade grande.

Aos 13-15 anos, SP3 já havia ficado com muitas meninas, mas aceitou como sendo muito mais forte o seu lado homossexual. Reconheceu sua atração muito grande pelos homens.

SP4 teve experiências sexuais com homens aos 13-14 anos, uma delas tendo chegado ao conhecimento de seus pais que, do interior, o levaram à capital, para testes psicológicos. Ele teve o diagnóstico de normal. Lembra-se daquela experiência sexual (ou de outra?) como tendo sido uma relação muito selvagem que deixou nele o sentimento de ter sido estuprado. Passou a evitar lugares com muitos homens – bares, clubes, banheiros masculinos. Ele teve várias namoradas; foi noivo. Aos 28 anos, convivendo com uma parceira fixa, reiniciou suas práticas homossexuais.

Todos os SPs representam as experiências homossexuais na infância, juventude e idade adulta, como corriqueiras: "A maioria faz, sai com outro homem." (SP1); "50% já teve relação homossexual." (SP3); "Ninguém é heterossexual convicto." (SP4, que relata também ter tido experiências com homens na adolescência "como todo mundo tem"). SP3 atribui à natureza a preferência por homens, o que, segundo ele, não é defeito e nem doença, mas sentimento, sendo que "ninguém pediu para nascer homossexual"; ressente o preconceito que é atribuído também (e, sobretudo) a outros homossexuais ("essas pessoas que têm preconceito também já tiveram relacionamento com homossexual"), opinião que é compartilhada por SP1. Ser ativo ou passivo é um crivo problemático (será tratado adiante).

Todos reconhecem a importância da camisinha na prevenção contra HIV/AIDS, mas todos veem nela alguma desvantagem: dificulta o tesão de alguns (SP1), incomoda (SP2), reduz o prazer e não pode ser usada para sexo oral porque tem lubrificante e gosto ruim (SP3), é difícil (SP4).

O fato de ser HIV negativo pode dar uma sensação de poder e *status* (SP1). SP2, que se prepara para a eventualidade de estar positivo, elabora: "se eu tiver 'o babado', eu acho que é mais uma doença, uma gripe" / "se um dia eu tiver, eu vou encarar em uma boa" / "a gente pode imaginar, mas não pode realmente saber como vai ser" / "acho que não vou ter reação nenhuma" / "para me livrar dele [o HIV], para retardá-lo, acho que vou ser racional o bastante" / "qual é a reação de uma pessoa quando ela vê o exame HIV+?"

No que diz respeito ao preconceito contra os que adquiriram o vírus, SP1 confessa: "minha cabeça entra na onda também; digo: 'Nossa, tão bonito, mas é soropositivo'. Como se não fosse usar camisinha...". SP3 comenta uma festa particular em que todos cochicham: "Esse cara tem AIDS" e a pessoa, rejeitada, sai inteiramente desnorteada.

A paquera

Paquerar é um momento de descontração, uma brincadeira, um jogo sem cartas marcadas. Paquerando, atraindo, os sujeitos participantes se realizam, localizando-se e o outro de igual para igual. Já ser objeto de paquera e atração, às vezes, pode provocar maus momentos.

A paquera se passa, normalmente, em lugares públicos – festas, bailes, bares, botecos, trabalho, rua, ônibus. SP3 descreve os pontos em Belo Horizonte, boates e "lugares entendidos" onde se procura sexo mais fácil, onde se conhece pessoas e onde, quando se "é novo no pedaço, o pessoal voa em cima".

Um anunciador, geralmente um amigo de SP, aparece em muitos relatos de paquera. É o amigo quem declara: "Tem um ali que não para de te olhar, está apaixonado por você". SP1 olha, o outro olha.

A cena é leve, às vezes divertida. Um colega de trabalho conta a SP2 que falam dele, mas que ele, colega, não acha que SP2 tenha cara de "boiola". Recebe como resposta: "Realmente, eles estão mentindo para você, é tudo mentira. Vamos fazer o seguinte: vai lá em casa hoje à noite que a gente conversa melhor e a gente vê de onde está saindo esta fofoca". SP1 relata que ele (o outro), colecionador de revistinhas de sacanagem, começa a ir muito à sua casa. SP1 lhe diz: eu tenho só revista de homem com homem. Ele (o outro), quase morre.

No jogo da paquera, "*as coisas acabam acontecendo*". SP1 e um amigo, indo de uma festa para outra, no bairro, pegam uma carona. SP1 está interessado no chofer do carro, o amigo paquerando o quarto personagem presente. SP1 senta-se ao lado do chofer; o amigo, atrás, passa a mão na perna do companheiro de viagem que declara, em alto e bom som, apontando o chofer: "Eu estou a fim é dele". / Paquera frustrada, SP1, na segunda festa, vê um conhecido. Aproximam-se, conversam, lembram velhos tempos. / Ele (o outro) fala como as pessoas veem SP1./ Mais tarde, reencontram-se em um bar, ficam juntos, se tocam com carinho, o outro convida SP1 para um passeio de moto. SP1 recusa ("outro dia a gente sai"), mas se abraçam, sarram. SP1 coloca a mão sob a camisa do outro, que diz: "Você tem a mão mais delicada que a da minha noiva. Você consegue me excitar mais do que ela". "Será que é a minha mão", pensa SP1, "ou porque é a mão de um homem?".

SP4 fala que é a primeira conversa, o encontro, o conhecimento, os primeiros contatos, o atrair e ser atraído que o satisfazem e o excitam. Depoimentos análogos são dados por SP2: "Você olha para uma pessoa que você nunca viu e, de repente, você se sente curioso a respeito dela". / "Você a olha, você se interessa, assim, pela sua estrutura física".

SP2 está atento a uma pessoa que tem visto: "ele chega na boate, ele roda, roda, não fica com ninguém, me deixa intrigado, eu vou ter que saber o que ele quer, eu vou ter que conferir".

"Um sente o cheiro do outro". SP3 está saindo da casa da menina com quem estava ficando. Ele (o outro) parou o carro, pedindo uma informação de caminho. SP3 diz que estava indo naquela direção e é convidado para entrar no carro. Entra, ele (o outro) olha "daquele jeito". SP3 "saca". *Ele* pergunta se SP3 é entendido. Ainda sem conhecer a expressão (embora "sacando"), SP3 diz que sim.

SP1 e o outro entram no ônibus, à meia noite. SP1 pensa: "Esse aí vai ser meu" e senta-se a seu lado, dizendo: "Você está com a cara triste. O que aconteceu?" Ele (o outro) desaba, conta tudo. Ficam de mãos dadas.

A paquera pode esperar, às vezes, anos. SP1 está atento ao outro, pessoa diferente, calada. Sempre que necessário, um anunciador se faz de intermediário entre eu (SP1) e ele (o outro). Um dia, em uma festa, ele (o outro) conta a SP1 que tinha tido experiência com um homem e tinha gostado mais que com mulher. SP1 lhe diz: "Sou louco para te dar um beijo" e o outro responde: "Eu também".

Passa-se o tempo, o anunciador dá as notícias: ele (o outro) estava morando com uma mulher que ele tinha engravidado, estava estranho e mexendo com drogas. Passados três anos, SP1, andando no bairro onde *ele* mora, o vê em um bar. Param em frente um do outro, sem saber o que falar: –"Você sumiu"; –"Você sumiu". SP1 faz o que tinha a fazer na região e, mais tarde, volta ao bar. Conversam, relembram coisas. O anunciador aparece, aparece o pai dele (do outro) convidando para uma festa em casa, casa que também era *dele*, da mulher e da filha. SP1 e *ele* passam o dia conversando, bebendo cerveja. No final do dia SP1 diz: "Ah, eu vou embora". O outro: "Eu vou descer com você até o ponto do ônibus". Em outro bar, ele (o outro) desabafa: "Olha, eu não dou conta de falar nada, eu não sei expressar verbalmente o que estou sentindo". SP1 "coloca a questão da atração que um sente pelo outro".

Ele fica calado, nada fala. SP1 ressente a complicação da paquera, acha que *ele* é manipulado pela família, que as pessoas definem as coisas para ele. Insiste: – "Como vamos fazer? Não posso te tirar daqui. Você vai para o centro e a gente se encontra lá". O outro: – "Ah, tá muito tarde". SP1: – "Mas eu quero ficar com você e você comigo. Conheço um lugar...". O outro: –"Não". "Conheço esse outro lugar...". .

Algumas paqueras vêm com problemas. SP1 fala a respeito do outro, uma pessoa que saía com um cara riquíssimo, dono de um apartamento e de um chalé, mansão cheia de empregados, deslumbrante, onde o outro era recebido sem ser desprezado. Ele (o outro) ganhava dinheiro, mesmo sem pedir, desse cara que, entretanto, parecia que não queria mais saber dele. Ele chora com SP1, diz que gosta do cara, que não havia nada a ver com dinheiro. SP1 e ele começam a sair juntos com certa frequência. Um dia, ele (o outro) liga para SP1, convidando-o para sair e começa com a "história da geladeira estragada" [pedindo dinheiro].

Outras paqueras são definitivamente desagradáveis. SP2 rejeita as pessoas que "ficam no pé", que o colocam como um santo, um milagre, independente, inteligente, coisa inatingível. SP1, conversando no balcão de um bar no qual trabalha um amigo, vê chegando uma turma de supostos heterossexuais. Um deles começa a cantar SP1: "Você mora aqui?" "Vou te contar, fiquei com um *gay* lá em Sergipe"; acrescenta que se masturba e que tem pau grande./ Ele (o outro) passa ao ataque: "Vocês são muito bandeirosos, dão manota". SP1 solta o cabelo e dá um escândalo. Explica à entrevistadora: "Não aguento cantada de papo furado, querendo que eu faça a linha bofe".

A negociação

Os sujeitos participantes têm que negociar um sexo seguro. Aprendem sobre isso no Projeto Horizonte, têm dicas e macetes. Há outra negociação a ser feita, o papel ativo ou passivo na transa. Ambas são difíceis de serem faladas, tanto para a entrevistadora quanto com o(a) parceiro(a). Por isso, as negociações são frequentemente escamoteadas, substituídas por cálculos de risco e cálculos relativos à prática sexual predileta do outro. A dúvida não solucionada pode desembocar no abandono da transa; o cálculo mal feito pode desembocar em risco.

Negociações de sexo seguro são, paradoxalmente, mais difíceis com parceiros fixos. Sensação de perda de vínculo, de quebra de pacto de confiança, medo de magoá-los, hábitos já estabelecidos tornam custosas as negociações. Parceiros ocasionais, desconhecidos, representam sempre um risco. Assim, com eles, SP1 não tem problema: "Eu dou a camisinha. Não tem essa coisa de ficar conversando muito". / "Se não tem camisinha, o negócio é sarrar mesmo". SP3 afirma que, sem camisinha, "não rola mesmo", um masturba o outro, se beijam, mas não há penetração: é só pegação.

SP1 fala a respeito do parceiro ocasional que lhe pergunta: – "Quanto você me dá para eu transar com você sem camisinha?" – "Não tem jeito", responde. – "A camisinha incomoda, não consigo". – "Pois tem que se acostumar". SP1 ensina como colocar a camisinha e o lubrificante dentro dela, mas o parceiro não consegue ereção. SP1 comenta com a entrevistadora: "Não sei se ele não consegue mesmo ou se ele estava a fim era do dinheiro"... "porque isso é muito comum".

Quando se trata do parceiro fixo ("fixo" pode equivaler a um ou dois meses; não é exclusivo nem único enquanto "fixo"), a situação muda. SP1 já saía há algum tempo com o parceiro. Passam a fazer sexo e, por três vezes, sem camisinha. Entre uma vez e outra conversam sobre o risco. Mas na hora, ele (o outro) fala: "Nossa, estou sem camisinha". (sendo que SP1 carregava consigo, como sempre, camisinhas que recebe do Projeto Horizonte).

Contrapondo a essa negociação falha, SP1 se lembra de outro parceiro fixo com quem sempre usou camisinha. "Coisa da dupla", diz, "quando os dois pensam em usar, se um fala que não quer, não há sexo". Atribui àquele parceiro a disciplina na prevenção.

SP2, em um momento de confessada insegurança, quando o parceiro fixo propõe o uso da camisinha, faz a negociação errada, de risco, ou, nas suas palavras: "um pacto, nada pacto". Ele (o outro) propõe: "A gente podia começar a transar de camisinha". – "Por quê?", questiona SP2. –"Acho certo, a gente não deve se arriscar; eu não sei com quem você anda, você não sabe com quem eu ando". E SP2 replica: – "Não dá para continuar o negócio nosso da forma que está. Eu e você ficamos em uma boa; com os outros a gente transa de camisinha".

Porém, SP2 é perfeitamente capaz de negociar a prevenção. Por exemplo, propõe o uso da camisinha. Ele (o outro, o parceiro) pergunta: – "Você acha que tem necessidade?" –"Se ainda não tem, vamos começar a educar, um dia a gente pode terminar". Em outra ocasião, também com parceiro fixo cujos hábitos já conhece, SP2 colocou as camisinhas na gaveta da cômoda. Como de hábito, o parceiro abre a gaveta para guardar chaves e documentos e vê as camisinhas. – "Que é isso?", pergunta. – "Camisinha, camisinha". "Cama, cômoda, camisinha".

SP3 encontra um parceiro fixo. Submetem-se a testes de HIV. Constatado que ambos têm resultado negativo, passam a transar sem camisinha. Mas SP3 lê a respeito de outras doenças sexualmente transmissíveis. Diz ao parceiro: "Não rola a gente transar mais sem camisinha". SP3 relata que ele (o outro) "ficou grilado, pensando que eu estava desconfiado dele, ou eu desconfiado de mim". Explica a respeito das doenças sexualmente transmissíveis e o parceiro concorda: – "Você está certo".

Para SP4, "esse negócio de negociar não passa muito por minha cabeça". Diante dessa dificuldade, é capaz apenas de imaginar: "a não ser que a gente combine antes: 'eu sou passivo, você é ativo', 'você quer ser passivo?', 'quero'; 'você tem camisinha?' Mas, quando é uma coisa assim, que *vai rolando, vai rolando*"... / "Se a coisa for para negociar antes, aí sim – é passivo/ativo – então os preservativos têm que estar [presentes]". SP4 imagina, também, o parceiro assumindo a prevenção, decidindo quem será passivo e o uso da camisinha: "Já sei e tenho que me preparar. É assim que o parceiro quer. Mas não é assim que acontece".

O cálculo

É sobretudo no cálculo que se realizam as localizações imaginárias do sujeito participante com relação ao outro, o parceiro. Alguns exemplos: *Quem sou eu para ele?* "Eu queria saber o que as pessoas enxergam, quando elas me olham". (SP1) "Será que ele estava achando que eu estava na zona para transar com mulher?" (SP1). *Quem é ele para mim?* "Se eu souber a sorologia da pessoa, vou ter a coragem de ir para a cama com ela? Não sei". (SP1).

Cálculos de localização de si próprio e do outro podem resultar corretos. Mas se isso não ocorre, os sujeitos participantes incorrem, fatalmente, em alguma situação de risco. Como na negociação, há diferentes tipos de cálculo: relativo ao risco de infecção por HIV/AIDS, à preferência sexual do parceiro (ativo ou passivo), ao envolvimento grande com o parceiro, ao uso da camisinha, ao Projeto Horizonte.

No primeiro caso, observa-se que raramente há uma menção direta ao vírus da AIDS, mas a palavra fica subentendida, transformada em ele = HIV, "babado", etc.

SP1 fala: "às vezes você sabe a sorologia da pessoa, às vezes supõe pela quantidade de garotos de programa com quem sai. Você então taxa: 'aquele não serve, saiu com fulano'. Você cria um rótulo". / "Fulano não dá porque saiu com sicrano, com beltrano". / "As pessoas sondam, questionam, têm interesse em saber quem é e quem não é [HIV+]". / "Se ele se sente à vontade de não usar camisinha comigo, por que com o outro não vai fazer a mesma coisa? Não duvido muito". / "Acho super legal a pessoa [HIV+] estar vivendo a sexualidade dela, mas a gente fica pensando: 'Será que vai usar camisinha? ' Fico meio neurado com aquilo". / "Se ele precisa gozar fora com mulher, é porque ele não usa camisinha [com ela]" / "Com mulher eu tenho certeza que ele não usa". / "Se tem um tanto de mulher que fala que está grávida dele, é porque ele não usa camisinha".

SP1 conquistou, no ônibus, um parceiro. Combinam ir para um motel, mas SP1 passa, antes, em um caixa eletrônico na Praça Sete, a fim de pegar algum dinheiro. A Praça Sete, à noite, é um dos pontos principais de encontros homossexuais. SP1 observa o parceiro e considera: "esse cara conhece o pedaço, não tem como". Pergunta a ele: –"Com quem você estava conversando?" – "Com ninguém, o cara não parava de olhar". – "Estou achando você muito familiar com o lugar..." (Ele sonda, calcula).

SP2 relata: "tenho um rolinho ou outro por fora, mas já é com preservativo, já é uma coisa mais consciente. Uma pessoa que não conheço me traz certa insegurança". / "Com todos [os parceiros ocasionais] eu transo com camisinha numa boa". / "porque não conheço a pessoa" / "não tenho vínculo com ela, não sei de onde a pessoa vem".

SP3 faz cálculos quantitativos e outros: "O risco de sexo oral está aumentando". / "Acho que 99% do pessoal não transa sexo oral com camisinha". / "Sem camisinha, é a carne na carne, mas não rola, não dá, sem camisinha não convém de forma alguma".

SP4: "Pode ser que a minha parceira fixa tenha encontros que eu não sei. Acho também que ela não iria falar. Então, mesmo com ela, que é fixa, eu acho [necessário] o preservativo".

A segunda grande fonte de cálculos diz respeito à prática sexual do parceiro. *Quem sou eu para ele?* Ativo? Passivo? *Quem é ele para mim?* Posso me arriscar? Entrar nessa transa? Esse é um território de enorme opacidade nas interações homossexuais.

SP4 se diz ativo, mas essa questão provoca em seu discurso todo tipo de lapso de língua: troca de gênero ("já tive noivo"; referência à mulher no masculino); troca da palavra ativo por passivo e vice versa; de homossexual por heterossexual e vice versa. (Vale aqui mencionar os cálculos de SP3 que imagina uma sondagem, em uma boate, na qual alguém perguntaria: "Quem é passivo? Quem é ativo?" No primeiro caso, dois levantariam a mão e, no segundo, 500. SP3 finaliza: "No fundo, no fundo, a maioria é passivo"). SP1 tem, basicamente, preferência por sexo passivo.

As escolhas vividas por SP4 e SP1 são diferentes, mas ambas complexas e sérias. SP4 deve aprender a se precaver contra a fantasia recorrente no meio homossexual e inconscientemente compartilhada por ele de que sexo ativo não leva à infecção por HIV/AIDS. SP1 tem que se precaver contra os que nutrem a mesma fantasia, os que o enganam não usando camisinha, os que se recusam a usá-la, os que esperam dele sexo ativo, e os que, preferindo serem passivos, frustrados, podem agredi-lo.

SP4 diz: "Nunca tive muitos comportamentos de risco com homossexuais; minhas relações não são muito com penetração, nem de minha parte nem de meu parceiro, mesmo o fixo". / "Pouquíssimas histórias que tive foram de relação anal; busco prazer de outra forma, imagino, acho, penso que as pessoas que conheci, que eram muito mais passivas, uns até já foram embora [morreram]; então é muito mais fácil dessa forma". / "Essa forma [sexo passivo], na relação [sexual], sem preservativo, ela é muito mais propícia [à infecção por HIV] do que outras maneiras: masturbação, só contato de corpos..." / "Com o parceiro fixo, quando a transa não se dá a nível de penetração, não precisa de preservativo". / "Se eu tivesse tido mais contato de risco sendo passivo, [teria corrido mais risco, como] os que conheci, que gostavam de sexo passivo e que já se foram [morreram]".

SP1 desconversa um pretenso parceiro que paquera e considera: "ele me quer como ativo; ele está procurando um homem, sexualmente falando. E, de repente, eu não vou satisfazer isso". Com relação à mesma transa, SP1 diz: "Sou muito doido. Ele marcou encontro às 11:30 da noite, porque ele tem que namorar primeiro. Ele disse: 'A gente sai para dar uma volta de moto'. Mas, se o negócio não for do jeito que ele quer, ele me larga onde eu estiver e vai embora. Eu não sei como a pessoa vai reagir, não o conheço, só de vista. Eu falo: *o que realmente ele está querendo*?"

Cálculos de SP1 sobre outras paqueras: "Tenho até interesse [por ele]. Mas, o que vai acontecer? Ele vai querer que eu coma ele? Se na zona ele transa com mulher, comigo vai querer o que? Ele vai querer me comer?" / Rejeitando a paquera desagradável do suposto heterossexual, comenta: "ele quer que eu faça a linha bofe e, quando não é isso, quer que eu saia para ser ativo, o que é pior ainda".

Um terceiro tipo de cálculo, importante porque aproxima os SPs do risco, diz respeito ao envolvimento emocional e afetivo grande, gerador de confiança irrestrita no parceiro e idealização dele.

SP1 lembra a importância da parceria numa transa e rememora um antigo caso, no qual não houve risco: "se um está em dúvida e outro não quer [usar camisinha], acabou, não se vai usar mesmo". / "eu gostava muito dele; se ele falasse comigo que ia transar sem camisinha, eu transaria". / "eu não pensaria duas vezes, apesar de saber de toda a doideira dele, da vida dele,"/ "transaria sem camisinha".

Relatando um caso recente de risco, no qual esteve envolvido com o parceiro, embora "não tão envolvido assim", SP1 calcula o que ocorreria no seu caso atual, descrito como de grande investimento afetivo, se houvesse transa: "Eu fiquei pensando, se a gente não transou, como é que teria sido com ele, se eu fosse..., se a gente fosse transar". "E com esse então, como seria? Foi o que eu comecei a pensar. Será que foi por ter sido essa coisa mais forte com ele, né? Aconteceria? Só que não me vejo transando com ele, não me vejo...".

SP2 fala: "é complicado lidar com isso com uma pessoa que você gosta, talvez mais do que de você mesmo, porque você imagina as pessoas frágeis". / [Agora, a estabilidade do relacionamento fixo] "deixou de ser estabilidade e passou a ser sentimentalismo" / [Eu imagino:] "Eles são incapazes de fazer isso comigo" [sexo de risco]. / "Até hoje eu penso, acho que se fizeram [sexo de risco] foi por uma, sei lá, querendo justificar, né?, uma fatalidade". / "Nenhuma das duas pessoas [parceiros fixos] seria capaz de fazer isso comigo". / "Porque a gente gosta dos outros, não gosta da gente. Todo mundo questiona: mas você gosta primeiro do outro, depois de você? Não. Simplesmente gosta. Não importa se é do outro, ou se é de você... E, de mais a mais, tem o lance também do tesão, do prazer".

(Esses são bons exemplos do caso da *idealização* do objeto do amor descrita por Freud em Psicologia de Grupo e Análise do Ego (1921, p. 142-145). Há uma *sujeição* humilde ao objeto amado: o eu se torna cada vez mais despretensioso e modesto e o objeto cada vez mais sublime e precioso, até obter a posse de todo o amor do eu. Tudo o que o objeto faz e pede é correto e inocente. Auto sacrifício, humildade, danos a si próprio são consequências naturais: *o objeto do amor consumiu o eu*. A cegueira é levada ao diapasão do crime, desenvolvimento tão extremo do estado de estar amando que pode ser descrito como *fascinação* ou *servidão*.).

SP2 é capaz, entretanto, de se criticar: "Confiar no ser humano é complicado. A prova disso é que eu estou aí, com medo de quebrar a cabeça". / "Tem alguém sobrando nessa história, e quem sabe não sou eu?"

Sobrando: a polissemia da palavra, no contexto, é grande. Pode significar HIV negativo, correspondendo a uma esperança de SP2 de não ter se infectado, apesar das sérias práticas de risco em que incorreu. Pode significar que está fora da vida de seus parceiros, tanto do que ele chama de namorado quanto do que ele chama de amante. Ou que está sendo rejeitado pelos parceiros e pelo meio em que vive ou está rejeitando todos. Provavelmente, "sobrando" tem todas essas significações, ao mesmo tempo.

Quanto à relação de extrema confiança no parceiro, SP4, elaborando sobre a possibilidade de se converter à monogamia fala: "Como eu vou garantir e como ele vai garantir os dois lados? Eu posso falar: – 'Eu tive uma história, saí, conheci, fui para a cama'. – 'Usou preservativo?' – 'Usei'. Mentira. Posso falar e não usei. Ele também, não é?"

Em outro extremo, há interações SP/parceiro nas quais não existe a menor confiança. Mas, nelas, quase não ocorrem riscos. São, sobretudo, as relações que envolvem dinheiro. SP1, depois da transa na qual o parceiro não teve ereção, pensa: "ou não tem nada a ver com ele, veio pela onda mesmo, ele queria alguma coisa, ou então ele é veado"./ "Veado se posiciona como machão. Diz: eu transei com ele porque ele me pagou. Eu sou homem, eu sou ativo". / "Se você paga, você não tem vínculo. É tchau e bença. Você não tem que procurar, não é? 'Eu não vou te procurar, você não vai me procurar, e tudo bem'".

Mas a divisão nunca é clara. SP1 pensa: "Qual era a dele? Por que ele não queria usar camisinha? Se o lance é dinheiro, por que ele não fica com o outro? Ele sabe que o outro é podre de rico". / "Comigo não vai, né? Ele está sem dinheiro. Por que ele não procura o outro? Ou ele está procurando as duas coisas [ficar com quem gosta e dinheiro]?". Há cálculos, também, com relação ao uso da camisinha: "Eu fico pensando, na verdade até que ponto as pessoas confiam na camisinha?" (SP1).

SP2 algumas vezes sente que não consegue transar de camisinha. Trava diálogo consigo mesmo: – "É, como você conseguiu ontem?" "Ontem, minha cabeça estava legal, hoje não". "[Ontem] me perguntei: porque não tentei isso antes?" / "[A camisinha] é uma coisa que, apesar de diferente, é igual, é uma coisa diferente porque você está com ela; mas é igual, porque você consegue, você goza no final".

Finalmente, há cálculos relativos ao Projeto Horizonte, demandas à entrevistadora: "Quando falo com você que tenho prática de risco, acho que você tem de me acompanhar mais de perto" (SP1). "A vida lá fora do homossexual... de seis em seis meses, eu acho... acho que deveria ser de três em três meses, porque, em um mês, o cara sai, no mínimo, doze vezes. Sexta feira, sábado, domingo" (SP3).

SP4 dá o seguinte depoimento: "A preocupação [com a prevenção] nesses três anos que estou no projeto aumentou muito". Mas como SP4 incorre em risco, sobretudo quando alcoolizado (outro cálculo: "Se eu estivesse sóbrio, jamais faria ato sexual hetero ou homo sem preservativo"), evita fazer, para a entrevistadora, má figura, monologando: "Imagina, você que faz parte de um projeto como participante agiu, nessa noite passada, dessa forma. Imagina quem não faz".

O risco

"*De repente,* [os métodos de prevenção] são abandonados por uma série de outros fatores". (SP1).

A *falta de informação* quanto à necessidade do uso de camisinha como única forma de prevenção contra HIV/AIDS nas relações sexuais não existe para os nossos sujeitos participantes. Mas existiu no passado.

"Eu como homossexual nunca ouvi falar em camisinha até os 18 anos. Eu tinha visto e tal, mas não sabia a finalidade, não sabia que existiam doenças transmissíveis. Nem a própria escola me passou essa informação" / "Até os [meus] 18 anos (eu já tinha o segundo grau) não se falava em doenças sexualmente transmissíveis". / "Falava-se de gonorreia e tal, mas não se falava de como se prevenir" (SP2).

SP3 relata uma iniciação de risco: "Sexo oral não rolou, ele que fez em mim sem camisinha, entendeu? Eu assim... Não tinha dado nenhum de como era a vida do homossexual". / "Um amigo comentou comigo que no 145 dava muita gente entendida. Aí, eu liguei para um rapaz e ele falou: 'Eu quero te conhecer'. Nós saímos para nos conhecer. Foi a primeira vez que eu transei, que houve penetração, mas tudo com camisinha. Agora, sexo oral, dessa primeira vez, eu não fiz sexo oral com camisinha. Primeiro, fazer sexo oral com a camisinha convencional não dá – elas têm lubrificante, então ninguém gosta, o gosto não é legal. O problema de sexo oral é a camisinha de gosto que ninguém compra. É raro você ver uma pessoa com [ela]. Você pode pegar 100 pessoas, nenhuma vai com camisinha".

O álcool é apresentado como outro fator para a falta de prevenção. Com álcool, "*aí, vai tudo por água abaixo*". (SP4) De fato, a pessoa fica inteiramente à mercê do parceiro ou da situação. Entre nossos entrevistados, SP4 é o mais exposto a esse risco. Fala sobre ele de forma muito desarticulada, tornando difícil a compreensão de seu discurso. Deduzimos que ele bebe durante a paquera até quase apagar; sai com um parceiro desconhecido, se sujeita inteiramente a ele na relação sexual e apenas no dia seguinte se pergunta sobre o que ocorreu. Literalmente:

que eu tivesse que as vai, mas num, vai, mas eu mesmo num aguento, apago ou acontece na manhã seguinte e já tá ali, depende muito assim... não é uma coisa assim... eu não sei agir assim..., sabe prá mim seria uma coisa assim... de tá. Deveria ser assim, mas não é assim, mas existe agora a preocupação desse tempo desses três anos que eu estou dentro do projeto aumentou e muito. Não só comigo como a outras pessoas que eu passo informações, até os próprios preservativos, então... fica... meio difícil". / "Pois é, o dia seguinte é assim... Quando acontece eu falo: 'Nó, o que eu fiz, o que acont...' (...) Agora, eu fico achando que é inadmissível, eu mesmo fico falando para mim, é inadmissível você ter um comportamento desse. (...) *Ah, não sei o que acontece na hora.* Na hora... entrego mesmo. Já me entreguei muito, mas eu acho que sempre me resguardava um pouco, eu sempre me resguardava um pouco, eu tinha o contato e tal, mas é..., tantas as vezes, né?, eu mesmo... isso quando eu não bebo, porque quando eu bebo, aí no outro dia é que eu vou saber onde é que eu parei, com quem que eu tô, isso com o já aconteceu (SP4).

SP1, igualmente, relata ter incorrido em risco alcoolizado: "Com o C. foi aquela coisa de doideira mesmo, a gente tinha bebido muito todas as duas vezes, nem preocupei". Na primeira relação sexual de risco, além de terem bebido, o parceiro não quis usar camisinha. A cena: o parceiro se levanta da mesa de um bar e vai ao banheiro; SP1 o segue; esquece, entretanto, sua pasta, na qual estão as camisinhas, no balcão do bar, e não tem como voltar, pois um terceiro envolvido na situação perceberia; no banheiro, o parceiro goza fora e explica que é para não perder o costume, pois quando transa com mulheres tem que fazer a mesma coisa. SP1 volta a esse assunto com ele. Explica que a camisinha resolve as duas coisas (DST/AIDS e gravidez).

Na segunda vez que incorre em risco com o mesmo parceiro, SP1 está em um clube, tem camisinha no bolso do short, mas, como "foi aquela fissura", não houve como o parceiro usá-la. Dessa vez, o outro perguntou se podia gozar dentro. SP1 estranha, porque já haviam conversado sobre esse assunto.

O *tesão* incontrolável é relatado como outro fator de risco. Não dá tempo e clima para a prevenção. "*Na hora da excitação, o preservativo passa longe*". (SP4).

SP2 fala: "[a camisinha] atrapalha, quebra o clima" / "parar prá colocar uma camisinha, sei lá, não quebra e tal, mas desgasta" / "eu sinto que estou parando, mas não queria parar, eu quero continuar, há uma quebra" / "quebra um pouco, é desagradável, é desagradável" / "eu insisto em ter esses dois relacionamentos, insisto em transar sem camisinha" / "é esse negócio mesmo de tesão, eu acho, o tesão que eu tenho nas duas pessoas".

SP3: "Você está na casa de um cara, ou vai para um motel, isso [camisinha com sabor] não vai estar à mão"./ "É complicadíssimo esse lance de sexo oral com camisinha". A essas falas, SP3 apresenta os *contrapontos*, antídoto ao risco: "Com sexo penetração está rolando camisinha; ninguém mais fala: 'eu transo sem camisinha'. Todo mundo [pergunta]: 'Você tem camisinha?'. Têm e, quando não têm, não rola a transa – um masturba o outro, só se beijam, não há penetração". / "Riscos muito grandes – que não frequento – são sauna e banheiro de boate. Álcool influencia muito a transa. Se você bebe com juízo, você fica legal. Se não, com a primeira pessoa que canta você cai no conto do vigário. Já me aconteceu uma vez, mas mesmo assim foi com camisinha".

Ainda SP3: "Tento não fazer sexo oral: – 'Ah, não vai rolar sexo, tá?' –'Mas por que, pá?' Então, é aquele negócio ali, o tesão não permite você tentar segurar, é muito mais forte que a gente". / "Tem transa que você se arrepende [dela]. No dia seguinte, [você] fala: 'Não podia ter rolado isso', mas já rolou. Aconteceu no momento. Você viu que fez errado, *mas o tesão era mais forte que você*".

SP4 ignora que entrou em risco, desconsidera o parceiro, atribui o risco ao tesão e imagina um antídoto, no *contraponto*: "[Sem camisinha] não tem ejaculação. Nunca foi na minha boca, nem na boca do meu parceiro. Aliás, na boca do meu parceiro já deve ter ido, principalmente se eu estava...[alcoolizado?]. É, depende muito da excitação da própria pessoa que está envolvida comigo". / "Envolvido numa circunstância, de repente você se vê na cama, talvez não se fale de preservativo, mas também não tem penetração não".

Uma inferência feita a partir dos discursos de nossos entrevistados nos permite afirmar que a *confiança* no parceiro é outro fator importante de risco. Normalmente, trata-se de um parceiro fixo.

SP2 marca pontos e contrapontos, deixando claro, entretanto, que tem práticas de risco: "Ainda assim, hoje, [quando tenho informação], eu tenho a prática irresponsável". / "Tenho um namorado e um amante e prá gente é tudo muito liberal, cabeça muito aberta, são pessoas saudáveis e a gente transa sem camisinha". / "Com as duas pessoas [HIV+] que conheço, eu vi que não é bem isso. Há um ano atrás, um dos meus amigos pegou AIDS de um namorado de dois anos. Quer dizer, há três anos, ele pensava que conhecia a pessoa e não conhecia. O meu medo vem dessas irresponsabilidades minhas, hoje, com os dois parceiros fixos". / "Com os parceiros fixos, nem sempre foi também dessa forma irresponsável. Já tive parceiros fixos de seis, oito meses e durante todo o relacionamento foi com preservativo, foi com segurança".

E aqui, um ponto importante do discurso de SP2, esclarecedor da dificuldade de prevenção com parceiros fixos: "Talvez a ausência dela [camisinha] me desse um vínculo maior com a pessoa". / "Como um casal usa uma aliança para mostrar um casamento"./ "A finalidade da aliança não é mostrar que tem um casamento? A falta da camisinha seria para mostrar que tem [um vínculo]". / *"Da mesma forma que a aliança faz pensar que a outra confia nela, talvez na falta da camisinha eu pense: 'eu confio'"*.

SP3, igualmente, entrou em risco tendo como base a confiança: "Fizemos o teste e vimos que não havia problema nenhum. A partir desse dia, nós começamos a transar sem camisinha. Uma forma de segurança". / "Ele não tinha AIDS, eu não tinha AIDS, então a gente podia transar tranquilo, sem problema". / "Sexo oral com ele nunca foi de camisinha – foram poucas as pessoas com as quais transei sexo oral com camisinha".

SP4 não se previne sempre, quando se trata de parceiros fixos, seja o homem ("A gente já manteve relações sem preservativos, com preservativos – varia muito, dependendo do dia, da cabeça". / "Eu falo: 'Nós temos que usar [camisinha]'. Às vezes, [a gente] acaba de manter uma relação e fala assim: 'Ah, não posso fazer isso, tem que fazer assim.' 'Enquanto você estiver fazendo esse teste de seis em seis meses e der negativo, eu estou seguro', ele fala isso para mim".), seja com a mulher ("Com minha parceira fixa, não [uso camisinha], mas com outra sim".).

Envolvimento afetivo grande vem a ser outro fator de risco. SP1 descreve seu caso com H. como um "momento de fantasia sexual". "Eu estava envolvido com H. Se não fosse por isso... Mas eu não era tão envolvido assim, era tão envolvido com H. que eu aceitei fazer sem camisinha".

Por duas vezes, SP1 incorreu em risco com esse parceiro. Na primeira vez, já estavam nus na cama, quando H. falou: "Nossa! Estou sem camisinha". E na sequência disse: "Eu confio em você". Sujeitado, SP1 não calcula o seu próprio risco, mas o do parceiro: "Eu fiquei pensando:

se eu já sabia que ele saia com fulano (ele mesmo tinha me contado), ele faz ponto esporadicamente, por que confiar em mim? O que ele tinha de especial para confiar, se não tinha tanto tempo assim que a gente saía? A gente tinha saído algumas vezes. Mas sair duas, três vezes, já é o suficiente para ter confiança em mim e não usar camisinha? Com essa tranquilidade toda?" Na segunda vez, "ele não queria usar, falou que não ia conseguir transar de camisinha", "ele que tinha bebido – demora mais tempo para poder ejacular mesmo".

Não foram apenas a "fantasia sexual" e o álcool que fizeram com que SP1 se sujeitasse ao outro. Segundo ele, com esse parceiro específico há "perfumaria" (antecedentes à penetração), poses, o olhar de um para o outro. Em resumo, é diferente dos outros com quem "chegou, tirou a roupa, pronto, transou e vão embora prá casa".

Mas, parece-nos, mais importante que toda a fantasia e toda a "perfumaria" é o lugar no qual SP1 se coloca diante desse parceiro que é também namorado do cara "podre de rico", "riquíssimo", que podia lhe dar muito dinheiro. SP1 explicita o lugar em que se colocou: "*eu me senti, eu não sei por que, eu me senti inferior*".

Com esse mesmo parceiro, SP1, na situação de risco, volta a ser senhor de seu lugar. Sem o dinheiro do namorado, com o qual aparentemente estava rompido, ele procura SP1 insinuando precisar de ajuda. Com a transa atrelada ao dinheiro (e, consequentemente, à falta de vínculo afetivo), SP1 a coordena: "É, vamos deitar...". A "fantasia" e a "perfumaria" encontram um *contraponto* na lembrança de uma transa anterior, na qual não se sentia inferior nem se sujeitou: "a gente ficou um tempo junto e tal e tinha perfumaria e tinha envolvimento, fui apaixonado por ele e tudo, e nunca fizemos sem camisinha".

O estado de *desamparo*, de total dependência do outro, gera angústia e sujeição ao outro. SP2 tenta explicar por que depende tanto dos parceiros, especialmente do "namorado", com quem mantém práticas de risco: "Uma pessoa não fica do meu lado 24 horas por dia, ninguém pode". / "Se [uma pessoa só] conseguisse ficar do meu lado, eu ficaria satisfeito". / "Eu tenho necessidade de uma pessoa do meu lado sempre, para eu ficar conversando". / "Sempre falo com esse namorado meu: 'Olha, eu não lido bem com a solidão, você fica três dias sem vir aqui, a minha cabeça entra em parafuso'. Eu estou tentando falar com ele para ele se aproximar mais de mim, porque se ele não se aproximar eu vou continuar traindo. Eu só não falo: 'enquanto você não vem dois, três dias, eu estou te traindo com outra pessoa'. Eu só falo com ele: 'eu não quero ficar sozinho, eu não quero me sentir só'".

Modelo teórico do risco

É apenas a *falta de informação* a respeito das possibilidades de transmissão do HIV nas relações sexuais que leva, sem nenhuma mediação possível, as pessoas a incorrerem no risco de infecção. Nesse caso, contrair ou não o vírus é uma questão de azar ou de sorte.

Com conhecimentos, as pessoas podem se prevenir, mas nem sempre o fazem. Mediando todas a situações de queda em risco atua um processo de *sujeição* ao(à) parceiro(a). Algumas situações são mais objetivas, como aquelas nas quais as pessoas consumiram álcool a ponto de não saberem mais o que fazem, onde e com quem estão. É claro que se pode perguntar a respeito dos componentes subjetivos relacionados ao uso excessivo do álcool em situações de paquera, lembrar as inseguranças, angústias, ansiedades, dúvidas, medos. Mas, no caso de risco de infecção por HIV, tudo resulta em uma sujeição impensada ao(à) parceiro(a). As pessoas perdem as rédeas do seu destino, deixam prazerosamente que a situação as leve.

Guardando semelhanças com as ocorrências movidas pelo álcool está o risco devido ao *tesão incontrolável*. Ele não dá tempo de se pensar em camisinha, de negociar sexo seguro, de calcular riscos. Tudo é irrefreável e, sobretudo, a sujeição.

Processo mais complexo é o do risco devido à *confiança* irrestrita no outro, partícipe do próprio destino. Confia-se no(a) parceiro(a). Delega-se a ele(a) a prevenção. Negocia-se pouco o sexo seguro porque isso pode criar insegurança ou desconfiança no outro ou magoá-lo. Negocia-se errado, no sentido da falta de precaução, porque se esperara do outro a mesma confiança que se tem nele. A confiança obscurece a situação de tal forma que a pessoa sequer percebe que ela pode ser o risco do outro. No limite, o risco (que é a falta de uso de preservativo), nessa situação de enorme sujeição ao outro, é simbolicamente associado à aliança, ao casamento, ao compartilhamento de um único destino.

Ainda mais perigosa que a situação de confiança irrestrita está a do *envolvimento afetivo* alucinado, a paixão que cega e retira da pessoa toda capacidade de reflexão e cautela, frequentemente acompanhado pela *idealização* do(a) parceiro(a). Resulta, para a pessoa, em cálculos de risco inteiramente errados e em uma sujeição de tal ordem que, acompanhando Freud (1921, p.145), pode ser comparada á situação de estar hipnotizada. A pessoa se perde no objeto amado, é consumida por ele. Torna-se pequena, enquanto o outro é sublime. Aqui, a servidão é o risco. No limite, entrega-se, sem qualquer prevenção, a um(a) parceiro(a) sabidamente infectado(a).

O estado de *desamparo* (Freud, 1926, 1930) guarda semelhanças com a do envolvimento extremo. Impotente como um recém-nascido, a pessoa delega ao outro seu comportamento, depende dele (como a criança da mãe); angustiada, sente-se incompleta. O outro, que pode protegê-la dos perigos do mundo (como o útero materno protegia), é idealizado, torna-se, aqui também, sublime. A sujeição é total, a prevenção é abandonada.

Depois de incorrer em risco, a pessoa recupera o controle de si, volta – ao menos momentaneamente – a ser senhora de seu destino. Discute com o(a) parceiro(a) a situação que viveram, tenta mudar o futuro. Pode ser capaz – sobretudo se tem oportunidade de conversar com um terceiro – de elaborar sobre o risco, lembrar-se de situações semelhantes nas quais ele não ocorreu. O outro, a quem se sujeitou, perde, por um tempo, um tanto do fascínio e do domínio que exercia.

Uma observação final é necessária: para cada sujeição há, naturalmente, a sedução. Não vimos nossos sujeitos narrando terem sido os sedutores na situação de risco. Uma censura na fala deles, diante de uma entrevistadora que os acompanha semestralmente, justamente quanto a essa questão? Imprecisão de nosso instrumento de análise de seus discursos? Ou, até que ponto o sujeitar-se ao(à) parceiro(a) não é a própria sedução?

Referências

BRASIL. Ministério da Saúde. Secretaria de Políticas de Saúde. Coordenação Nacional de DST e Aids. O discurso do risco (p. 150-174). In: **Bela Vista e Horizonte: Estudos comportamentais e epidemiológicos entre homens que fazem sexo com homens** / Coordenação Nacional de DST e Aids. 2ª ed. ver. e ampl. Brasília: Ministério da Saúde, 2001. Anexo II, 2001.

FLAHAULT, François. **La parole intermédiaire**. Paris: Seuil, 1978.

FREUD, Sigmund. Psicologia de Grupo e Análise do Ego (1921). **Edição Standard Brasileira das Obras Completas de Sigmund Freud**. Trad. Jayme Salomão. Rio de Janeiro: Imago, 1976. v. XVIII, p.89-179.

FREUD, Sigmund. Inibições, sintomas e ansiedade (1926). **Edição Standard Brasileira das Obras Completas de Sigmund Freud**. Trad. Jayme Salomão. Rio de Janeiro: Imago, 1976. v. XX, p. 95-201.

FREUD, Sigmund. O Mal-estar na Civilização (1930 [1929]). **Edição Standard Brasileira das Obras Completas de Sigmund Freud**. Trad. Jayme Salomão. Rio de Janeiro: Imago, 1974. v. XIII, p.75-171.

LÉVY, André. Conjunção, na empresa, de um projeto pessoal e familiar, com a história de uma região: o processo de criação institucional (p. 84-96). In: MACHADO, Marília N. da M. et al (orgs). **Psicossociologia**: Análise social e intervenção. Petrópolis: Vozes, 1994.

MACHADO, Marília, N. M.; NAHASS, Juliana D. P; UTSCH, Maria José D. **O homossexual e a AIDS**: Análise da recorrência de condutas de risco. Relatório final de pesquisa. Belo Horizonte: Ref. 2851 – FAPEMIG/ Condutas de Risco, 1999.

MAINGUENEAU, Dominique. **L'Analyse du Discours**. Introduction aux lectures de l'archive. Paris: Hachette, 1991.

4

Contribuição para a historiografia da saúde mental no Brasil:

análise de discurso de 1991 do presidente da Associação Internacional de Psiquiatria[1]

Filippe de Mello Lopes[2]
Danilo Rodrigues de Matos
Talyta Resende de Oliveira
Marília Novais da Mata Machado

Neste trabalho, percorremos a história da saúde mental no Brasil, com ênfase em período mais recente, especificamente entre o projeto de lei de 1989, do deputado Paulo Delgado, e 2001, data da aprovação da lei sobre saúde mental. Acentuamos esse recorte temporal em razão da opção metodológica, a análise do discurso, dispositivo que requer muita informação de contexto para compreender um texto específico, no caso, o discurso enunciado em 1991, pelo presidente da Associação Internacional de Psiquiatria, Dr. Jorge Alberto Costa e Silva. As informações históricas sobre as políticas brasileiras de saúde mental que apresentamos a seguir visam contextualizar esse discurso particular. Nossa pretensão

[1] Este texto foi publicado anteriormente na Revista Mnemosine, da Universidade do Estado do Rio de Janeiro (UERJ), Vol. 11, nº 1, p. 99-117, 2015. Sua reprodução neste livro contou com o acordo da revista Mnemosine.

[2] Quando o artigo foi escrito, os três primeiros autores eram mestrandos em Psicologia na Universidade Federal de São João del-Rei (UFSJ) e membros do Núcleo de Estudo, Pesquisa e Intervenção em Saúde (NEPIS) do Laboratório de Pesquisa e Intervenção Psicossocial (Lapip) da mesma instituição. A quarta autora, doutora pela Universidade de Paris Norte (Paris XIII), era Professora Visitante Nacional Sênior (Capes) no Programa de Mestrado em Psicologia e no Laboratório de Pesquisa e Intervenção Psicossocial (LAPIP) da UFSJ e responsável pela disciplina Análise do Discurso.

foi a de contribuir para a historiografia da saúde mental, pesquisando um recorte da luta pela desinstitucionalização psiquiátrica e de oposição a ela, atestada pela carta aberta contrária ao projeto.

Verso e reverso: tentativas de revolucionar o in-revolucionável

Uma retrospectiva rápida dos primeiros anos da história da psiquiatria no Brasil necessariamente nos remete à chegada da Coroa Portuguesa no Brasil, em 1808, a anteceder uma série de mudanças na vida da Colônia. Entre elas, destacamos a criação, no Rio de Janeiro, em 1841, do Hospital Nacional dos Alienados (HNA) e, em 1881, da cadeira de Doenças Nervosas e Mentais. O HNA só foi inaugurado de fato em 1852, ou seja, 11 anos depois de sua criação.

A primeira Lei Federal de Assistência aos Alienados foi promulgada em 1903 e a segunda, a Lei Federal de Assistência aos Doentes Mentais, em 1934. Assinalamos aqui uma mudança de discurso: enquanto o código de 1903 direcionava-se aos "alienados", o de 1934 falava de "doentes mentais". Adiantamos que, analogamente, em meados da década de 1980, a invés de "doentes mentais", passou-se a dizer "saúde mental".

Entre a primeira e a segunda lei federais, um movimento de grande monta estabeleceu uma relação de duplo vínculo com a sociedade brasileira, a Liga Brasileira de Higiene Mental (LBHM). Embora criada em 1923, pelo médico psiquiatra Gustavo Riedel, com a intenção de auxiliar no tratamento dos "loucos", seus fundamentos epistemológicos – a eugenia e a higiene social e mental – refletiam ideais que perpassavam outros saberes além dos psiquiátricos. De acordo com Costa, nessa área (1989: 59), "*a eugenia era como um conceito científico, logo inquestionável*". A LBHM buscou "higienizar" e "eugenizar" a população brasileira, pois entendia que:

> Se a doença mental era transmitida hereditariamente, a única prevenção logicamente possível era o extermínio físico ou a esterilização sexual dos indivíduos doentes. O espaço teórico da época não permitia a formulação de outra ideia de prevenção que não fosse esta (Costa, 1989: 60).

A eugenia e outros princípios da LBHM chegaram ao Brasil ao longo das décadas de 1920 e 1930, quando ainda se viviam no país as consequências da abolição da escravatura, ao mesmo tempo em que, devido a crises e guerras no exterior, chegavam migrantes: "*O ideal eugênico da Psiquiatria alemã teve seu receptáculo, não nas teorias psiquiátricas científicas, mas no contexto político-ideológico dos anos 20-30*" (Costa, 1989: 110). Nos dias atuais, o fosso étnico entre brancos e negros e suas respectivas oportunidades nas diversas esferas da vida persistem: "*essa situação absolutamente abastarda e sórdida é a situação do brasileiro que teve a infelicidade de ser portador dos três pês: pobre, psicótico e preto*" (Costa, 1989: 43).

Em 1923, reproduziam-se no Brasil estudos preconizados no exterior como craniometria e correlações entre psicose e raça (Costa, 1989). Por influência inclusive da LBHM, um discurso científico positivo, vindo dos países europeus, ganhou credibilidade em várias esferas por se esperar que fizesse progredir o país, tirando-o do atraso presumivelmente causado pela miscigenação.

De outro lado, Osório Cesar, médico psiquiatra do Hospital de Juqueri, em São Paulo, observou as pinturas e garatujas nas paredes do hospital e iniciou no país o primeiro trabalho vinculando arte e saúde mental (Lopes, 2011). Casado com Tarsila do Amaral, atento à Semana da Arte Moderna de 1922 e em contato com Tarsila, Anita Malfatti, Oswald de Andrade, dentre outros artistas e escritores, percebeu a possibilidade da realizar no hospital psiquiátrico paulista trabalhos que de algum modo subvertessem a ordem vigente, fossem da pintura, desenho ou outra atividade artística.

No Rio de Janeiro, além de Osório Cesar, Nise da Silveira também subverteu o significado da palavra tratamento. Juntos apontaram caminhos pautados no cuidado e na promoção da saúde mental ao invés de se ocuparem da doença mental. Em 1946, Nise da Silveira inaugurou, no antigo Hospital Nacional de Alienados, atual Instituto Municipal de Assistência à Saúde (IMAS Nise da Silveira), a Seção de Terapêutica Ocupacional (STO) que oferecia atividades como pintura, modelagem, sapataria, tapeçaria e costura (Santos, 1967). Em 1956, ela inaugurou o primeiro serviço aberto de atendimento ao sujeito em sofrimento psíquico, a Casa das Palmeiras, uma instituição criativa, humanizadora e revolucionária.

Em 1967, já durante o período ditatorial, também no Rio de Janeiro, em resposta à insatisfação com os modelos prevalentes de tratamento adotados então nos hospitais, foi fundada na Seção Olavo Rocha, do

Hospital Odilon Gallotti, uma Comunidade Terapêutica (CT) adotando projetos de trabalho e assembleias que envolviam toda a equipe da Seção (SANTOS, 1967). Como na Terapêutica Ocupacional de Nise da Silveira, os "pacientes" aderiam melhor ao tratamento e mostravam-se menos revoltosos. Ao mesmo tempo, as relações que ali se pautavam mudaram completamente, ou seja, agora elas passaram a se dar por meio do afeto[3].

A ideia básica da Comunidade Terapêutica organizada no Hospital Odilon Gallotti indica que:

> tanto a equipe como os pacientes estão conscientemente unidos para levar adiante o tratamento. Isto modifica a conduta habitual do paciente, uma vez que, cooperando com a equipe como elemento ativo no seu próprio tratamento e no dos outros, ele intervém de forma direta nos diferentes aspectos operacionais da enfermaria (SANTOS, 1967: 284).

Várias críticas foram feitas então às Comunidades Terapêuticas (CT): argumentou-se que, pelo fato de lidarem com sujeitos desorganizados psiquicamente, teriam que ter suas tarefas controladas, pois colocavam em perigo sujeitos e equipe. Tal hipótese foi refutada diante do sucesso que as CT inicialmente obtiveram. De fato, observou-se o contrário, ou seja, na medida em que as ações eram deliberadas comunitariamente, o sujeito desejava cumpri-las e tanto sua organização psíquica quanto suas relações interpessoais tendiam a melhorar. Segundo Santos (1967):

> O estabelecimento da função ativa de um paciente e a transformação dessa atividade em papel terapêutico é a base fundamental do procedimento comunitário. É evidente que as responsabilidades dadas aos pacientes são compatíveis com suas capacidades: mesmo em condições ótimas, o doente não chega a receber todo o poder de decisão sobre os acontecimentos. A equipe de tratamento ou a sua autoridade fica simplesmente latente, podendo ser requerida a qualquer momento que se fizer necessária (p. 288).

Com efeito, a Comunidade Terapêutica adotada no Hospital Odilon Gallotti mostrou-se revolucionária, opôs-se à ideia de tratamento

[3] Nise da Silveira cunhou o termo "afeto catalisador" para demonstrar que, pela via do afeto, o tratamento acontecia de forma amena e sem a utilização de métodos invasivos aos pacientes, demonstrando que a psiquiatria clássica estava enganada com relação ao quadro de "embotamento afetivo" (Melo, 2001).

preconizada na época e transformou um dos espaços de "saúde" mais rígidos que já houve: o hospício.

Outra referência importante na história da reforma psiquiátrica brasileira foi a experiência italiana da Psiquiatria Democrática, conduzida pelo médico Franco Basaglia, à qual voltaremos. Porém, no que diz respeito à Comunidade Terapêutica, porque ela não rompeu os muros do manicômio, foi prática desconsiderada por Basaglia (2005: 157): "*o novo movimento não tem o menor significado inovador e "revolucionário" como se gosta de defini-lo aqui*". Contudo, observamos que, tanto no Brasil quanto na Argentina, a ruptura com o manicômio começou no interior do hospital, construindo um elo entre "os de dentro" e "os de fora" (Moffatt, 1980) e produzindo tratamento ao invés de sofrimento.

A ditadura e a saúde mental no Brasil: anos de retrocesso e de resistência

A última ditadura no Brasil durou 21 anos, de 1964 a 1985. Como outros estratos da população brasileira, os loucos também foram vítimas de violências e agressões. No final da década de 1970, o Brasil passou a ter um dos maiores parques manicomiais da América Latina; foi esse o momento de maior força do militarismo da ditadura brasileira e também o período de maior internação dos loucos no Brasil (Amarante, 2010: 30). Não obstante, na resistência à ditadura, formaram-se movimentos pró-mudanças no tratamento do louco. Para tanto, o modelo de maior relevo foi a reforma psiquiátrica levada a cabo na Itália. Em 1978, Franco Basaglia e sua equipe de profissionais fecharam numerosos hospitais psiquiátricos nas cidades daquele país. Em duas delas – Trieste e Bologna –, a repercussão foi ampla. Amparado na experiência italiana, surgiu no Brasil, no mesmo ano (1978), o Movimento dos Trabalhadores da Saúde Mental (MTSM), "*um movimento plural formado por trabalhadores integrantes do movimento sanitário, associações de familiares, sindicalistas, membros de associações de profissionais e pessoas com longo histórico de internações psiquiátrica*" (Delgado et al., 2007: 40).

Iniciou-se assim uma campanha importante pretendendo, à semelhança das comunidades terapêuticas nos manicômios, subverter a situação dos loucos no Brasil e apontar direções mais humanas e libertadoras para tratar o sofrimento mental daqueles sujeitos. Esse movimento não só desconstruiu o senso comum vigente na esfera da saúde mental como também trouxe em seu bojo o esboço do que mais tarde se tornaria a lei 10.216/01, também chamada "Lei Paulo Delgado". De acordo com Amarante (2010):

> em 37 anos, os leitos psiquiátricos públicos passaram de 21 para 22 mil, enquanto os leitos psiquiátricos particulares subiram de 3 mil para 55 mil. Este fato ocorreu, fundamentalmente, durante a ditadura militar, após o golpe de 1964, mais particularmente após o AI-5, em 1968, quando foi criado o plano de pronta-ação pelo ministro Leonel Miranda, que era dono do Hospital de Paracambi (RJ), que foi considerado o maior manicômio privado do mundo, chegando a ter 1800 leitos pagos pelo serviço público (p. 22).

Fica evidente que a saúde pública brasileira tornara-se privada e financiada pelo poder público e que a ditadura ganhava com isso, não lhe sendo em nada interessante o fechamento nem a diminuição dos leitos psiquiátricos no Brasil. Com isso, fica claro que o MTSM tinha uma grande jornada e grandes desafios pela frente, visto que, como aponta Amarante (2010: 23), "*no final dos anos 1970 e início dos anos 1980, chegamos a ter 111 mil leitos psiquiátricos no Brasil*".

O início do fim: Os anos 1980 e a saúde mental no Brasil

Diante dos 111 mil leitos psiquiátricos do início dos anos 1980, a incumbência do MTSM e dos partidários da Reforma Psiquiátrica brasileira não viam um horizonte muito animador. Entretanto, alguns eventos possibilitaram fissuras e brechas que facilitaram o início da derrocada do período da grande internação. Dentre esses eventos, houve o III Congresso Mineiro de Psiquiatria e a visita de Franco Basaglia ao hospício de Barbacena, ocorridos em 1979. Ambos tiveram grande repercussão e colocaram a questão dos manicômios como uma questão de saúde pública, o que, até então, era visto como de interesse privado.

Outros acontecimentos também merecem destaque na década de 1980: a derrocada da ditadura, em 1985, a VIII Conferência Nacional de Saúde de 1986, a Assembleia Nacional Constituinte de 1987, a primeira Conferência Nacional de Saúde Mental de 1987, a aprovação da chamada Constituição Cidadã em 1988, o fechamento da Casa de

Saúde Anchieta, em Santos, em 1989 e, no mesmo ano, a apresentação ao Congresso Nacional do Projeto de Lei 3.657 do deputado federal Paulo Delgado (PT/MG).

Influências advindas da Reforma Sanitária: o Projeto de Lei 3.657/89 e a Lei 10.216/01

Lutas e movimentos organizados na esfera pública e na privada explicitaram que o campo social não era monolítico, mas marcado por diferentes pensamentos e ideologias e que a loucura apresentava faces ideológicas, políticas e reveladoras de relações de poder, sendo também concretamente institucionalizada, especialmente no Brasil, onde ocorreu um processo contínuo de internação, segregação social e medicalização (AMARANTE, 1994). O lugar em que estamos hoje, no que diz respeito à loucura, resultou da tensão entre posturas e tendências diversas, todas subordinadas a fortes interesses políticos e econômicos. Grosso modo, assinalamos dois movimentos relativos à instituição asilar, colocada em xeque quanto a seu propósito, função e papel: um, de caráter reformista, buscou transformar e/ou adequar a estrutura institucional manicomial; outro almejou desconstruir nas suas próprias bases o modelo asilar, entendido como falho e contraditório, e escolheu abdicar dele.

As conferências nacionais de saúde mental exerceram papel fundamental no âmbito dos debates políticos sobre loucura e foram espaços privilegiados para ressignificar *não apenas a própria loucura, mas também as práticas de saúde. Seus efeitos foram político-jurídicos, teórico-técnicos, culturais e éticos* (DEVERA & COSTA-ROSA, 2007). A primeira delas realizou-se em 1987 e suas discussões repercutiram diretamente na elaboração da Carta Constitucional de 1988, no que diz respeito às diretrizes de saúde coletiva e saúde mental. Ela foi antecedida e impulsionada pela VIII Conferência Nacional de Saúde, ocorrida em 1986, que teve como tema principal a Reforma Sanitária, abrindo o caminho para o nascimento do Sistema Único de Saúde (SUS), criticou modelos assistencialistas de atuação e a distância entre as políticas decisórias e as camadas populares da sociedade, excluídas das decisões relativas aos serviços públicos. Assim, sob essa influência, a I Conferência de Saúde Mental fez a crítica ao modelo hospitalocêntrico dominante e propôs a reestruturação dele, defendeu direitos do cidadão em sofrimento psíquico e questionou a total falta de autonomia dos usuários do sistema de saúde mental (Devera & Costa-Rosa, 2007).

A partir de então, entrou em pauta de discussão a reorganização da assistência em saúde, incluindo a saúde mental, as políticas de tratamento humanizadas, os direitos e deveres do usuário e suas garantias constitucionais. A grande participação dos trabalhadores do campo da saúde mental impulsionou o desejo de formular sistemas substitutivos e com melhores condições de trabalho. O nascimento do SUS e seus princípios e diretrizes lançaram luz sobre a organização dos serviços de saúde mental, levaram à defesa de sua regionalização, hierarquização e descentralização, em clara oposição aos princípios e concepções hospitalocêntricos e medicalocêntricos em vigor (Devera & Costa-Rosa, 2007). Tais temas foram trabalhados nas conferências seguintes, especialmente na II Conferência de Saúde Mental, com grande mobilização popular e número crescente de debates sobre integralidade da atenção e cidadania.

Essa movimentação política teve impacto na esfera legislativa como atestam o Projeto de Lei (PL) nº 3.657/89 e a Lei nº 10.216/01. O primeiro, de 1989, é de autoria do deputado Paulo Delgado. Depois de aprovado por voto de liderança na câmara dos deputados, foi barrado no senado. A lei de 6 de abril de 2001 foi estabelecida com base em um substitutivo ao projeto elaborado pelo senador Lucidio Portela e entrou em vigor após doze anos de debates e discussões. Entre um e outra está a carta de 1991, objeto de nossa análise, representando uma das formas de oposição ao projeto de 1989.

O PL 3.657/89 teve dois focos principais: o fechamento dos hospitais psiquiátricos e a regulação da internação compulsória em desacordo com a vontade do paciente. Chamamos a atenção para o conteúdo de seus dois primeiros artigos:

- Art. 1º – Veda a criação de novos hospitais psiquiátricos públicos ou com incentivo governamental e a criação de novos leitos nos hospitais existentes.
- Art. 2º – Deixa a cargo das Secretarias de Saúde estaduais e municipais a planificação para a instalação de recursos-não manicomiais em todas as instituições e locais de atendimento à saúde mental; sugere a redução dos leitos de característica manicomial; dispõe que as secretarias constituam Conselhos

Estaduais de Reforma Psiquiátrica, com participação voluntária de trabalhadores de saúde mental, usuários, poder público, advogados e comunidade científica, com o intuito de permitir sua participação na planificação e no processo de desospitalização.

A lei 10.216/01 retomou o debate acerca da internação, dividindo-a em três tipos: **voluntária** (com o consentimento do paciente), **involuntária** (a pedido de terceiro) e **compulsória** (determinada pela justiça). Além disso, dispôs sobre os direitos das pessoas portadoras de transtornos mentais. A ordenação para fechamento total dos hospitais psiquiátricos não faz parte dela. Em seu lugar, proíbe-se que tais locais desrespeitem os direitos dos pacientes (legislados no mesmo instrumento) e ordena que o tratamento seja realizado preferencialmente em serviços comunitários de saúde mental. Chamamos a atenção para alguns artigos e para o forte impacto do SUS na sua formalização:

- Art. 1º – Referenda o direito à saúde mental respaldado no princípio de equanimidade independente de raça, credo ou classe social, revelando compatibilização com os princípios e a ideologia propostos para o SUS.
- Art. 2º – Dispõe sobre internação, garantindo ao sujeito o direito a ter o melhor tratamento de saúde segundo as suas necessidades (amplia assim o conceito de saúde para além de apenas a mental, mas prende-se a tratamento, sem considerar a promoção da saúde); dispõe que o sujeito deve ser tratado com humanidade e respeito; que o cuidado deve incluir a sua reinserção na família, no trabalho e na comunidade; garante o direito do sujeito ao sigilo acerca de seu tratamento, doença e motivo de internação involuntária; aconselha o uso de métodos de tratamento o menos invasivo possível e em locais preferencialmente de caráter comunitário; garante ao internado direito a usufruir de meios de comunicação; dá ênfase aos serviços abertos.
- Art. 3º – Atribui ao Estado a responsabilidade de produzir políticas públicas de saúde mental, prezando a participação popular e familiar dos envolvidos; aqui novamente vê-se a compatibilidade com os princípios do SUS que aconselham o controle social da saúde mediante a criação dos Conselhos

de Saúde, o que envolve, além de profissionais, técnicos e usuários dos serviços de saúde mental, toda a sociedade (hospital psiquiátrico e serviços substitutivos deixam de ser do interesse apenas dos psiquiátricas e usuários dessas instituições e passam a dizer respeito a todos os cidadãos).

- Art. 4º – Aconselha a internação quando há insuficiência de recursos extra-hospitalares, ou seja, reconhece que a estrutura institucional deva ser reformada, mas não questiona a ideologia do hospital psiquiátrico; veda internação em estruturas de caráter asilar; aconselha a inserção social dos internados, que não devem ser cativos do hospital, mas participarem dos espaços da sociedade; como para outras instituições de saúde, dispõe que o hospital psiquiátrico deva atuar segundo o princípio, também proposto para o SUS, de integralidade (rejeitando assim concepções medicalocêntricas, hospitalocêntricas e de cunho restrito a ações de tratamento).

A análise do discurso

Definições e procedimentos

Neste artigo, até então, apresentamos o contexto histórico no qual foi produzido um discurso específico, objeto de nossas análises. Entendemos por discurso "*qualquer fragmento conexo de escrita ou fala*" (Trask, 2006: 84) ou, semelhantemente, a "*realidade material de coisa pronunciada ou escrita*" (Foucault, 1999: 8). No caso, o discurso em pauta é a carta de 30 de agosto de 1991, do presidente da Associação Mundial de Psiquiatria aos senadores da República, relativa ao Projeto de Lei 0008/91. Observamos que esse projeto é a reformulação do PL 3.657/89, depois de debatido pelas comissões do Plenário da Câmara, aprovado por voto de liderança a 14 de dezembro de 1990 e encaminhado ao Senado, onde efetivamente foi discutido.

Entendemos por análise do discurso a articulação de texto (a carta em pauta) e contexto (o resgate histórico aqui realizado). Acompanhando a teorização de Foucault (1987) – ou talvez numa tradução livre do que é proposto por esse filósofo –, o trabalho analítico nos leva à produção de outro discurso que é uma descrição sistemática da mesma carta. Fizemos tal descrição a partir de uma leitura cuidadosa desse material, com atenção à língua e com o apoio dos seguintes marcadores linguísticos (ou pontos de referência para a análise), tomados de empréstimo à filosofia analítica e à pragmática: predicação (Searle, 1981), implícito discursivo e pressuposto (Austin, 1990; Ducrot, 1972; 1981; Flahault, 1978). Inspirados em Foucault (1999), argumentamos que o sentido de um discurso não está para além de sua materialidade, mas está presente no próprio texto, devendo ser buscado, portanto, na língua, à luz da formação discursiva que o gerou – no caso, o contexto apresentado no qual foi produzida a carta.

As perspectivas filosóficas, teóricas e metodológicas que adotamos tomam discurso como prática social, como ato de fala que visa mudar a posição de seu leitor ou ouvinte e como forma de ação que gera efeitos e consequências. Os marcadores que selecionamos permitem apreender justamente práticas e atos do autor da carta analisada. A *predicação* – que é atribuição de um predicado a um sujeito – na teorização de Searle (1981), nunca é neutra. Quer aparecendo como afirmação, negação, interrogação, ordem, promessa, conselho ou recomendação, é ato de fala, é prática discursiva, é consideração que busca converter o leitor à posição do autor.

A respeito do *implícito discursivo,* fundamentamo-nos nos estudos de Austin (1990) sobre a insinuação como ato de fala, ato que é necessariamente implícito. Apoiamo-nos também em Ducrot (1972) que fez a distinção entre implícito linguístico (elemento de significação que pode ser derivado de um enunciado cuja forma linguística o implica) e implícito discursivo (elemento de significação que pode ser recuperado por meio de um raciocínio feito a partir do enunciado, conhecendo-se as condições de sua enunciação). Finalmente, baseamo-nos nas pesquisas de Flahault (1978) sobre o implícito discursivo com valor ilocucionário, noção que leva em conta o lugar ocupado por quem fala e o lugar do seu interlocutor. É o caso de atos como as críticas que buscam agir sobre o ouvinte ou o leitor (os senadores brasileiros e os interessados na questão da saúde mental, no texto que analisamos), enunciadas a partir de uma identidade autoatribuída e não necessariamente compartilhada pelo receptor. Para Flahault, o implícito discursivo é sempre um efeito de lugar, raramente é produzido deliberadamente e corresponde a uma localização que seu autor faz em relação a seus interlocutores.

O *pressuposto* é um implícito, estudado por Ducrot (1972). Como outros implícitos, o pressuposto é definido como linguístico se sua significação não explicitada for passível de ser apreendida diretamente na língua; é definido como discursivo se passível de ser recuperado por meio do raciocínio. Sua função é a de dizer alguma coisa como se não se estivesse a dizê-la. Os pressupostos aparecem no discurso como evidências indiscutíveis. Algumas vezes podem ser apreendidos buscando-se as negações (Ducrot, 1981).

Com a análise do discurso que apresentamos, não almejamos afirmar uma verdade. Fazemos simplesmente uma releitura à luz de seu contexto de produção, da carta, de 1991, assinada por Jorge Alberto Costa e Silva (1942), médico psiquiatra e professor, então presidente da Associação Mundial de Psiquiatria (AMP) e, portanto, alguém que se apresentou e foi apresentado como porta-voz não apenas dos médicos psiquiatras à época, mas também da sociedade brasileira culta. O próprio *site* de Costa e Silva ("http://www.jorgecostaesilva.com/") confirma sua posição de destaque. Ele foi eleito o mais jovem médico da Academia Nacional de Medicina (ANM), aos 40 anos de idade, além de ter sido professor titular da Faculdade de Ciências Médicas da Universidade do Estado do Rio de Janeiro (UERJ), de 1980 a 2006.

A carta analisada foi retirada do documento "*Diretrizes para um modelo de assistência integral em saúde mental no Brasil*" (ABP, 2006), publicado pela Associação Brasileira de Psiquiatria (ABP), em 2006, com apoio da Associação Médica Brasileira (AMB), do Conselho Federal de Medicina (CFM) e da Federação Nacional dos Médicos (FENAM). Sua nova publicação, 15 anos após escrita, aponta a relevância da carta para essas diferentes instituições.

O corpus analisado

Abaixo, reproduzimos na íntegra o texto em estudo (Silva, 2006: 15-16). Trata-se de nosso corpus de análise, ou seja, do material empírico sobre o qual os procedimentos analíticos foram realizados. A carta é dirigida a todos os senadores: "*Excelentíssimo Senhor Senador*" e abre-se com a frase: "*Gostaria de expor as razões pelas quais me posiciono contra o texto do Projeto de Lei 0008/91*" (p.15). Seguem-se os argumentos:

> (1) Considerando que a situação da assistência psiquiátrica brasileira é bastante precária e que poderá se tornar caótica com a implantação inadequada para a assistência aos enfermos mentais.

(2) Considerando que a assistência psiquiátrica está necessitando de uma revisão, mas baseada em fundamentos exclusivamente científicos, técnicos, e não político partidários ou de interesse de grupos particulares.

(3) Considerando que o projeto de lei em pauta irá inibir e tutelar a ação do psiquiatra e da psiquiatria.

(4) Considerando que o psiquiatra não é o carcereiro do doente mental (Henry Ey), e sim como afirmou o mestre brasileiro, Ulysses Pernambucano, o Curador natural do doente mental.

(5) Considerando que este projeto contraria os princípios técnicos e científicos que norteiam a prática psiquiátrica observados no mundo.

(6) Considerando que o direito a ser tratado de uma doença mental deve ser garantido a todos que dela sofram.

(7) Considerando a necessidade de um programa educacional para os profissionais de saúde mental melhor se preparem para tratar os doentes mentais.

(8) Considerando que o grande inimigo dos doentes mentais não são os psiquiatras, os profissionais de saúde mental e as instituições psiquiátricas, mas sim a doença mental.

(9) Considerando que devemos ter as necessárias garantias para que o psiquiatra, a psiquiatria, os profissionais de saúde mental e os doentes mentais tenham assegurados o acesso a todas as alternativas para o tratamento das doenças mentais.

(10) Respeitosamente sugiro que seja elaborada uma lei que respeite as diretrizes da moderna política da assistência psiquiátrica, com fundamentos técnicos e científicos (p. 15).

A carta se fecha com: "Rio de Janeiro, 30 de agosto de 1991", assinada (Jorge Alberto Costa e Silva, Presidente da Associação Mundial de Psiquiatria).

Análise do texto

Na abertura da carta está explícito que se trata de discurso *contra* o projeto da reforma psiquiátrica e, portanto, sobretudo contra o fechamento dos hospitais psiquiátricos. Esse é o pano de fundo para a análise das diferentes considerações.

Na primeira delas, o autor afirma que a assistência psiquiátrica brasileira é precária, deixando assim discursivamente implícito que ela deve ser mudada. Está implícito também que, ao se posicionar contra o projeto de lei (PL), ele o faz porque pressupõe que a aprovação do PL tornaria a assistência psiquiátrica caótica, isto é, ainda mais precária. Talvez haja nessa consideração uma resposta à afirmação de Delgado (1989: s/p) de que o gradualismo previsto para a aplicação do PL 3.657/89 preveniria o "colapso" do atendimento à loucura, o que sugere o conhecimento da proposta por parte de Silva (1991), que se vale da fórmula de dizer alguma coisa (criticar Delgado) como se não a dissesse. Silva (1991) pressupõe que o PL implantaria algo inadequado e explicita que esse algo é inadequado para os "enfermos mentais". Deixa assim implícita sua preferência pró-manutenção dos hospitais psiquiátricos/manicômios (uma vez que o PL é contra eles). Por sua vez, o sujeito assistido recebe a predicação de "enfermo mental", um eufemismo para "doente mental", terminologia já rejeitada, à época, pelos trabalhadores e pelos usuários/cidadãos do sistema de saúde mental.

Na segunda consideração, Silva (1991) explicita que a assistência psiquiátrica no país precisa ser revista e deixa implícito que tal revisão não pode ser feita por qualquer pessoa, mas exclusivamente por cientistas e técnicos. Implicitamente, também dá a entender que o PL é político-partidário e atende a interesses de apenas alguns grupos, o que vale a dizer que o projeto é uma proposta de políticos que não são técnicos nem cientistas. Admite, igualmente, que a situação da assistência psiquiátrica não seja boa e pressupõe que o projeto encaminhado ao congresso, carecendo de fundamento técnico-científico, só fará piorá-la.

Na terceira consideração, o autor pressupõe que o PL visa tutelar e inibir a ação da psiquiatria e dos psiquiatras. Ele se coloca na posição de quem defende os direitos da disciplina e do profissional contra seus inimigos – os apoiadores do PL. É de conhecimento público que, na época, esses apoiadores são favoráveis ao fechamento dos hospitais psiquiátricos, à reforma sanitária e ao movimento dos trabalhadores da saúde mental. Implicitamente há a ideia de que tanto a reforma quanto o movimento são ataques contra os psiquiatras e suas instituições de assistência.

Na quarta consideração, Silva (1991) opõe Henry Ey a Ulysses Pernambucano, aos quais atribui a construção de predicações diferentes para o mesmo sujeito gramatical, o psiquiatra: para Ey, esse profissional seria o carcereiro do doente mental, enquanto para Pernambucano ele seria um curador (com C maiúsculo). Ao explicitar que o segundo é um brasileiro, deixa implícito que o primeiro é estrangeiro. Está ao lado do "mestre" brasileiro e do Brasil, contra invencionices estrangeiras, entre as quais, podemos supor, está o movimento da Psiquiatria Democrática de Basaglia (que não é mencionado explicitamente no texto). O louco é duplamente predicado como "doente mental", novamente, o que reafirma a posição antirreforma de Silva. Como Ey é autor de tratado de psiquiatria com fundamentação psicanalítica, há também uma crítica implícita à participação de psicanalistas na reforma psiquiátrica e, ao mesmo tempo, uma acusação implícita de não cientificidade a essa corrente.

Na quinta consideração, o autor deixa implícito que escreve seu protesto como conhecedor da prática psiquiátrica mundial, de suas técnicas e de seus princípios científicos, e que tais assuntos são desconhecidos pelos proponentes do PL, uma vez que não há no mundo princípios técnicos e científicos que indiquem uma prática como a prevista no PL. Ignora assim o trabalho italiano da Psiquiatria Democrática e sua repercussão no Brasil. Esse fragmento de discurso é legitimado pelo cargo ocupado pelo signatário, pois pode falar pelo mundo, uma vez que é o presidente da Associação Mundial de Psiquiatria.

Na sexta consideração, Silva (1991) deixa implícito que apenas alguns sofrem de "doença" mental (o que contraria a tese psicanalítica já rejeitada anteriormente pela oposição a Ey) e a eles deve ser garantido o direito ao tratamento. O autor soma sofrimento à "doença" mental, atestando não estar de todo insensível às discussões daquele momento sobre saúde mental. Como inclui a hospitalização entre os tratamentos, como se viu na análise da primeira consideração, implicitamente sugere que, sem o hospital psiquiátrico, o tratamento será prejudicado e um direito será negado.

Na sétima consideração[4], Silva (1991) implicitamente afirma que o profissional de saúde mental não está bastante preparado para atender

[4] Além da versão analisada, a da Associação Brasileira de Psiquiatria (ABP), existe outra na internet, no *site* intitulado Mental Health que diz reproduzir artigo da Revista do Departamento de Psiquiatria da Federação Brasileira de Hospitais, de outubro de 2004 (http://www.mentalhealth.com.br/legislacao/psiquiatria_hospitalar_revista_pag04.htm). Nota-se curiosamente que, nessa última, há uma consideração a mais que na versão da ABP. Nessa consideração, a sétima da versão, lê-se: "Considerando que já existe um anteprojeto de lei elaborado pela comunidade

ao "doente" mental e que, para seu preparo, há necessidade de um programa educacional especial. O sujeito assistido é novamente predicado como doente mental, contra a terminologia já adotada, na data, pelo Movimento dos Trabalhadores da Saúde Mental (MTSM). Não fica claro se Silva (1991), nessa consideração, inclui ou não o psiquiatra entre os profissionais despreparados de saúde mental.

Na oitava consideração, Silva (1991) separa o "psiquiatra" dos "profissionais de saúde mental" e explicita que nenhum deles nem as instituições psiquiátricas são os inimigos dos doentes mentais (novamente, a mesma predicação já analisada), para concluir que a doença mental é a grande inimiga do doente mental. Afasta a predicação de inimigo/a do psiquiatra, do profissional e da instituição psiquiátrica e a coloca na "doença mental" que atinge apenas alguns, como se viu na sexta consideração. Deixa assim implícito que as instituições psiquiátricas e a sociedade nada têm a ver com o sofrimento das pessoas atingidas pela "doença mental".

Na nona consideração, o autor mantém a mesma predicação para o sujeito assistido, explicita que psiquiatra, psiquiatria, profissionais de saúde mental e doentes mentais devem ter acesso a todas as alternativas de tratamento. Como se sabe, a partir da primeira consideração, que o hospital psiquiátrico/manicômio é uma alternativa para o tratamento, fica implícito que psiquiatra, psiquiatria, profissionais de saúde mental e doentes mentais devem ter acesso ao manicômio, que esse é um direito de todos eles.

Na décima consideração, Silva (1991) sugere implicitamente que os PLs 3.657/89 e 0008/91 (a) não respeitam as diretrizes da moderna política da assistência psiquiátrica nem se valem de fundamentos técnicos e científicos, (b) não são subsídios bastante bons e consoantes com a assistência psiquiátrica moderna. Propõe, também, implicitamente, que a lei deve ser (a) consoante com a assistência psiquiátrica moderna e (b) ter embasamento técnico e científico.

científica e de saúde mental brasileira no governo anterior, e que foi ignorado na elaboração do presente projeto de lei". Optamos por analisar a versão que excluía essa consideração, por avaliarmos ser mais confiável o documento publicado pela parceria ABP e Ministério da Saúde. De qualquer forma, fica desperta em nós a curiosidade sobre essa possível consideração. Quais seriam os motivos que levariam à inclusão/exclusão dessa consideração? Uma pesquisa aprofundada sobre esse documento poderia responder a essa questão.

Com a assinatura de "Presidente da Associação Mundial de Psiquiatria", o autor é o avalista da assistência psiquiátrica moderna, científica e técnica, perseguida, tutelada e inibida pelos adeptos dos PLs 3.657/89 e 0008/91 (implicitamente não modernos e nem técnico-científicos).

Considerações finais

Evidentemente a carta analisada não é a única responsável pela defasagem entre o projeto de 1989 e a lei da saúde mental de 2001 (apontamos essa defasagem anteriormente quando descrevemos as influências advindas da Reforma Sanitária). Antes de encontrá-la e de decidirmos transformá-la em texto e corpus de nossa análise de discurso, percorremos as atas da Assembleia Constituinte que antecedeu à Constituição Federal de 1988, usando como marcadores termos-pivô como mental(is), transtorno(s), psiquiatr-, louc-, manicôm-, Delgado e outros. Verificamos uma gama grande de posições e interesses envolvidos na questão, muitos deles mobilizados por proprietários de hospitais e clínicas psiquiátricas. Assim, é mais fácil ver a carta como porta-voz de um ou mais grupos de pressão do que como pivô da formulação da lei de 2001 que, aliás, contempla vários pontos defendidos na Reforma Sanitária pelo Movimento dos Trabalhadores da Saúde Mental (MTSM) e pela luta antimanicomial como um todo.

A carta analisada, contudo, permite entender alguns dos fundamentos que sustentam, na sociedade, o uso de termos como "doentes mentais" e "pacientes psiquiátricos", os argumentos favoráveis à internação em instituições exclusivas para esses pacientes, a persistência da centralidade do poder psiquiátrico supostamente fundado na técnica e na ciência, a dificuldade de apreensão de argumentos políticos e filosóficos pró-desinstitucionalização. Contudo, esses argumentos já estavam presentes em 1989, na época da primeira apresentação do Projeto de Lei 3.657: "*A problemática da liberdade é central para o atendimento em saúde mental*" (DELGADO, 1989: s/p), argumento que inviabiliza todo tratamento em instituições fechadas como o manicômio.

Delgado, na justificativa do PL, escreve:

> Em todo o mundo, a desospitalização é um processo irreversível, que vem demonstrando ser o manicômio plenamente substituível por serviços alternativos mais humanos, menos estigmatizantes,

menos violentos, mais terapêuticos. A experiência italiana, por exemplo, tem demonstrado a viabilidade e factibilidade da extinção dos manicômios, passados apenas dez anos de existência da "Lei Basaglia". (1989: s/p).

A situação "caótica" da "situação de assistência psiquiátrica" prevista por Silva (1991) já havia sido antecipada por Delgado. No Projeto de Lei já se planejava a substituição gradual dos leitos manicomiais, responsabilizando as administrações regionais de saúde pela implantação de serviços substitutivos. Além disso, o deputado afirma: *O espírito gradualista da lei previne qualquer fantasioso "colapso" do atendimento à loucura, e permite à autoridade pública, ouvida a sociedade, construir racional e quotidianamente um novo dispositivo de atenção* (1989: s/p).

A oposição de diferentes estratos da sociedade brasileira ao projeto de desinstitucionalização da saúde mental, oposição refletida na carta analisada, fez da Lei 10.216/01 algo mais tímido que o PL 3.657/89 e bem menos revolucionário que o movimento de Basaglia na Itália. Nossa análise da carta, contudo, apresentou falhas na argumentação de Silva (1991) pró-internação. Com efeito, a carta não confrontou realmente o projeto, mas simplesmente negou argumentos propostos por Delgado e pelos defensores de mudanças no sistema de saúde mental. Além disso, Silva separou ciência e política, como se não houvesse consequências políticas pelo fato de parcela da população estar presa em hospitais.

Com este trabalho, esperamos ter contribuído para a desconstrução de argumentos contrários à desinstitucionalização. Buscamos nos colocar ao lado do tratamento com liberdade, sem manicômios; defendemos a importância de Franco Basaglia e de Henry Ey como referências para a saúde mental; vemos a possibilidade de enfrentar positivamente as dificuldades na implantação de tratamentos alternativos; almejamos outro papel para a psiquiatria que não a de detentora de um saber inquestionável. Nossa crítica ao termo "doente mental", ainda em voga na sociedade, deve-se ao fato de que ele marca um discurso que coloca o sujeito como algoz de si próprio, desresponsabilizando o meio no qual está inserido.

A luta contra os manicômios persiste ainda hoje. A Lei 10.216/01, originária dos substitutivos ao PL 3.657/89, traz muitos avanços no que tange aos direitos do usuário de saúde mental e regulariza a internação em hospitais, mas não prevê a progressiva extinção dos mesmos. A luta pela desinstitucionalização psiquiátrica se faz um desafio ainda hoje.

Referências

AMARANTE, P. D. de C. **Psiquiatria social e reforma psiquiátrica**. Rio de Janeiro: FIOCRUZ, 1994.

AMARANTE, P. D. de C. A reforma psiquiátrica brasileira: 30 anos transformando a sociedade e construindo a cidadania. In: Melo, W.; Lopes, F. de M.; Marchiori, M. T.; Martins, A. G.; Matos, D. R. de; Silveira, M. A.; Moreira, N. Q. Oliveira, P. F. (orgs). **Quando Acabar o Maluco Sou Eu**. Rio de Janeiro: Espaço Artaud, 2010, p. 19-32.

ASSOCIAÇÃO BRASILEIRA DE PSIQUIATRIA (ABP). **Diretrizes para um modelo de assistência integral em saúde mental no Brasil**. Associação Brasileira de Psiquiatria, 2006. Disponível em: <http://www.abpbrasil.org.br/diretrizes_final.pdf>. Acesso em: 3 jan. 2014.

AUSTIN, John L. **Quando dizer é fazer**: Palavras e ações. Porto Alegre: Editora Artes Médicas Sul Ltda, 1990.

BASAGLIA, F. **Carta de Nova York**. Escritos Selecionados em saúde mental e reforma psiquiátrica. Rio de Janeiro: Garamond, 2005.

BRASIL. Lei 10.216, de 6 de abril de 2001. **Dispõe sobre a proteção e os direitos das pessoas portadoras de transtornos mentais e redireciona o modelo assistencial em saúde mental**. Brasília, 2001.

BRASIL. Câmara dos deputados. Projeto de Lei 3.657 de 1989. **Dispõe sobre a extinção progressiva dos manicômios e sua substituição por outros recursos assistenciais e regulamenta a internação psiquiátrica compulsória**. Brasília, 1989.

COSTA, J. F. **A História da Psiquiatria no Brasil**: um corte ideológico. Rio de Janeiro: Editora Xenon, 1989.

DELGADO, P. Justificação do Projeto de Lei Nº 3.657-A. **Diário do Congresso Nacional (Seção I)**, 29 de setembro de 1989, pp.10.696-97. Brasília, 1989.

DELGADO, P.G.G.; *et al.* Reforma psiquiátrica e política de saúde mental no Brasil. In M.F. Mello, A.A.F. Mello, & R. Kohn (Orgs.) **Epidemiologia da saúde mental no Brasil**. Porto Alegre, RS: ArtMed, 2007, 207-223.

DEVERA, D.; COSTA-ROSA, A. Marcos históricos da reforma psiquiátrica brasileira: Transformações na legislação, na ideologia e na práxis. **Revista de Psicologia da UNESP**, 6(1): 60-79, 2007.

DUCROT, O. **Provar e dizer**. Leis lógicas e leis argumentativas. Trad. Maria Aparecida Barbosa, Maria de Fátima Gonçalves Moreira, Cidmar Teodoro Pais. São Paulo: Global Ed., 1981.

DUCROT, O. **Dire et ne pas dire**. Principes de sémantique linguistique. Paris: Hermann, 1972.

FLAHAULT, F. **La parole intermédiaire**. Paris: Seuil, 1978. 237p.

FOUCAULT, M. **A ordem do discurso**. São Paulo: Loyola, 1999, 5ª ed.

FOUCAULT, M. **A arqueologia do saber**. Tradução de Luiz Felipe Baeta Neves. 3. ed. Rio de Janeiro: Forense-Universitária, 1987.

LOPES, F. de M.. Cartografias da Relação entre Arte e Saúde Mental no Brasil. **Anais do I Encontro de Pesquisadores da História da Saúde Mental no Brasil**. Florianópolis, 2011.

MELLO, M. F. de; MELLO, A. de; A. F. de; KOHN, R. **Epidemiologia da Saúde Mental no Brasil**. Porto Alegre, Artmed, 2007.

MOFFATT, A. **Psicoterapia do Oprimido**: ideologia e técnica da psiquiatria popular. São Paulo: Editora Cortez, 1980.

SANTOS, O. A praxiterapia. **Jornal Brasileiro de Psiquiatria.** Rio de Janeiro: s.n., 1967.

SEARLE, J. R. **Os actos de fala**. Um ensaio de Filosofia da Linguagem. Trad. Carlos Vogt. Coimbra: Livraria Almedina, 1981.

SILVA, J. A. C. S. Carta de 30 de agosto de 1991 transcrita. In: ABP (ASSOCIAÇÃOBRASILEIRA DE PSIQUIATRIA). **Diretrizes para um modelo de assistência integral em saúde mental no Brasil**. 2006, p. 15-16. Disponível em: <www.abpbrasil.org.br/diretrizes_final.pdf.>. Acesso em: 3 jan. 2014. Original de 1991.

TRASK, R. L. **Dicionário de linguagem e linguística**. Tradução de Rodolfo Ilari. 2ª ed. São Paulo: Contexto, 2006. 364p.

5

A construção discursiva da autoridade e do saber salesianos no jornal *Diário do Comércio* de São João del-Rei em meados do século XX[1]

Rodolfo Luís Leite Batista[2]
Marília Novais da Mata Machado[3]
Carlos Henrique de Souza Gerken[4]

> *A informação é pura enunciação. Ela constrói saber e, como todo saber, depende ao mesmo tempo do campo de conhecimentos que o circunscreve, da situação de enunciação na qual se insere e do dispositivo no qual é posta em funcionamento* (Charaudeau, 2007, p.36).

Introdução

Neste artigo[5], explicitamos como, entre 1958 e 1961, o jornal *Diário do Comércio*, de São João del-Rei, construiu discursivamente a

[1] Este artigo foi publicado em 2015 na revista *Memorandum*, Volume 28, páginas 145-170 e reproduzido com o acordo dos editores da revista.

[2] Psicólogo e Mestre em Psicologia pela Universidade Federal de São João del-Rei (UFSJ). Doutorando em Educação pela Universidade Federal de Minas Gerais (UFMG).

[3] Professora doutora, Laboratório de Pesquisa e Intervenção Psicossocial (LAPIP) e Programa de pós-graduação em Psicologia da Universidade Federal de São João del-Rei (UFSJ).

[4] Professor doutor, Programa de pós-graduação em Psicologia, Universidade Federal de São João del-Rei (UFSJ).

[5] Este trabalho integra a pesquisa "Entre aparelhos e arquivos: uma história do Laboratório de Psicologia da Faculdade Dom Bosco (1953-1971)", tema da dissertação do primeiro autor. Trata-se da investigação documental acerca da criação e do funcionamento do Laboratório de

autoridade e o saber salesianos[6] na educação da cidade mineira. Para tanto, recorremos a recortes de reportagens publicadas no jornal são-joanense durante o período investigado e baseamo-nos teórica e empiricamente no estudo sobre as mídias de Patrick Charaudeau (2007), analista do discurso e psicólogo social francês que evidencia o caráter histórico e social das produções discursivas. Esse autor define estratégias metodológicas para identificar e descrever as condições de produção, construção e interpretação de um discurso. Ele propõe as seguintes etapas para a realização dessa análise: construção do *corpus* de pesquisa a partir de critérios investigativos claros, definição de instrumentos de análise e de procedimentos metodológicos adequados e apresentação dos resultados produzidos. A essas etapas acrescentamos a obtenção de informações histórico-sociais relativas ao contexto de produção do discurso analisado.

Adotamos ainda a proposição de Maria do Rosário Gregolin (2007, p.16) segundo a qual a mídia tem se constituído como dispositivo social e recurso discursivo de construção da "história do presente", ou seja, na (e a partir da) imprensa são narrados e perenizados fatos da atualidade. Contudo, como ressalta Gregolin (2007, p.16), "o que os textos da mídia oferecem não é a realidade, mas uma construção que permite ao leitor produzir formas simbólicas de representação" e, por isso, cabem investigações sobre esses textos.

É o caso do material aqui investigado: os recortes do jornal *Diário do Comércio* de 1958 a 1961 descrevendo o surgimento, o funcionamento e a recepção pela comunidade local são-joanense do Laboratório de Psicologia Experimental da Faculdade Dom Bosco de Filosofia, Ciências e Letras, uma escola vinculada à congregação religiosa salesiana. Lembramos que a ação salesiana em São João del-Rei esteve voltada, desde a chegada da congregação à cidade, em 1939, para a educação de crianças e jovens pobres. Nesse sentido, várias estratégias foram empreendidas

Psicologia Experimental da Faculdade Dom Bosco de Filosofia, Ciências e Letras e contou com financiamento da CAPES (Coordenação de Aperfeiçoamento de Pessoal de Nível Superior).

[6] Referimo-nos à congregação salesiana (cujo nome oficial é Pia Sociedade São Francisco de Sales). Essa congregação é uma sociedade católica de sacerdotes, religiosos e leigos, fundada na Itália do final do século XIX pelo padre João Melchior Bosco, dedicada à educação de crianças e jovens desfavorecidos (AZZI, 1983). As atividades assistenciais de Dom Bosco começaram por meio dos oratórios – encontros festivos de formação católica e lazer – e, rapidamente, se transformaram em escolas e liceus, na Europa e em todo o mundo (AZZI, 1983).

a fim de melhor atingir esse objetivo, como a criação do Colégio São João, em 1940, e de um centro de formação de educadores, a Faculdade Dom Bosco de Filosofia, Ciências e Letras e seu laboratório de psicologia, em 1953, com vistas ao que era considerado como o mais moderno e adequado à educação.

Lembramos também que, até o advento da televisão no Brasil em meados do século XX, o rádio e a mídia impressa (revistas e jornais) centralizavam a produção e a difusão de informações no país. Tais veículos eram os principais recursos de narração dos fatos do presente e arquivamento da memória social, estando estreitamente vinculados ao contexto em que se inseriam (Charaudeau, 2007, Gregolin, 2007, Scarparo, Sottili, Albert & Jesus, 2013).

A análise, a construção do *corpus*, a definição dos procedimentos metodológicos e dos instrumentos analíticos

A análise do discurso como método de estudo da imprensa

A análise do discurso fornece ferramentas conceituais e metodológicas para o estudo dos acontecimentos discursivos (Gregolin, 2007; Machado, 2008). Ela oferece numerosos enfoques para interpretar produtos comunicativos (falas, entrevistas transcritas, textos escritos, etc.), rompe com concepções tradicionais de ciência, adota uma postura crítica em relação aos modos de produção do conhecimento e leva em conta a historicidade dos produtos comunicativos. Como método de pesquisa, ela indica que a linguagem não é um meio neutro de descrever o mundo, mas, ao contrário, é a própria linguagem que constrói a realidade social, uma vez que tem papel privilegiado nas relações humanas, seu uso é intencional e seus objetivos podem ser descritos mediante processos rigorosos de análise (Gill, 2003). Nesse sentido, a análise do discurso não se detém na investigação de fatos históricos, mas busca descrever discursos construídos coletivamente, tomados socialmente como realidades.

Para esta pesquisa, tomamos o discurso como prática social circunstanciada e utilizamos a análise do discurso como uma forma de descrever a produção de sentido e de acontecimentos discursivos. Inspirando-nos em Foucault (1969/2008), damos especial atenção às formações discursivas, isto é, às regras que determinam e regulam o exercício da função enunciativa num determinado momento histórico-econômico e numa determinada área social, geográfica e linguística. Estamos atentos à nossa própria formação discursiva e reconhecemos que o produto de nosso trabalho também é um discurso construído em um contexto específico e sobre determinado objeto: a escrita do mencionado jornal são-joanense sobre o saber e autoridade salesianos na educação local, advinda do Laboratório de Psicologia Experimental da Faculdade Dom Bosco.

Considerando que o diálogo entre análise do discurso e pesquisas históricas é favorecido pela compreensão de que o discurso é uma produção/construção social e histórica e que tem aumentado o volume de publicações acadêmicas a respeito do tratamento da mídia impressa como fonte de investigação, retomamos a reflexão de Gregolin (2007):

> Na sociedade contemporânea, a mídia é o principal dispositivo por meio do qual é construída uma "história do presente" como um acontecimento que tensiona a memória e o esquecimento. É ela, em grande medida, que formata a historicidade que nos atravessa e nos constitui, modelando a identidade histórica que nos liga ao passado e ao presente (Gregolin, 2007, p.15).

Dentre as teorias da análise do discurso[7], destacamos a proposta de Patrick Charaudeau em sua obra "O discurso das mídias" (Charaudeau, 2007). Para ele, as mídias são uma prática social de produção da informação mediante um contrato comunicacional no qual há uma interação intencional entre duas instâncias – uma de produção e outra de recepção –, que dão sentido ao ato comunicativo. As duas instâncias são mediadas por um produto (textual, auditivo, radiofônico ou televisivo, por exemplo). Há, assim, na primeira instância, um produtor de informação (o organismo de informação e seus atores) e na segunda uma instância consumidora da informação produzida (leitores, ouvintes ou telespectadores), mediados por um produto (artigo de jornal, boletim radiofônico, emissão televisiva). A partir desse modelo explicativo da máquina midiática, Charaudeau (2007) propõe que, para compreender o ato comunicativo, é preciso investigar as condições de produção, de interpretação e de construção às quais as instâncias estão submetidas.

[7] De acordo com Gill (2003), podem ser identificadas mais de cinquenta perspectivas distintas de análise do discurso.

Para Charaudeau (2007), a informação não existe em si, mas é construída pela aposição de enunciados. As mídias não transmitem aquilo que ocorre na realidade social, mas produzem os acontecimentos e os divulgam no espaço público. A informação sobre um acontecimento não chega em estado bruto na instância de recepção, mas tem sua inteligibilidade intencionalmente forjada na instância de produção. A informação sempre conta com um aspecto de opacidade e não-transparência, sendo possível ser compreendida somente a partir de seu contexto de produção. Dessa forma, as análises realizadas a partir dessa perspectiva teórica trabalham com foco no discurso – pequenos extratos de fala ou textos, por exemplo –, prescindindo da intenção de identificar fatos históricos e realidades subjacentes aos enunciados.

Ainda segundo Charaudeau (2007), dentre os diversos tipos de mídia, a imprensa é aquela em que o momento de acesso à informação relatada não é o mesmo do fato. Nela, há um distanciamento cronológico entre os períodos de produção e distribuição da informação. Outra peculiaridade é que ela pode desempenhar o papel de prova de instauração da verdade sobre certo acontecimento. Para o psicólogo social francês, essa noção de veracidade impressa no documento escrito não está presente na oralidade, que é efêmera e não recuperável:

> A imprensa é essencialmente uma área escritural, feita de palavras, de gráficos, de desenhos e, por vezes, de imagens fixas, sobre um suporte de papel. Esse conjunto inscreve essa mídia numa tradição escrita que se caracteriza essencialmente por: uma relação distanciada entre aquele que escreve e aquele que lê, a ausência física da instância de emissão para com a instância de recepção; uma atividade de conceitualização da parte das duas instâncias para representar o mundo, o que produz lógicas de produção e de compreensão específicas; um percurso ocular multiorientado do espaço de escritura que faz com que o que foi escrito permaneça como um traço para o qual se pode sempre retornar: aquele que escreve, para retificar ou apagar, aquele que lê, para rememorar ou recompor sua leitura (Charaudeau, 2007, p.113).

Charaudeau (2007) descreve o processo de construção dos objetos de investigação, apontando alguns recursos metodológicos para a análise do discurso. Em primeiro lugar, ele destaca a importância de que o *corpus* seja construído mediante critérios bastante precisos, a fim de que ele possa responder ao foco investigativo do pesquisador. Em seguida, deve ocorrer a definição de um instrumento de análise coerente com o problema pesquisado, sendo que o posterior processo de interpretação coincidirá com uma crítica social que "faz descobrir o não-dito, o oculto, as significações possíveis que se encontram por trás do jogo de aparências" (Charaudeau, 2007, p.29).

O psicólogo francês sugere que, ao final do processo de análise, o pesquisador seja capaz de responder quem, por que e quais são as provas produzidas sobre determinado acontecimento pelo discurso da imprensa (Charaudeau, 2007). Essas três questões se fundam no entendimento de que a informação oferecida pelo meio de comunicação se altera conforme (1) a posição social do informante, sua notoriedade e representatividade entre os receptores da informação (quem informa?); (2) a finalidade ou a intenção da ação informativa (por que informa?) e (3) a veracidade de um acontecimento, que é considerado um produto das relações imaginárias acerca daquele que as construiu (quais as provas produzidas?). Assim, a investigação do contexto de produção do discurso auxilia na compreensão sobre sua finalidade e nos recursos discursivos mobilizados para a construção da notícia.

Nesse mesmo sentido, Machado (2008) afirma que a análise do discurso se caracteriza por leitura cuidadosa e sucessiva do discurso investigado, considerando tanto os aspectos gramaticais quanto as condições sociais e históricas de produção do discurso. A mesma autora indica algumas questões que auxiliam no processo de análise do discurso: "quem foi seu autor, por que o escreveu ou falou, para quem, que razões levaram à formulação daquele texto, que pressupostos estão subjacentes a ele, qual é o sentido dele, como é possível interpretá-lo?" (2008, p. 352). São questões como essas que guiaram esse trabalho.

Uma vez que a análise do discurso requer muita informação sobre as condições de produção do discurso, quando, como, onde, por que e por quem ele foi enunciado, apresentaremos um breve histórico da criação do laboratório, relato necessariamente imbricado não apenas à presença salesiana em São João del-Rei, à constituição da Faculdade Dom Bosco de Filosofia, Ciências e Letras e à compra da aparelhagem do laboratório, mas também à história da cidade, surgida no século XVIII, durante o Ciclo do Ouro. Apresentaremos ainda informações sobre a criação da imprensa local, especialmente as relativas ao surgimento e atuação do *Diário do Comércio.*

Lembramos que o Laboratório foi constituído antes da regulamentação da profissão do psicólogo no país. Era uma época em que se discutia a importância (e utilidade) da Psicologia como campo científico e prática profissional. Laboratórios e centros de serviços psicológicos se difundiam pelo país, sem haver ainda ensino superior específico para a área (Antunes, 2012a, Scarparo et al., 2013).

O corpus

Os recortes de jornal sobre os quais trabalhamos foram originariamente arquivados, desde meados da década de 1950, pela equipe do então recém-criado Laboratório de Psicologia Experimental da Faculdade Dom Bosco. Hoje, neste trabalho, pela primeira vez eles são tomados como fontes de estudo. Estão agora arquivados no Centro de Documentação e Pesquisa em História da Psicologia, Laboratório de Pesquisa e Intervenção Psicossocial, Universidade Federal de São João del Rei (Lapip/UFSJ). Nós os selecionamos dentre um conjunto de outros recortes de textos publicados no estado de Minas Gerais (em São João del-Rei, Araxá, Bom Despacho e Belo Horizonte), no Espírito Santo (em Vitória), no Distrito Federal (em Brasília), no Maranhão (em São Luís) e em Rondônia (em Porto Velho). A diversidade de local de origem e de forma dos documentos – eles aparecem como reportagens, capa de periódico, textos, comentários e excertos da Secção Católica (sic) – dão a dimensão da importância do laboratório de psicologia salesiano na época.

Porém, para este artigo, o *corpus* de pesquisa foi constituído apenas pelos recortes do jornal são-joanense *Diário do Comércio*, contendo oito reportagens: Uma visita do Diário do Comércio aos Salesianos (1958), C.E.P. (1958), Ao professorado sanjoanense (1958), A Semana de Estudos Pedagógicos na Faculdade de Filosofia (1958), Uma semeadora (1958), Em torno da Semana (1958), Atividade do Centro (1959) e O Laboratório de Psicologia da Faculdade Dom Bosco de Filosofia, Ciências e Letras (1959). A escolha dos recortes do jornal são-joanense foi feita com vistas à descrição da produção discursiva local sobre o saber e a autoridade salesianos. Ainda que o foco investigativo deste trabalho tenha se restringido a tais publicações, recorremos a recortes divulgados em outros períodos a fim de melhor investigar o problema de pesquisa. Essa escolha foi feita porque o foco de nossa pesquisa mais ampla é a história do Laboratório de Psicologia Experimental. Interessou-nos a repercussão da criação desse laboratório na cidade, as representações simbólicas locais que o cercaram e seu alinhamento com a presença da congregação e do ensino salesianos.

Procedimentos analíticos

O principal procedimento de análise foi a leitura cuidadosa, feita repetidas vezes, tentando compreender cada reportagem à luz das informações obtidas sobre o contexto de produção do discurso da imprensa. Adiantamos que, embora os recortes tenham sido arquivados por se relacionarem ao Laboratório, na medida em que eles eram estudados, lidos, relidos e analisados, a presença salesiana na cidade se destacou como um elemento fundamental para o entendimento de nosso objeto de estudo, visto que o laboratório de psicologia se inseria no conjunto de ações salesianas na cidade mineira.

Além de repetidas leituras do *corpus*, utilizamos alguns marcadores ou pontos de referência para a análise. Os adjetivos que predicam o sujeito gramatical salesiano nos chamaram a atenção: benevolentes, cultos, nobres, poliglotas e muitos outros. Igualmente, a argumentação (Charaudeau & Maingueneau, 2004, p. 52), definida como "a expressão de um ponto de vista", visando "a modificar as representações" do leitor é uma constante nas reportagens. Dessa forma, privilegiamos na análise das reportagens as predicações e as argumentações, mas mantivemo-nos livres para buscar, na linguagem utilizada nos recortes do *Diário do Comércio*, outras informações pertinentes ao nosso tema.

Informações sobre o contexto de produção dos discursos analisados

O status da relação entre Educação e Psicologia na primeira metade do século XX

A relação entre a Educação e os saberes psicológicos remonta ao período colonial e ocupou papel basilar na institucionalização da Psicologia, a partir do final do século XIX (Massimi, 2011, Antunes, 2012a). Pesquisadores (como Antunes, 2012a, Barbosa, 2011 e Pessoti,

1988/2004) estabeleceram periodizações[8] dessa relação e buscaram elementos na sociedade, economia e política brasileiras que favoreceram e obstaram essa relação. O período de publicação dos recortes investigados é descrito por Antunes (2012a, 2012b) como de consolidação da Psicologia no Brasil. Para a autora, essa fase, cronologicamente estabelecida entre 1930 e 1962, é marcada pela "expansão do ensino de Psicologia, [...] pelo aumento de publicação de livros e periódicos, expansão das atividades de pesquisa, criação de associações de Psicologia, realização de congressos e, especialmente, pelo aumento dos campos de atuação da Psicologia" (Antunes, 2012b, p.57). Antunes (2012a) argumenta que essa institucionalização se fundamentou ainda na criação de diversos laboratórios e serviços de psicologia pelo país. Nesse mesmo sentido, Barbosa (2011) denomina a mesma fase como desenvolvimentista, isto é, caracterizada pelo entusiasmo pela criação e utilização exagerada de instrumentos psicológicos.

Nesse período, a preocupação de pedagogos e educadores em definir como científicas[9] as técnicas e as práticas de ensino utilizadas os conduzia à definição da psicologia como subsídio orientador das ações educativas (Antunes, 2012a). Tais ideias se propagavam pelo país, desde a década de 1930, com a difusão do pensamento escolanovista e a chegada de profissionais estrangeiros para reformas educacionais ao redor do Brasil (Saviani, 2008).

Possivelmente, tais características se devam ao momento pelo qual passava o país na primeira metade do século passado. Entre os governos de Getúlio Vargas (1930-1945 e 1951-1954) e Juscelino Kubitscheck (1956-1961), o país passou por uma série de mudanças econômicas e sociais que buscavam construir um perfil urbano e industrial brasileiro. Essas alterações demandavam a formação de líderes e trabalhadores aptos para a nova sociedade brasileira, promovendo a visão de que as diferenças so-

[8] Com base em periodização anterior proposta por Pessoti (1988/2004), Antunes (2012) descreve as relações que a Psicologia estabeleceu com os setores médico, educacional e do trabalho no país e identifica cinco fases distintas: (1) pré-institucional (período colonial), (2) institucional (século XIX), (3) autonomização (1890-1930), (4) consolidação (1930-1962) e (5) profissionalização (a partir de 1962).

[9] Ressaltamos que não é objetivo, neste artigo, estabelecermos uma longa descrição da relação entre psicologia e educação no Brasil. Essa descrição pode ser encontrada em autores como Antunes (2012a, 2012b), Campos (2012) e Monarcha (2010).

ciais são repercussões de diferenças psicológicas individuais que deveriam ser identificadas e classificadas, em favor da continuidade do progresso e desenvolvimento (Carvalho, Campos & Silva, 2013). Esse contexto favoreceu a ampliação e a delimitação da atuação de um especialista em Psicologia nos setores educacionais e de trabalho, caracterizada pelo entusiasmo e confiança nos instrumentos psicológicos (testes, aparelhos e inventários, por exemplo) como fatores favoráveis ao desenvolvimento social e econômico do país (Barbosa, 2012).

Na Educação, o período é marcado pela propagação do ideário de que a criança seria o futuro da nação, devendo, portanto, ser objeto de atenção da família e do Estado (Jacó-Vilela, 2012). Tal fato confluiu na regulamentação dos cursos de Psicologia e na criação de disciplinas de Psicologia (da Aprendizagem e Diferencial, por exemplo) nas diversas faculdades e universidades do país. Nas palavras de Barbosa (2012):

> [...] Os processos de desenvolvimento e de aprendizagem passam a constituir elementos prioritários de análise, e a Psicologia infantil, a Psicologia diferencial e a Psicologia pedagógica situam-se como referências, mantendo a ênfase na criança. No caso dos processos educativos, observa-se o crescimento do movimento de identificação, testagem e classificação das crianças, com intuito de conhecer suas habilidades e problemas. É no momento da separação das crianças ditas normais daquelas com problemas de aprendizagem, também chamadas de anormais, deficientes, anormais de escola, crianças-problema (p.116).

Carvalho e outros (2013, p.32), em estudo sobre um serviço de psicologia da capital mineira nos anos 1950, afirmam que os processos de "medição, classificação e identificação de patologias de crianças [...] tornaram-se uma prática social e cientificamente aceita para explicar, justificar e legitimar a existência de alunos normais". No que concerne ao cenário são-joanense do mesmo período, Batista (2015) considera que as práticas de avaliação psicológica e o ensino da psicologia nos cursos de Orientação Educacional e Pedagogia oferecidos pela Faculdade Dom Bosco repercutiam a produção discursiva da Igreja Católica que, desde o final do século XIX, incentivava o ensino da psicologia experimental como disciplina auxiliar para a formação de bons educadores. Essa consideração fundamenta-se nas publicações pontifícias (a encíclica *Aeternis Patris* publicada em 1879 pelo papa Leão XIII e a encíclica *Divini illius magistri* e a constituição apostólica *Deus scientiarum Dominus* publicadas respectivamente em 1929 e 1931, pelo papa Pio XI) e na identificação da rede de pesquisadores de psicologia experimental italianos e belgas que recebiam salesianos brasileiros para formá-los em um modelo de psicologia de orientação neotomista (Batista, 2015). A psicologia ensinada e produzida em São João del-Rei insere-se nesse contexto discursivo bem mais que nas discussões oriundas da implantação e do avanço do pensamento escolanovista (representado pelos trabalhos de Lourenço Filho, por exemplo) e nas reformas educacionais em Minas Gerais (que tem em Helena Antipoff sua principal mentora).

Outro aspecto importante desse período concerne ao delineamento do perfil de um profissional especialista nos aspectos psicológicos. Jacó-Vilela (2012) aponta que o psicotécnico ou psicologista do final da década de 1940 se dedicava à seleção e orientação profissional, trabalhando em escolas experimentais, realizando psicodiagnóstico infanto-juvenil, orientação de pais professores e orientação vital. Jacó-Vilela (2012) destaca a importância dos testes e outros instrumentos de avaliação psicológica, explicitando o caráter normativo e diagnóstico da atuação do profissional psicotécnico.

Relatos sobre presença salesiana em São João del-Rei e o surgimento do Laboratório de Psicologia Experimental

Pesquisadores que nos antecederam (Arruda, 2005a, Bomfim & Albergaria, 2004, Brandão, 2001) narraram como se deu a presença dos salesianos na cidade mineira, na primeira metade do século XX, e a criação do Laboratório de Psicologia Experimental e dos serviços psicológicos oferecidos pela Faculdade Dom Bosco de Filosofia, Ciências e Letras. Segundo eles, a vinda dos padres salesianos para o Brasil ocorreu em 1883, por ordens do padre fundador da congregação, João Melchior Bosco, e se relacionou ao acordo estabelecido entre a Igreja e o governo imperial de Dom Pedro II (Azzi, 1983). A chegada dos salesianos em São João del-Rei aconteceu no final de 1939, apoiada por políticos e industriais locais, e se oficializou com a criação do Colégio São João para aspirantes ao sacerdócio, em 31 de janeiro de 1940 (Bomfim & Albergaria, 2007; Gaio-Sobrinho, 2000). Gaio-Sobrinho (2000) afirma ter havido um interesse próprio da congregação, visto que, dada a importância que a

Igreja Católica assumiu na história de Minas Gerais, São João del-Rei poderia ser considerada como fonte de novas vocações sacerdotais.

Dada a alegada insuficiência da formação oferecida pelo Colégio São João para a graduação de sacerdotes, a partir de 1948, passou a funcionar, em prédio próprio construído pela congregação, o Instituto de Filosofia e Pedagogia, que se organizou como uma instituição de ensino superior (Gaio-Sobrinho, 2000). Ela foi dirigida pelo padre José Vieira de Vasconcellos e voltava-se à formação dos futuros padres salesianos, futuros professores secundários de São João del-Rei e da região do Campo das Vertentes (Arruda, 2005a, 2005b, Bomfim & Albergaria, 2007).

Após alguns anos funcionando exclusivamente como instituição de formação de sacerdotes, o Instituto de Filosofia e Pedagogia foi aberto à comunidade leiga local (Bomfim & Albergaria, 2007). Em 1953, o presidente Getúlio Vargas assinou o decreto que permitiu o funcionamento da Faculdade Dom Bosco de Filosofia, Ciências e Letras de São João del-Rei. Ressalta-se que, em paralelo à Faculdade Dom Bosco, continuava a funcionar o Colégio São João como escola de aplicação e seminário para aspirantes ao sacerdócio.

Com a instalação da faculdade, iniciou-se a troca de correspondência entre o padre Alcides Lanna, do Instituto Salesiano São Francisco do Rio de Janeiro, e o padre e professor de Psicologia Experimental do Pontifício Ateneu Salesiano de Turim, Giacomo Lorenzini. Tratava-se da agilização da compra de aparelhos para a instalação do laboratório de psicologia da instituição são-joanense nos moldes dos principais laboratórios europeus e semelhante àquele criado em Lorena, São Paulo (Bomfim & Albergaria, 2007). Os mais de cinquenta aparelhos para medições psicofisiológicas chegaram e foram montados na instituição são-joanense em 1955 e passaram a ser utilizados nos cursos e serviços oferecidos pela instituição, principalmente naqueles destinados à Pedagogia (Bomfim & Albergaria, 2004 e 2007; Bandeira, Suzano, Quaglia & Rocha, 2009).

A utilização dos aparelhos teria renovado os serviços oferecidos pela faculdade e se desdobrado na criação do Serviço de Orientação Educacional e Profissional, desenvolvido por estagiárias em Pedagogia e pela equipe do Laboratório de Psicologia Experimental, o que teria permitido, ainda em 1958, a criação do Instituto de Pedagogia e Psicologia, no qual eram empreendidas práticas nos setores de Psicologia

Clínica e Orientação. A partir do Laboratório, surgiram o Centro de Estudos Pedagógicos, os Círculos de Pais e o setor de Psicologia do Trabalho, Pesquisa e Estatística (Albergaria, 2002; Bomfim & Albergaria, 2006). Durante os anos 1960, a instituição passou a ser responsável pela aplicação de exames psicotécnicos para seleção profissional e de ingresso em cursos superiores, além de realizar alguns trabalhos da então denominada Psicologia Industrial nas tecelagens da cidade e região (Brandão , 2001). Brandão (2001) atribui ao Laboratório de Psicologia Experimental o papel de precursor do curso de Psicologia da Faculdade Dom Bosco, reconhecido em 1972 pelo Ministério da Educação.

A história da imprensa mineira e do Diário do Comércio *em escritos, pesquisas e narrações conterrâneas*

Uma publicação organizada na Universidade Federal de São João del-Rei (Rezende, 2012c) apresenta a história da imprensa na cidade, incluindo a do *Diário do Comércio.* Com esse livro, aprendemos que o processo de constituição da imprensa nacional vincula-se à chegada da Corte Portuguesa ao país, em 1808, e que a de Minas Gerais sofreu com vários impasses e dificuldades, ainda que a região se destacasse na economia e política brasileiras desde o período colonial (Mendes, 2012a; Rezende, 2012a).

Antes de 1822, data da independência do país, não houve nenhum periódico mineiro entre os mais de cinquenta jornais diários e semanários publicados no Rio de Janeiro, Bahia, Pernambuco, Maranhão e Pará (Mendes, 2012a). O lento processo de consolidação da imprensa de Minas Gerais se iniciou com a publicação de *O Compilador Mineiro,* em 13 de outubro de 1823, na então capital Ouro Preto (Mendes, 2012b). Vários jornais e outros periódicos surgiram e desapareceram rapidamente no Estado, evidenciando o atraso da imprensa local em relação a províncias como São Paulo e Rio de Janeiro (Rezende, 2012a).

Logo após Ouro Preto, São João del-Rei foi a primeira cidade do interior mineiro a ter uma publicação periódica (Mendes, 2012b, Rezende, 2012b). Entre 1827 e 1839, apareceu *O Astro de Minas,* jornal que se inseria no projeto de criação de uma sociedade literária são-joanense encabeçada pelo comerciante Baptista Caetano de Almeida que adquiriu a própria tipografia e criou a primeira biblioteca pública de Minas

Gerais (Viegas, 1953; Rezende, 2012b; Motta, 2000). Ainda que a criação da sociedade literária não tenha sido exitosa, *O Astro de Minas* foi responsável pela circulação de informações locais, comercialização de livros e outras publicações, movimentando a comunidade são-joanense (Rezende, 2012a).

As mudanças regionais ocorridas em Minas Gerais influenciadas pela economia cafeeira e pelo início da industrialização fizeram com que o centro político-financeiro do Estado se deslocasse de Ouro Preto para Juiz de Fora, cidade que se tornou símbolo da ascensão política e cultural mineira, na qual a imprensa ocupou papel particular. Nesse ínterim, a nova capital, Belo Horizonte, inaugurada em 1897, já contava com jornais desde sua construção (Mendes, 2012b). Em São João del-Rei, que perdera destaque quando o ouro se exauriu, aproximadamente cinquenta periódicos circularam até a virada para o século XX (Viegas, 1953).

O *Diário do Comércio* foi publicado pela primeira vez em 6 de março de 1938, por ocasião do centenário da elevação de São João del-Rei a cidade, e circulou até meados de 1964 (Nosso rumo, 1938; Rezende, 2012b). Segundo informações disponíveis em sua primeira edição, a impressão daquele que foi o terceiro jornal diário[10] da história são-joanense era feita com o maquinário arrendado do jornal *A Tribuna* pela Associação Comercial de São João del-Rei e intencionava "batalhar por São João e para São João", mediante a defesa de "iniciativas úteis e dignas de louvôr" em favor da municipalidade (Nosso rumo, 1938, p.1, sic):

> Move-nos o proposito de preencher uma grande lacuna no jornalismo local. São João del-Rei, grande pela cultura de seu pôvo, pela importancia e desenvolvimento do seu comercio e da sua industria ressentia-se, há muito, da falta de um diario à altura de suas necessidades (*Nosso rumo*, 1938, p.1, sic).

No início, a direção e a redação do Diário do Comércio couberam aos comerciantes José Albertino Guimarães, Antônio Rocha e José Bellini dos Santos (Viegas, 1953). A partir das capas das edições que

[10] Segundo Viegas (1953), antes do *Diário do Comércio*, publicaram-se diariamente em São João del-Rei: *O Dia*, entre 17 de março de 1912 e 10 de outubro de 1913 e *A Nota*, entre 4 de maio de 1917 e 9 de abril 1918.

estudamos, foi possível afirmar que reportagens em apoio ao governo de Getúlio Vargas e o forte viés industrial, republicano e católico marcavam o periódico.

Dentre as diversas seções do Diário do Comércio destacam-se as crônicas do cotidiano local, a seção católica, a coluna agrícola e econômica, as charges e os classificados. A primeira equipe diretora do jornal era composta pelo advogado José Albertino Guimarães, diretor-geral da publicação, o professor Antônio Rocha, redator-responsável e José Bellini dos Santos, gerente. É evidente o crescimento que a equipe do Diário sofreu em seu primeiro ano de funcionamento; juntaram-se aos nomes já citados Pedro de Souza como redator-esportivo, o juiz municipal Tomás de Almeida na coluna de humor e poesia, monsenhor José Maria Fernandes, na coluna Secção Católica (sic), José Vítor Barbosa na Secção Agrícola (sic) e os colaboradores Ataíde Freitas Carvalho, João Ribeiro e Ananias de Castro (Gente de casa, 1939).

Embora a maior parte dos textos investigados não esteja assinada, é evidente seu alinhamento à proposta editorial do periódico. Em meio aos artigos assinados, destacam-se os nomes de "F. Guimarães, farmacêutico e especialista em obras de filosofia e psicologia" (Uma visita do Diário do Comércio, 1958), de Adenor Simões Coelho Filho, à época presidente do Diretório Acadêmico da Faculdade de Filosofia, e dos padres salesianos José Maria Telles e Geraldo Servo de Jesus.

A construção discursiva do saber e da autoridade dos salesianos de São João del-Rei e o Laboratório de Psicologia Experimental da Faculdade Dom Bosco de Filosofia, Ciências e Letras no *Diário do Comércio*

Nas reportagens do *Diário do Comércio* que analisamos, comumente encontramos elogios enaltecendo os padres e o trabalho feito por eles em favor dos são-joanenses menos favorecidos. Os padres são identificados como os principais responsáveis pela educação das crianças pobres, cuja única oportunidade foi oferecida por esses sacerdotes ditos benevolentes. Considerados motivo de orgulho para a comunidade local, os salesianos são distinguidos como cultos, nobres, poliglotas, modestos, saudáveis, dinâmicos, inteligentes e castos (Uma visita do Diário do Comércio, 1958, s/p). Vale ressaltar que tais características são tomadas como fundamentais para o "trabalho esmerado" que realizam em São João del-Rei (Uma visita do Diário do Comércio, 1958, s/p).

A educação oferecida pelos salesianos é relatada como repercutindo na cidade, tornando-a um centro a ser respeitado e visitado em função das qualidades caritativas e educacionais dos padres e dos seus contatos constantes com o que se produzia de melhor em Belo Horizonte e no Rio de Janeiro (então Distrito Federal). Os salesianos são descritos como tendo preocupação constante com o desenvolvimento social e a constituição de cidadãos para o país, reverberando a intenção do fundador da congregação de formar bons cristãos e cidadãos honestos, mediante a aplicação do Sistema Preventivo[11] (Pelegrine, 2008; Silva & Adão, 2009). Essa fala reflete igualmente o alinhamento republicano e nacionalista do *Diário do Comércio*, mencionado anteriormente.

A erudição e a formação acadêmica salesianas são outras características destacadas pelos redatores do Diário. Dentre os diversos sacerdotes que trabalharam ou dirigiram a Faculdade Dom Bosco, o jornal faz referência às pessoas e à formação dos padres Ralfy Mendes de Oliveira, doutor em Psicologia pelo Pontifício Ateneu Salesiano de Turim e fundador do Laboratório de Psicologia Experimental da Faculdade Dom Bosco; Geraldo Servo de Jesus, professor de Psicologia Experimental com formação na mesma instituição italiana e diretor do Instituto de Psicologia e Pedagogia, a partir de 1958; padre Alfredo Carrara de Melo, professor de Psicologia Diferencial e Orientação Educacional, na Faculdade Dom Bosco (Atividade do Centro, 1959, p. 1; Brandão, 2001).

O enaltecimento dos salesianos e, consequentemente, de São João del-Rei é produzido por uma série de comparações. Em um primeiro momento, a cidade é referida como leiga no que concerne à cultura acadêmica e os salesianos como superiores, graças à congregação a qual pertencem, associada ao que há de melhor na Educação. Em um segundo momento, compara-se interior e capital, provinciano e cosmopolita, relatando-se que, após a chegada dos salesianos, a cidade e sua população assumem características salesianas e se apropriam delas, fazendo de São

[11] Por Sistema Preventivo compreende-se a proposta educativa de Dom Bosco, fundada sobre o tripé razão, religião e *amorevolezza* (termo italiano sem tradução para o português, cujo significado é próximo ao de bondade). Segundo a proposta educativa salesiana, esse sistema atende às necessidades formativas da juventude em seus aspectos corporais, afetivos, socioculturais e religiosos (SILVA & ADÃO, 2009).

João del-Rei um lugar de destaque no interior de Minas Gerais, comparável a qualquer grande centro. Em algumas situações, os redatores do *Diário do Comércio* afirmam que São João del-Rei supera algumas das capitais brasileiras graças à Faculdade Dom Bosco e a seu laboratório (O Laboratório de Psicologia..., 1959).

Um dos exemplos dessas comparações encontra-se na narrativa de uma visita realizada pelos redatores do *Diário do Comércio* à Faculdade Dom Bosco, em 1958 (Uma visita do Diário do Comércio, 1958, s/p). Nela, são ressaltadas as dimensões e a atualidade da biblioteca dos salesianos e sua superioridade em relação à biblioteca pública criada por Baptista Caetano:

> – É a maior coleção – continuou – de compêndios filosófico-teológicos da região. [...] Possuímos também todas as extensas obras das Enciclopédias Italiana, Espanhola e Inglêsa. Aquela estante – apontou a última – está reservada aos livros de Medicina e que por sinal é a menos utilizada (Uma visita do Diário do Comércio, 1958, s/p).

A autoridade salesiana é construída pelos redatores do *Diário do Comércio* descrevendo-se a origem da equipe de profissionais da Faculdade Dom Bosco e sua formação na Europa. Ora atribui-se aos salesianos o transporte para São João del-Rei da expertise intelectual dos grandes centros europeus e brasileiros, o que transformou a cidade num cenário educativo nacional, ora fala-se do atraso das regiões do interior do país – incluindo a própria cidade – frente à centralidade da produção de técnicas e práticas educativas nas capitais do país:

> [...] dará aos professores da nossa cidade e das cidades vizinhas, mais uma oportunidade de congraçamento e aproveitamento, de [...] colaboração entre os "grandes" do cenário educacional do Brasil e os "pequenos" educadores que somos; palavra da experiência, o entusiasmo, a simpatia contagiante, as sábias e fecundas conferências ditadas pela cultura de pedagogia eminente (Ao professorado sanjoanense, 1958, s/p).

O Laboratório de Psicologia Experimental organizado pelo padre Ralfy Mendes também faz parte dos argumentos construídos pelo *Diário do Comércio* para a valoração da presença salesiana. Embora as reportagens indiquem que os especialistas que dominavam as técnicas de utilização da aparelhagem do laboratório eram poucos (naquele momento, segundo o jornal, somente o padre Ralfy Mendes conhecia suas funções e usos), ele é descrito como um espaço de cientificidade para os interessados em Pedagogia e Psicologia. O Laboratório é signo da inserção são-joanense entre as cidades modernas:

> Mas...eis que nos deparamos com um invejável Cabinête e Laboratório de Psicologia e uma valiosíssima Biblioteca, que por coincidência são dois dos inúmeros fracos do colega Guimarães. [...] Assim que passamos os olhos pelo Laboratório, Guimarães num lápso de boa memória, observou o que eu, na minha ignorância do assunto, achei ter sido uma bôa piada:
>
> – É sem dúvida, um conjunto de aplicação dos princípios sustentados por Wundt em sua Escola de Psico-Física de Leipzig, porém, modernizados e isentados do êrro positivista de Comte, ecletizados pelas verdades formuladas – Ei, que isto? – Perguntei quasi indo ao chão.
>
> – De início – disseram-nos – temos a afirmar que o Laboratório de Psicologia do Colégio é um dos mais aparelhados do.... – Estado e do País – completamos em côro, nós os bairristas (Uma visita do Diário do Comércio, 1958, s/p).

Desse modo, o Laboratório é descrito como um espaço privilegiado (e especializado) para a realização de eventos sobre Pedagogia e Psicologia e oferta de serviços psicopedagógicos. Nesse último caso, os aparelhos eram utilizados em demonstrações didáticas para estudantes de Pedagogia, professores e diretores das escolas da cidade e visitantes. Os aparelhos eram utilizados ainda para avaliação psicológica e orientação daqueles que tinham dúvidas quanto à ocupação profissional. O contato entre o Laboratório e a comunidade escolar de São João del-Rei era estreito: em 1961, o *Diário do Comércio*, em matéria de capa, relatou que a diretora do Grupo Escolar Maria Teresa[12], professora Hélia Ribeiro de Sá, foi convidada a integrar a equipe do importante laboratório (Nova diretora do Grupo ..., 1961, p.1).

[12] Fundado em 14 de março de 1925, o Grupo Escolar Maria Teresa foi o segundo de São João del-Rei. Localizado no centro da cidade, proporcionava formação primária para a população são-joanense. Atualmente, continua em funcionamento como escola de ensino básico da rede municipal.

Em outra reportagem, igualmente laudatória, o laboratório são-joanense, que se dedicava à avaliação psicológica e às práticas de orientação (educacional, vital e profissional), é apresentado como objeto de admiração e entusiasmo para a população local e causador de inveja em visitantes e especialistas de outras cidades. Como o Laboratório de Psicologia da Faculdade Salesiana de Lorena, o são-joanense recebia diversas visitas. Os dois, a crer no ufanismo da reportagem, passaram a integrar o circuito turístico das cidades nos anos 1950 e 1960:

> Êste monumento científico, objeto de admiração e de entusiasmo para todos os entendidos, meta de aspirações e desejos de conhecimentos para quantos dêle tiveram notícia, e "meca" para os amantes das ciências pedagógicas e psicológicas, integrou-se já nas tradições turísticas de nossa cidade. (O Laboratório de Psicologia, 1959, s/p).

Equiparado nas reportagens às riquezas históricas dos templos católicos de São João del-Rei, herança do Ciclo do Ouro setecentista, o Laboratório é apresentado como tendo recebido estudantes da Faculdade de Filosofia de Ouro Preto e especialistas em Educação vindos do Distrito Federal, em 1959 (Chegarão à cidade..., 1959, p.1). Além disso, foi visitado pelo deputado udenista Gabriel Passos e por sua comitiva formada por vereadores, jornalistas e pelo prefeito municipal, o médico Orestes Braga, em 1961 (Gabriel Passos visitou..., 1961, s/p).

Em paralelo à construção discursiva da importância dos salesianos e seu laboratório de Psicologia Experimental para a comunidade local, os redatores do *Diário do Comércio* referem-se a dois serviços voltados para a Educação e oferecidos na Faculdade Dom Bosco: o Centro de Estudos Pedagógicos (também chamado de Círculo de Estudos Pedagógicos e, pela sigla, CEP) e o Círculo de Pais e Mestres (ou Círculo de Pais e Educadores). Fazemos notar que a variação, ainda que mínima, nos nomes dos serviços denotam a opacidade na descrição do que eles ofereciam e realizavam, bem como a intercambialidade das atividades prescritas para os serviços.

Na narrativa produzida pelo *Diário do Comércio*, a criação do Centro de Estudos Pedagógicos tem como marco o ano de 1956, no qual os padres salesianos e o professorado são-joanense se uniram, a fim de que se instituísse um espaço de esclarecimento, partilha de experiências e discussão de temáticas concernentes à Educação e ao desenvolvimento da criança (C.E.P., 1958). Assim, é atribuída, mais uma vez, aos salesianos a autoridade de, em diálogo com a comunidade local, educar bem as crianças com vistas ao desenvolvimento social e econômico da cidade. Tal fato era celebrado anualmente com as Semanas de Estudos Pedagógicos, como descrito mais adiante.

Por sua vez, o Círculo de Pais e Mestres é descrito como espaço para troca de ideias entre pais e educadores, com vistas à resolução de problemas escolares mediante a mútua compreensão e cooperação entre os participantes. Os redatores do *Diário do Comércio* fazem notar a importância do associativismo para que pudessem ser desenvolvidas e aprimoradas estratégias eficazes de resolução dos problemas da educação. Enfatizando o período de publicação das reportagens e as características da constituição da Psicologia educacional e escolar descritas por Barbosa (2011, 2012), destacamos o foco dado à normatividade, sistemática e higiene como aspectos relevantes nos processos educativos:

> Trata-se de uma associação de caráter civil e que se destina como indica sua denominação, a congregar pais, mães e educadores e pessoas que se dediquem à educação de crianças ou de adolescentes. [...] conjugar esforços no sentido de estudar e propôr o aprimoramento de métodos e normas da educação e higiene em benefício das crianças e dos adolescentes. [...] O Círculo se formará dos que procuram habilitar-se para melhor educar, ou que se veem a braços com questões de educação, mas também dos que, tendo superado dificuldades e problemas, podem oferecer sua experiência, em benefício da coletividade (A Semana de Estudos Pedagógicos, 1958, s/p).

Considerando a importância da formação e especialização constantes nas temáticas da Educação, foi-nos possível ainda reconstruir a narrativa da realização das Semanas de Estudos Pedagógicos, ocorridas entre 1957 e 1961, como eventos anuais de formação teórica em temáticas relacionadas à Pedagogia e Psicologia e oferecidas aos professores e interessados de São João del-Rei e região. Nos recortes investigados, é evidenciada a importância desses eventos mediante a descrição dos espaços, valorizados socialmente, em que eram realizados – o Salão Nobre da Prefeitura Municipal e o Salão da Associação dos Sargentos do 11º Batalhão de Infantaria – e de seus convidados – autoridades civis, militares e eclesiásticas. Esses eventos reafirmavam a importância da "colaboração entre a família e a escola na obra da educação" e possibilitavam o acesso à comunidade são-joanense das "últimas conquistas da pedagogia", ressaltando a necessidade da atualização e expertise na formação daqueles que se dedicam a educar (A Semana de Estudos Pedagógicos, 1958, s/p).

Os recortes investigados denotam que a ciência psicológica deveria orientar a ação de pais e educadores, servindo ao progresso da sociedade e não se restringindo ao âmbito de discussão exclusivamente teórica:

> [...] espera-se que logo depois das palestras a Semana Pedagógica passe da teoria à prática, para ser intensamente vivida, com a aplicação de conquistas científicas na vida familiar e escolar, para o progresso dos indivíduos e da coletividade (A Semana de Estudos Pedagógicos, 1958, s/p).

Com base na periodização proposta por Barbosa (2011, 2012), sabemos que o período de publicação das reportagens investigadas é marcado pela preocupação com o desenvolvimento de técnicas e práticas adequadas ao modelo econômico urbano e industrial, que vinha sendo aplicado no país desde os anos 1930. No que tange ao campo educacional, o olhar se voltava para "a criança que não aprende" (Barbosa, 2012, p. 115), individualizando as práticas e estabelecendo normas de classificação que, possivelmente, facilitariam a atuação dos educadores. Ao lermos os recortes do *Diário do Comércio*, destacamos a repercussão desse contexto em temáticas apresentadas e debatidas nas Semanas de Estudos Pedagógicos, como a influência dos considerados desajustamentos familiares sobre o rendimento escolar da criança, a repercussão das condições econômicas familiares na formação moral e intelectual da criança, a eficácia dos castigos físicos como prática educativa, o papel da relação família-escola para o sucesso escolar, os diversos tipos de inteligência e as formas de enfrentamento dos problemas escolares e a considerada juventude transviada. É evidente o foco individualizante das discussões sobre importantes dimensões do desenvolvimento escolar e a evocação da família como uma das principais, senão a mais importante, responsável pelo sucesso educativo de crianças e jovens. Ressalta-se que, além das discussões concernentes à Educação, num sentido mais amplo, eram realizadas palestras sobre os conteúdos programáticos de disciplinas escolares como Gramática Funcional e Cálculo Aritmético (Em torno da

Semana, 1958). Contudo, vale evidenciar que tais discussões ocupavam intervalos bastante curtos das Semanas e não eram destaque no Diário.

As Semanas de Estudos Pedagógicos são criadas como oportunidade de entrada (e, em algumas situações, de intercâmbio) de informações sobre o que era produzido e discutido sobre Educação em importantes centros do país, sendo que tais discussões eram trazidas pelos conferencistas convidados pela Faculdade Dom Bosco e descritos como autoridades e experts pelo *Diário do Comércio*. Mediante a descrição de sua titulação, os conferencistas eram caracterizados como especialistas de órgãos dedicados à Educação e possuíam formação variada. As reportagens investigadas destacam os seguintes nomes: da Universidade (Federal) de Minas Gerais, os professores Emanuel Brandão Fontes e Edgard Godoy da Mata Machado; da Secretaria de Educação de Minas Gerais, as especialistas Terezinha Oliveira e Norma Castro; do Ministério da Educação, as pedagogas e psicologistas Maria Auxiliadora de Souza Brasil e Maria Junqueira Schmidt e a assistente social Ivone Leite de Faria. Além dos convidados de Belo Horizonte, São Paulo e Rio de Janeiro, as Semanas de Estudos Pedagógicos são descritas como espaço de formação em salesianidade, visto que contavam com palestras ministradas por padres salesianos vindos de Lorena, em São Paulo, ou residentes em São João del-Rei – como Tiago de Almeida Lara e Geraldo Servo, professores de Psicologia com formação na Europa – e por políticos – como o deputado católico Eurípides Cardoso de Menezes. O *Diário do Comércio* faz referência a uma possível visita do professor Pierre Weil que não chegou a acontecer (Uma palavra de apôio, 1960).

No *Diário do Comércio*, a argumentação construída acerca dos conferencistas mostra a importância do diálogo que os grandes centros devem estabelecer com as pequenas cidades, a fim de que o interior de Minas Gerais pudesse se desenvolver. Ressaltamos, mais uma vez, a relação estabelecida entre as grandes e pequenas cidades como "semeadoras de luz" e sedentas de conhecimento, respectivamente, e a identificação da ciência psicológica como elucidadora dos problemas educacionais (Uma semeadora, 1958, s/p).

Outra estratégia argumentativa de construção da autoridade e do saber salesianos relacionada às Semanas de Estudos Pedagógicos é a de publicação de uma coluna específica chamada Problemas de Educação. Nessa coluna, que antecedeu a realização da Semana de 1958, foram publicados pequenos relatos e anedotas relacionados aos problemas escolares e/ou pedagógicos comuns entre os alunos das escolas são-joanenses e que seriam discutidos durante o evento. Ao final de cada relato, o redator convidava a população para uma das conferências do evento e apresentava uma orientação para a questão debatida, fundamentando-se ora na Bíblia ou na doutrina católica, ora na experiência de especialistas das capitais:

> – "Toninho, venha cá! Que é que houve ontem? Por que faltou à aula?"
>
> Pergunta banal! Poderia ser feita a qualquer um. E por que é que tôda a classe está olhando para mim?... [...] E agora tenho ainda que dizer à professora, que ontem faltei à aula, porque mamãe estava lavando a minha única blusa e pregando botões na minha única calça rasgada... Como quereriam que eu viesse à aula? [...]
>
> O problema de Toninho é, talvez, o problema de centenas de crianças sanjoanenses. Na II Semana Pedagógica promovida pelo Centro de Estudos Pedagógicos e pela Faculdade Dom Bosco, e que se realizará no comêço de novembro, a professora D. Maria Junqueira Schmidt, do Rio de Janeiro, debaterá o tema: "O desajustamento familiar e sua influência no rendimento escolar". O assunto não pode deixar de interessar, quer os pais, quer os educadores e professores em geral (Ao professorado sanjoanense, 1958, s/p).

Jacó-Vilela (2012) aponta que o processo de delineamento da profissão do psicólogo foi marcado, no final dos anos 1940 e décadas seguintes, pela atuação de um profissional específico dedicado à orientação e seleção educacional e profissional, buscando responder às demandas educativas com base na psicologia em vias de institucionalização no período. Notamos o esforço argumentativo dos redatores do *Diário do Comércio* em apontar como resposta para as problemáticas discutidas nas Semanas de Estudos Pedagógicos a figura de um profissional específico que investigasse e atuasse no contexto escolar, o orientador educacional. O perfil do orientador educacional descrito é de um profissional com formação específica e dedicado a temas como o recreacionismo e a ludicidade na escola, a educação sexual, a relação família-escola e as diferentes técnicas de orientação escolar e profissional. Em sua formação, o orientador educacional se dedicaria à Psicologia da Aprendizagem e sua atuação se fundaria na promoção da cooperação entre família e escola mediante a criação de Associações de Pais e Mestres, por exemplo.

Ressaltamos a importância dada ao estudo do Sistema Preventivo de Dom Bosco, considerado fundamental para formar um bom orientador educacional (ou um discípulo salesiano, rico em qualidades morais). O orientador educacional é uma espécie de personificação da resolução dos problemas escolares:

> [...] o elemento de ligação entre a escola e a família. [É ele o responsável pelas] visitas domiciliares, entrevistas com pais e familiares e as múltiplas diligências que a pesquisa e tratamento de um caso exige. [Profissional formado pelas Faculdades de Filosofia com] sólido preparo intelectual e técnico, o aperfeiçoamento interior, o cultivo das qualidades morais (A Semana de Estudos Pedagógicos, 1958, s/p).

A autoridade e o saber dos salesianos construídos pelos redatores do *Diário do Comércio* permitiram a veiculação de noções de educação, família e escola na comunidade são-joanense. Os redatores do Diário propõem que educar é uma "missão sublime" que é característica da vocação do ser humano (C.E.P., 1959, s/p); nesse sentido, há uma explicitação do interesse próprio da Congregação Salesiana em oferecer formação profissional e humana para crianças e jovens pobres em consonância com o Sistema Preventivo. Os redatores do Diário buscam em suas reportagens alinhar o caráter vocacional salesiano à criação dos serviços pedagógicos e psicológicos da Faculdade Dom Bosco.

Concebendo o educar como "dever imposto pela natureza" e tarefa "laboriosa de plasmar inteligências e domar corações" em favor do desenvolvimento humano e da sociedade, os redatores do *Diário do Comércio* atribuem à família e à escola a obrigação de favorecer o aperfeiçoamento moral dos mais novos:

> [...] a educação não visa um resultado imediato e sim, procura promover um ideal de pureza tão nobre e elevado que inflamando as almas as transforme em focos de Luz. Fêz notar que a cultura para ser integral não pode desprezar os dotes morais e espirituais. Essa formação prepara realmente para a vida, sendo indispensável uma vigilância solícita para que o nível moral da criança e do adolescente se mantenha elevado. É luta constante que exige um trabalho de colaboração e abnegação de pais e mestres (C.E.P.,1959).

Os espaços sociais privilegiados para educar são a família e a escola, sendo que há repercussões das qualidades e problemas da família no desenvolvimento escolar. Por um lado, constrói-se a imagem de que a família é o fator primário da regeneração da sociedade, cabendo a ela educar a criança em seus aspectos afetivos e sociais e estar presente na elaboração do projeto educativo da escola (Em torno da Semana, 1958). Dessa forma, a família é tomada como o meio ambiente natural da criança e corresponsável pelo sucesso escolar dos mais jovens. Por outro, a escola é identificada como o espaço social específico para a transposição de conhecimentos técnicos, cabendo a ela identificar os possíveis desajustamentos pelos quais passa a criança e encaminhá-la a serviços específicos, a fim de que eles sejam solucionados e não mais interfiram no ambiente escolar (Em torno da Semana, 1958). Notamos um esforço dos redatores do *Diário do Comércio* em não apresentar a escola como um "oásis isolado", mas como um espaço propício para a formação de "mentalidades na compreensão de seus deveres cívicos, sociais, morais e religiosos" em relação com as mídias, as artes e o lazer, por exemplo:

> [...] o jornal, a revista, o rádio, os esportes, o cinema, o teatro. A Educação sofre influência inevitável e decisiva de outros elementos de que a sociedade moderna dispõe em profusão e que, por isso mesmo constituem fatores da mais alta interferência. [...] Para ser eficaz a Educação deveria pois considerar o educando total, dentro de sua constelação familiar e social (Em torno da Semana, 1958, s/p).

A partir de tais noções de família e escola, os redatores apresentam os salesianos e os serviços por eles conduzidos em São João del-Rei como resposta aos problemas educacionais, favorecendo o estreitamento da relação entre família e escola, mediada pelo profissionalismo do orientador educacional (Uma semeadora, 1958).

Considerações finais

Neste trabalho, investigamos como o *Diário do Comércio* construiu discursivamente a figura dos salesianos na Educação de São João del-Rei. O acontecimento discursivo identificado no periódico permite melhor compreender aspectos da presença salesiana na cidade histórica mineira e as relações por eles estabelecidas entre Educação e Psicologia, em um período em que essa última não havia sido regulamentada no país. Com base na afirmação de Gregolin (2007, p.16) exposta na introdução deste trabalho, podemos afirmar que o *Diário do Comércio* foi responsável pela narração e construção do saber e autoridade salesianos como acontecimento discursivo na sociedade são-joanense de meados do século passado. Assim, os redatores do jornal desenvolveram uma série de estratégias que tornaram inteligíveis o papel dos salesianos no que tange à relação entre Psicologia e Educação, ou seja, a partir da criação do Laboratório de Psicologia Experimental da Faculdade Dom Bosco e das reportagens sobre ele, foi possível construir o papel de benfeitores e especialistas dos salesianos no que concerne às questões educativas em São João del-Rei.

Dessa maneira, considerando que a linguagem não é um meio neutro de descrever o mundo, evidenciamos alguns dos argumentos construídos no periódico que permitiram a valorização do trabalho realizado pelos religiosos e o enaltecimento que eles ocasionaram à cidade, no período investigado. A identificação das condições de produção, construção e interpretação do discurso investigado favoreceu a ampliação da interpretação dos textos, identificando o lugar social atribuído aos salesianos pelos redatores do *Diário do Comércio*, membros da Associação Comercial de São João del-Rei e pelos educadores locais. Ressaltamos que o não levantamento de informações sobre esse contexto não romperia com a opacidade do discurso da mídia e nos levaria a tomar a narrativa construída como realidade do saber e de autoridade salesianos.

Assim, avaliamos que o referencial teórico-metodológico proposto por Patrick Charaudeau (2007) se mostrou útil para a investigação e favoreceu o diálogo entre pesquisas históricas e a análise do discurso. Partindo da descrição do ato comunicativo, proposta pelo professor francês, consideramos que a inteligibilidade dos acontecimentos (construídos e) divulgados pelo *Diário do Comércio* se organizaram entre os redatores do periódico e a sociedade são-joanense – mais especialmente, para pais, professores e outros educadores – mediados pelas edições impressas do jornal divulgadas diariamente. Retomando, mais uma vez, Gregolin (2007, p.16), consideramos que o jornal permitiu a escrita e o arquivamento da memória sobre as práticas em Educação e Psicologia desenvolvidas na Faculdade Dom Bosco, constituindo uma história do presente.

Por fim, um aspecto que merece ser evidenciado e posteriormente investigado concerne às temáticas trabalhadas pelos salesianos em suas atividades e que foram identificadas pelos redatores do *Diário do Comércio*. Assim, consideramos que será possível compreender as relações existentes entre o desenvolvimento de um modelo de Psicologia da Educação, construída à luz do Sistema Preventivo de Dom Bosco. Esses questionamentos se fundam no fato de que muitas das temáticas discutidas no período investigado – rendimento e disciplina na escola, problemas familiares e sua influência nos processos educativos, problemas na conduta do estudante, etc. – ainda são pertinentes para a atuação de pedagogos, psicólogos escolares, professores e educadores, de um modo geral. Além disso, o cotejamento com outras fontes de dados favorecerá a melhor identificação e descrição dos serviços (psicológicos e pedagógicos) oferecidos pela Faculdade Dom Bosco e como eles repercutiam na sociedade são-joanense.

Referências

ALBERGARIA, M. T. A. O Laboratório do Instituto de Psicologia e Pedagogia da Faculdade Dom Bosco de Filosofia, Ciências e Letras de São João del-Rei. **Boletim do LAPIP**, v. 2, n. 1, p. 9-11, 2002. Disponível em: <http://www.ufsj.edu.br/portal2-repositorio/File/lapip/Boletim2.pdf>. Acesso em: 26 jun. 2014.

ANTUNES, M. A. M. **A Psicologia no Brasil**: leitura histórica sobre sua constituição. 5. ed. São Paulo: Educ, 2012a.

ANTUNES, M. A. M.. A Psicologia no Brasil: um ensaio sobre suas contradições. **Psicologia: Ciência e Profissão**, v. 32, num. esp., p. 44-65, 2012b. Disponível em: <http://www.scielo.br/pdf/pcp/v32nspe/v32speca05.pdf>. Acesso em: 26 jun. 2014.

ARRUDA, M. A. Do Instituto de Filosofia e Pedagogia à Faculdade Dom Bosco de Filosofia, Ciências e Letras: (re)construindo trajetórias (1948-1986). In: VI JORNADA DO HISTEDBR, Campinas, 2005, s/p. **Anais...** Campinas, SP: Gráfica FE, 2005a.

ARRUDA, M. A. (2005b). Universidade Federal de São João del-Rei: construção de sua identidade. In: III CONGRESSO DE PESQUISA E ENSINO EM HISTÓRIA DA EDUCAÇÃO EM MINAS GERAIS, São João del-Rei, 2005, s/p. **Anais...** São João del-Rei, MG: Segra, 2005b.

AZZI, R. **Os salesianos no Brasil à luz da História.** São Paulo: Editora Salesiana Dom Bosco, 1983.

BANDEIRA, M.; SUZANO, J. C. C.; QUAGLIA, M. A. C.; ROCHA, S. R. (2009). Restauração do acervo de equipamentos do antigo Laboratório de Psicologia da Faculdade Dom Bosco. In: LOURENÇO, E.; GUEDES, M. C.; CAMPOS, R. H. F. (Orgs.). **Patrimônio cultural, museus, psicologia e educação**: diálogos. Belo Horizonte: CDPHA/Editora da PUC Minas, 2009. p. 55-65.

BARBOSA, D. R. **Estudos para uma história da Psicologia Educacional e Escolar no Brasil**. 2011. Tese (Doutorado em Psicologia) – Instituto de Psicologia, Universidade de São Paulo, São Paulo, 2011.

BARBOSA, D. R.. Contribuições para a construção da historiografia da Psicologia Educacional e Escolar no Brasil. **Psicologia: Ciência e profissão**, v. 32., p. 104-123, 2012. Disponível em: <http://www.scielo.br/pdf/pcp/v32nspe/v32speca08.pdf>. Acesso em: 15 abr. 2014.

BATISTA, R. L. L. (2015). **Entre aparelhos e arquivos:** uma história do Laboratório de Psicologia da Faculdade Dom Bosco de São João del-Rei (1953-1971). 2015. Dissertação (Mestrado em Psicologia) – Programa de Pós-graduação em Psicologia, Universidade Federal de São João del-Rei, São João del-Rei/MG, 2015.

BOMFIM, E. M.; ALBERGARIA, M. T. A. Origem e relevância de um laboratório de psicologia no Brasil na década de 1950. **Memorandum**, v. 7, p. 151-164, 2004. Disponível em: <http://www.fafich.ufmg.br/~memorandum/artigos07/bomfalberg01.htm>. Acesso em: 26 jun. 2014.

BOMFIM, E. M.; ALBERGARIA, M. T. A.. Da recuperação e da análise de um acervo de Psicologia: o caso do Laboratório de Psicologia da Faculdade Dom Bosco de Filosofia, Ciências e Letras de São João del-Rei. In: VIEIRA-SILVA, M.; SANT'ANA, R. B.; FRANCISCATTI, K. V. S.; AFONSO, M. L. M. (Orgs.). **Psicologia Social e Políticas Públicas**: saberes e práticas psicossociais. São João del-Rei, MG: UFSJ, 2006. p. 119-210.

BOMFIM, E. M.; ALBERGARIA, M. T. A.. O Laboratório de Psicologia da Faculdade Dom Bosco de Filosofia, Ciências e Letras de São João del-Rei. In: CAMPOS, R. H. F.; VIEIRA, R. C. (Orgs.). **Instituições e Psicologia no Brasil**. Rio de Janeiro: Nau Editora, 2007. p. 167-178.

BRANDÃO, I. B. S. **Uma contribuição à História da Psicologia:** o caso dos salesianos em São João del-Rei, MG. 2001. Dissertação (Mestrado em Psicologia) – Pontifícia Universidade Católica de São Paulo, São Paulo, 2001.

CAMPOS, R. H. F. **Helena Antipoff**: psicóloga e educadora – uma biografia intelectual. Rio de Janeiro: Fundação Miguel de Cervantes, 2012.

CARVALHO, M. G.; CAMPOS, R. C. P. R.; SILVA, N. L. R. Análise da queixa escolar na década de 1950, em Belo Horizonte - MG: o discurso dos pioneiros do SOSP. **Memorandum**, v. 25, p. 12-37, 2013. Disponível em: <http://www.fafich.ufmg.br/memorandum/a25/carvalhocampossilva01/>. Acesso em: 10 jul. 2014.

CHARAUDEAU, P. **Discurso das mídias**. Tradução de A. M. Côrrea. São Paulo: Editora Contexto, 2007.

CHARAUDEAU, P.; MAINGUENEAU, D. **Dicionário de análise do discurso**. Tradução de F. Komesu. São Paulo: Contexto, 2004.

FOUCAULT, M. **A arqueologia do saber**. Tradução de L. F. B. Neves. 7. ed. Rio de Janeiro: Forense Universitária, 2008. Originalmente publicada em 1969.

GAIO-SOBRINHO, A. **História da Educação em São João del-Rei**. São João del-Rei, MG: SEGRA/Funrei, 2000.

GILL, R. Análise de discurso. In: BAUER, M. W.; GASKELL, G. (Orgs.). **Pesquisa qualitativa com texto, imagem e som**: um manual prático. Petrópolis, RJ: Vozes, 2003. p. 244-270.

GREGOLIN, M. R. Análise do discurso e mídia: a (re)produção de identidades. **Comunicação, mídia e consumo**, v. 4, n. 11, p. 11-25, 2007. Disponível em: <http://revistacmc.espm.br/index.php/revistacmc/article/view/105/106>. Acesso em: 26 jun. 2014.

JACÓ-VILELA, A. M. História da Psicologia no Brasil: uma narrativa por meio de seu ensino. **Psicologia: Ciência e Profissão**, num. esp., p. 28-43, 2012. Disponível em: http://www.scielo.br/pdf/pcp/v32nspe/v32speca04.pdf. Acesso em: 15 abr. 2014.

MACHADO, M. N. M. Análise do discurso nas ciências da administração. In: HELAL, D. H.; GARCIA, F. C.; HONÓRIO, L. C. (Orgs.). **Gestão de Pessoas e competência**: teoria e pesquisa. Curitiba: Juruá, 2008. p. 341-368.

MASSIMI, M. Idéias psicológicas na cultura luso-brasileira, do século XVI ao século XVIII. In: JACÓ-VILELA, A. M.; FERREIRA, A. A. L.; PORTUGAL, F. T. (Orgs.). **História da Psicologia**: rumos e percursos. Rio de Janeiro: Nau Editora, 2011. p. 75-84.

MENDES, J. F. O silêncio das Gerais: o nascimento tardio e a lenta consolidação dos jornais mineiros. In: REZENDE, G. J. (Org.). **Impasses e**

perspectivas da imprensa de Minas Gerais. São João del-Rei, MG: UFSJ, 2012a. p. 16-24.

MENDES, J. F.. Os dois séculos da imprensa mineira. In: REZENDE, G. J. (Org.). **Impasses e perspectivas da imprensa de Minas Gerais**. São João del-Rei, MG: UFSJ, 2012b. p. 25-36.

MONARCHA, C. **Lourenço Filho**. Recife: Fundação Joaquim Nabuco/ Editora Massangana, 2010.

MOTTA, R. T. **Baptista Caetano de Almeida**: um mecenas do projeto civilizatório em São João d'El-Rei no início do século XIX – a biblioteca, a imprensa e a sociedade literária. 2000. Dissertação (Mestrado em Ciência da Informação) – Escola de Biblioteconomia, Universidade Federal de Minas Gerais, Belo Horizonte, 2000.

PELEGRINE, V. G. (2008). O amor e a educação no sistema preventivo de Dom Bosco. **Revista Eletrônica de Educação**, v. 1, n. 2, p. 1-22, 2008. Disponível em: <http://goo.gl/FxwtB2>. Acesso em: 26 jun. 2014.

PESSOTI, I. Notas para uma História da Psicologia no Brasil. In: ANTUNES, M. A. M. (Org.). **História da Psicologia no Brasil**: primeiros ensaios. Rio de Janeiro: EdUERJ, 2004. p. 209-227. Originalmente publicada em1988.

REZENDE, G. J. Apresentação. In: REZENDE, G. J. (Org.). **Impasses e perspectivas da imprensa de Minas Gerais**. São João del-Rei, MG: UFSJ, 2012a. p. 7-15.

REZENDE, G. J.. Base de dados mostra a história da imprensa em São João del-Rei. In: REZENDE, G. J. (Org.). **Impasses e perspectivas da imprensa de Minas Gerais.** São João del-Rei, MG: UFSJ, 2012b. p. 37-47.

REZENDE, G. J.. (Org.). **Impasses e perspectivas da imprensa de Minas Gerais**. São João del-Rei, MG: UFSJ, 2012c.

SAVIANI, D. **História das ideias pedagógicas no Brasil**. 2a. ed. Campinas: Autores Associados, 2008.

SCARPARO, H. B. K.; SOTTILI, T. S.; ALBERT, C. E.; JESUS, L. O. Extra! Psicologia brasileira é notícia em 1962: breve tempo, sentidos duradouros. **Memorandum**, v. 24, p. 11-28, 2013. Disponível em: <https://seer.ufmg.br/index.php/memorandum/article/view/6935>. Acesso em: 26 jun. 2014.

SILVA, R. A. V.; ADÃO, K. S. As contribuições do sistema preventivo na formação dos jovens. In: OLIVEIRA, P. C. PEREIRA, P. H. S. (Orgs.).

Atas da XI Semana de Filosofia da UFSJ: de volta a sala de aula. São João del-Rei: SEGRA/UFSJ, 2008. v. 1, p. 03-299.

VIEGAS, A. **Notícia de São João del-Rei.** 2. ed. Belo Horizonte: Imprensa Oficial de Minas Gerais, 1953.

Jornal Diário do Comércio

Ao professorado sanjoanense. *Diário do Comércio*, s/p., 23 out. 1958. (Reportagem).

A Semana de Estudos Pedagógicos na Faculdade de Filosofia. *Diário do Comércio*, s/p., 25 out. 1958. (Reportagem).

Atividade do Centro de Estudos Pedagógicos. *Diário do Comércio*, p. 1, 19 jun. 1958. (Reportagem).

C.E.P. *Diário do Comércio*, s/p., 09 out. 1958. (Reportagem).

Chegarão à cidade, no próximo dia 6 de setembro. *Diário do Comércio*, p. 1, 29 ago. 1959. (Reportagem).

Em torno da Semana Pedagógica. *Diário do Comércio*, s/p., 14 nov. 1958. (Reportagem).

Gabriel Passos visitou Faculdade de Filosofia. *Diário do Comércio*, s/p., 14 mar. 1961. (Reportagem).

Gente de casa. *Diario do Comercio,* p. 2, 06 mar. 1939. (Quadro de redatores do periódico).

Nova diretora do Grupo Maria Teresa. *Diário do Comércio*, s/p., 21 abr. 1961. (Reportagem).

Nosso rumo. *Diario do Comercio*, p. 1, 06 mar. 1938. (Editorial).

6

Análise do discurso sobre o TDAH em uma revista voltada para a Educação

Tatiane Rose Oliveira de Mendonça[1]
Marília Novais da Mata Machado[2]
Larissa Medeiros Marinho dos Santos[3]

Esta pesquisa buscou analisar o discurso publicado na revista *Nova Escola* sobre o TDAH (Transtorno do Déficit de Atenção com Hiperatividade). A investigação partiu de uma inquietação a respeito da formação dos professores do ensino básico quanto a esse tema e da constatação do grande valor socialmente atribuído às informações prestadas pela revista analisada que é, justamente, voltada para a instrumentalização da atuação de educadores.

Com efeito, na área da educação, a revista *Nova Escola* figura entre as publicações para o grande público. Ela esteve ativa desde 1986, com tiragem mensal média de 588 mil exemplares[4] e resultou de uma parceria entre a Fundação Vitor Civita e o grupo Abril Educação, o maior do segmento editorial no país[5].

O discurso sobre o TDAH, publicado na revista *Nova Escola*, foi escolhido como objeto de estudo pelo amplo alcance de público desse

1 Psicóloga e Mestre em Psicologia pela Universidade Federal de São João del-Rei (UFSJ).

2 Professora Visitante Nacional Sênior (Capes) na Universidade Federal de São João del-Rei, Minas Gerais, Brasil. Doutora pela Universidade de Paris XIII (Paris Norte).

3 Professora do Programa de Pós-Graduação em Psicologia da Universidade Federal de São João del-Rei, Minas Gerais, Brasil. Doutora em Psicologia pela Universidade de Brasília (UNB).

4 <http://www.publiabril.com.br/marcas/novaescola/revista/informacoes-gerais>.

5 <http://grupoabril.com.br/pt.>.

veículo de comunicação, considerado um periódico ao qual a grande maioria dos professores tem acesso (Bueno, 2007), seja em formato impresso ou digital[6]. Tais fatores indicam sua importante abrangência no setor educativo.

O TDAH é um diagnóstico amplamente disseminado na atualidade, o que pode ser constatado pelo aumento considerável do uso do metilfenidato (Caliman, 2009; Ortega; *et al*, 2010), fato que aponta para a relevância e a necessidade de se refletir sobre as informações repassadas aos educadores. Segundo Bassani, Nascimento, Pinel e Pereira (2011), as crianças têm sido diagnosticadas como portadoras do transtorno cada vez mais cedo. Também nesse sentido, Guarido (2006) aponta para a atual hegemonia do discurso provindo da área médica acerca da infância, que aparece não só nas estatísticas epidemiológicas, mas também no discurso leigo. Nas escolas, conforme apresenta essa autora, tem surgido um maior interesse dos profissionais da educação pelas novas nosologias e aumentado o número de encaminhamentos de crianças a serviços de saúde por parte da equipe escolar. Assim, percebe-se que o discurso acerca das patologias infantis, em especial do TDAH, precisa ser problematizado, especialmente sua presença na fala daqueles que estão diretamente envolvidos com as questões educacionais.

Para uma melhor compreensão do assunto abordado, é necessário diferenciar os termos patologização e medicalização. O primeiro, como apresentam Luengo e Constantino (2009, p.124), é o "ato de apontar no diferente uma doença que, mesmo inexistente, passa a ser reconhecida e diagnosticada". Já o segundo diz respeito à transformação em questão médica de um problema social (Collares & Moysés, 1994). O termo patologização tem maior amplitude, pois envolve outras áreas do conhecimento, fora do campo da Medicina. Para além das diferenças, os dois termos apontam a biologização da educação (Collares & Moysés, 1994) por reduzirem o social a questões de saúde/doença.

Com a finalidade de apresentar informações que contextualizem o discurso em análise, procedeu-se primeiramente a uma apresentação histórica acerca da entrada do discurso biologizante na Educação para, posteriormente, tratar especificamente do TDAH, objeto de interesse desta pesquisa.

[6] <http://revistaescola.abril.com.br.>.

Os séculos XIX e XX: construção e apropriação dos saberes médicos pela Educação

A relação entre a Educação e a Saúde no Brasil se inicia pela inserção da Medicina no campo educacional entre os séculos XIX e XX (Moysés, 2008; Guarido, 2006; Meira, 2012; Zucoloto, 2007). Esse período é marcado pelos ideais civilizatórios importados da Europa por médicos e educadores que visavam à construção de um novo projeto de nação e viram na educação e na escola um instrumento para alcançar tal ideal (Diniz, 2009; Zucoloto, 2007). Assim, a união entre a Medicina e a educação no processo de higienização se deu pela crença na necessidade de formar o homem de modo a que ele fosse capaz de dominar sua natureza e, dessa forma, instaurar a civilidade em nosso País (Gondra, 2003; Zucoloto, 2007).

A partir do final do séc. XIX, as teses defendidas por médicos passaram a proclamar o ideal de disciplinar escolas e famílias, o que transparece nas recomendações que vão desde a alimentação até a arquitetura das escolas, passando por orientações aos pais sobre como deveriam cuidar de seus filhos (Zucoloto, 2007) e "*eliminar atitudes viciosas*" (Rocha, 2003, p.40; itálico no original). A Medicina também buscava normalizar a criança a partir de ideais pautados na produção intelectual, na saúde e na contenção sexual, pilares da 'pedagogia higiênica' da época (Zucoloto, 2007). Começaram igualmente a surgir pesquisas sobre agressividade e dificuldades para controlar os impulsos de crianças. No entanto, apenas a partir de 1970 esses estudos se intensificaram (Eidt & Tuleski, 2007).

No princípio do século XX, a Medicina já estava presente nas escolas públicas e na formação de professores, inclusive nas universidades. Em 1918, foi fundado o Instituto de Hygiene na Universidade de São Paulo (Rocha, 2003). Em 1939, foi publicado o primeiro livro acerca dos problemas de aprendizagem, *A creança problema*, de Arthur Ramos (Zucoloto, 2007).

Foi também nesse período que a psicologia começou a trabalhar com a Medicina, por meio da psicometria e dos estudos sobre desenvolvimento infantil (Guarido, 2006). Surgiram dessa união as primeiras teorias sobre os problemas de aprendizagem cujas causas foram buscadas no sistema nervoso. O resultado foi a classificação de crianças como portadoras de diversos distúrbios (Diniz, 2009). Segundo Moysés (2008, p.06):

> Assim se inicia o processo de medicalização do comportamento humano. Transformando em objeto biológico algo social e historicamente construído. Reduzindo a própria essência da historicidade do objeto – a diferença, o questionamento – a características inerentes ao sujeito-objeto, inatas, biológicas; a uma doença, enfim.

Transformar as dificuldades de aprendizagem e o comportamento das crianças em questão médica, segundo Bassani; *et al.* (2011), gera a crença da existência do aluno "ideal/normal", o que cria a mentalidade de que todo diferente precisa ser normalizado. Como aponta Moysés (2008), ao tomar para si o papel normatizador, a Medicina o faz com tamanha eficiência que seus ideais ainda hoje são parte da mentalidade de nossa sociedade e influenciam diferentes formações profissionais. Segundo Collares e Moysés (1994), a disseminação do discurso da medicalização também tem como causa o fato de não contrariar a ideologia dominante movida por um sistema de preconceitos que opera em nosso cotidiano. Assim, esse discurso é incorporado ao pensamento de nossa sociedade, tornado senso comum e encarado como natural.

A medicalização do social e seus efeitos na atualidade

Inserido o pensamento médico na Educação, passou-se a discutir o aprender e o não aprender sob o ponto de vista clínico, apontando-se a existência de doenças de aprendizagem e propondo-se novos tratamentos. Moysés (2008) retoma essa trajetória lembrando que, em 1896, Hinshelwood propôs a existência da cegueira verbal congênita, doença que impediria a aprendizagem; em 1918, surgiu a ideia da lesão cerebral mínima, proposta por Strauss como causa dos problemas de aprendizagem e comportamentos inadaptados. Tais doenças ainda existem hoje, sob as novas roupagens de dislexia específica de evolução e transtorno por déficit de atenção com hiperatividade, respectivamente (MOYSÉS, 2008).

Por sua vez, Welch, Schwartz e Woloshin (2008) argumentam que o discurso medicalizante da vida, apto a transformar características normais em sintomas, tem produzido uma epidemia de diagnósticos e transformado grande parte da população em pacientes potenciais. Segundo os autores, esse é o resultado alcançado com a medicalização do social. Assim, como mostra Alves (2011), os indivíduos se submetem à normalização médica e, como consequência, têm toda a sua vida regulada por esse discurso. Como demonstrado, o discurso encontrado nas escolas inclui a medicalização do fracasso escolar (Zucoloto, 2007).

O fracasso escolar: explicações e consequências

Apesar do discurso de biologização e medicalização, para Collares e Moysés (1985), com a corroboração de diversos outros autores (Guarido, 2006; Diniz, 2009; Meira, 2012; Alves, 2011; Bassani; *et al.*, 2011; Zucoloto, 2009; Collares & Moysés, 1994), o fracasso escolar não pode ser explicado somente por causas médicas. De acordo com Moysés (2008), a ótica biologizante busca explicar o fracasso escolar como consequência de desnutrição ou de disfunções neurológicas, conhecidas pelos rótulos de hiperatividade, distúrbios de aprendizagem, dislexia, etc. No entanto, em seu trabalho, a autora demonstra que a desnutrição só causaria alterações no cérebro se chegasse ao grau três; as crianças brasileiras, quando desnutridas, se encaixam no grau um; portanto, sem alterações na capacidade intelectual, além do que, caso essas alterações ocorressem, só atuariam nas funções mais complexas que não incluem a alfabetização. Por sua vez, a explicação dos distúrbios neurológicos, apesar de bastante utilizada, carece de comprovação científica, dificultada por uma gama de procedimentos de diagnóstico e, inclusive, por diferenças na operacionalização dos conceitos e métodos (Feitosa, Del Prette & Matos, 2006).

Assim, como defende Meira (2012), os diagnósticos de doença de aprendizagem demonstram pouca análise crítica acerca do fenômeno educacional e de seu contexto histórico-social e, como consequência, crianças normais passam a ser classificadas como portadoras de dificuldades de aprendizagem. Como era de se esperar, os índices alarmantes, entre 50 e 70% de fracasso escolar entre alunos da 1ª série do ensino público brasileiro são em sua maioria diagnosticados como problemas no aluno, ou quando muito, em sua família, sendo raramente questionada a educação ofertada pelas escolas (Moysés, 2008).

O fato é que a sociedade e a escola como parte dela buscam um padrão de normalidade do comportamento; o indivíduo que não se enquadra nesse padrão é considerado inapto, fracassado. Como apresentam Bassani; *et al.* (2011), a aprendizagem que parece importar é aquela da disciplina dos corpos, sendo obedecer, muitas vezes, mais importante que pensar. Dessa forma, comportamentos comuns à infância passam a ser vistos como distúrbios que necessitam de tratamento de saúde e as dificuldades de aprendizagem e a indisciplina são consideradas como transtornos (Guarido, 2006).

A epidemia de TDAH na Educação brasileira

Nos últimos anos, o TDAH chama a atenção dentre os distúrbios e disfunções propagados no ambiente educativo que têm levado à medicalização de elevado número de crianças em nosso país. O seu tratamento mais comum é a administração de metilfenidato, uma anfetamina, estimulante do sistema nervoso, que recebe a denominação de Ritalina e Concerta (Caliman, 2009; Ortega; et al., 2010; Meira, 2012). Esse medicamento, cujo consumo aumentou em 1616% entre 2000 e 2008, passando-se de 71.000 caixas vendidas para 1.147.000, não tem seu mecanismo de ação no homem totalmente conhecido. Além disso, a etiologia específica dessa síndrome é desconhecida e não há teste diagnóstico específico. Mais ainda, o medicamento pode causar dependência (Meira, 2012).

O TDAH, como os demais transtornos e distúrbios, aponta a biologização da educação, uma vez que características sociais não são levadas em conta no momento do diagnóstico, deixando relegado ao sujeito e às suas características individuais toda a responsabilidade pela não aprendizagem (Collares & Moysés, 1994). Esses fatores estão relacionados a uma lógica tradicional e devem ser discutidos e repensados a partir de uma visão política, história e social da educação (Asbahr & Lopes, 2006).

A formação dos educadores

Nesse momento, buscaremos refletir sobre a formação dos educadores, visto que esses são essenciais no processo educacional e chamados a tratarem do tema, muitas vezes participando do diagnóstico de patologias relacionadas à aprendizagem. Como apresenta Alves (2011), os profissionais da Educação são pessoas comuns que vivem em sociedade e, como membros dela, compartilham opiniões e comportamentos, refletindo, portanto, características de seu tempo e do local onde estão inseridos. A crença do aluno normal/ideal há tempos vem sendo introjetada não só por esses profissionais, mas por toda a sociedade, de forma que é "natural" que tais trabalhadores atuem sob esse paradigma. O problema é que, como apresenta Alves (2011), há uma relação de poder no discurso dos educadores, de maneira que o dito por eles vem carregado de autoridade, o que muitas vezes é suficiente para acarretar danos à vida escolar do aluno.

Acreditamos que a formação de nossos educadores deve então ser problematizada. Esses profissionais deveriam ter acesso a uma formação mais crítica, que os instrumentalizasse melhor para lidar com a questão da patologização da educação. Porém, o que tem sido visto, é que professores têm atuado como mediadores desse processo, encaminhando para a rede de saúde os alunos que não apresentam os resultados esperados no processo educacional (Collares & Moysés, 1994; Asbahr & Lopes, 2006).

Machado (1994) afirma em seu estudo que 70% das crianças encaminhadas para os serviços de saúde, no ano da sua pesquisa, tinham como queixa problemas escolares e foram encaminhadas pela escola. Também Ciasca (2003) relata que a maioria das crianças levadas ao ambulatório de neurologia da Unicamp foi encaminhada pelos educadores; nesse último caso, depois de realizados os exames necessários, concluiu-se que a grande maioria delas não tinha nenhum problema médico. Scortergagna e Levandowiski (2004) no estudo sobre queixas escolares realizado em Caxias do Sul identificaram que o número de queixas é ainda três vezes maior que o número de encaminhamentos e que os dados indicam que os educadores não têm clareza sobre sua própria demanda e sobre quando e como encaminhar o aluno.

Quanto aos conhecimentos dos educadores acerca das causas das dificuldades de aprendizagem, as pesquisas de Azzi & Silva (2000), Fini (1996) e Leal (1991), também citadas por Osti (2004), demonstram que eles, em sua maioria, responsabilizam as relações familiares e questões de saúde do aluno como causas da não aprendizagem, indicando que nossa educação atual ainda caminha sob o paradigma da patologização, culpabilizando a criança e/ou sua família, retirando a responsabilidade social da questão.

Na pesquisa sobre o mesmo tema realizada por Osti (2004), encontra-se essa mesma relação dos educadores com as dificuldades de aprendizagem dos alunos. Ao responderem a que atribuíam o aparecimento de uma dificuldade de aprendizagem, obteve-se que a causa está na maioria das vezes relacionada a problemas vividos pelo estudante[7], sendo: problemas

[7] A frequência encontrada nas respostas não coincide com o número de participantes da pesquisa, pois cada um dos entrevistados pode dar mais de uma resposta para uma mesma pergunta.

emocionais (40%); problemas familiares (27%) e a problemas patológicos (27%). As causas estariam também relacionadas a distúrbios neurológicos (23%), baixa autoestima (17%), falta de estímulos (17%), e ainda, falta de interesse do aluno, medo e insegurança, e a fatores cognitivos (7% para cada item) e falta de maturidade, deficiência e condições de vida (3%). Para 20% seriam vários os fatores e apenas 3% citaram a relação professor-aluno, referindo-se à autoridade do professor como relacionada a não aprendizagem. Esses resultados demonstram que os professores ainda concebem as dificuldades de aprendizagem sob o paradigma da patologização, embora muito se tenha avançado no sentido de criticar tal forma de compreender a realidade.

Após a breve apresentação de como o discurso médico passa a fazer parte do ambiente escolar, pode-se compreender melhor como as noções de saúde/doença se infiltram no pensamento cotidiano, simplificando relações complexas envolvidas nas questões educacionais. Também pode-se verificar que tem sido insuficiente a formação dos professores no que se refere às dificuldades de aprendizagem, o que fica perceptível quando eles, ao não considerarem os determinantes sócio-históricos envolvidos, apenas reproduzem o discurso da medicalização.

Neste estudo, o foco é colocado sobre a revista *Nova Escola*, a qual participa da formação de profissionais da área de Educação do nosso país. Busca-se identificar o discurso propagado por essa publicação acerca da patologização infantil. Realizando um levantamento das reportagens dessa revista, disponíveis em meio eletrônico, relativas ao período de 2006 a 2013, verificamos que apenas duas reportagens se destinaram a tal assunto. Elas foram o objeto dessa pesquisa. Antes, contudo, e adiantando a análise do discurso no que diz respeito à consideração cuidadosa do contexto de produção discursiva, apresentamos informações sobre a revista *Nova Escola*.

A revista *Nova Escola* e a questão da informação

A revista *Nova Escola*, na época da pesquisa, era parte do Grupo Abril, criado em 1950. Esse grupo possuía conteúdos disponibilizados para diversos públicos, tanto na forma impressa quanto digital[8].

[8] <http://revistaescola.abril.com.br>.

A Editora Abril era a responsável pela publicação de 48 das revistas disponíveis no país, sendo líder em 21 dos 25 segmentos de atuação. Eram vendidos aproximadamente 185 milhões de exemplares a cada ano, atendendo a 4,8 milhões de assinantes, tendo um alcance de cerca de 30 milhões de leitores[9].

Quanto à sua atuação no campo da Educação, segundo informação do *site*[10], o Grupo Abril era "líder no segmento editorial de livros escolares". Faziam parte do grupo as editoras Ática e Scipione. Além dessas, o grupo tinha sua atuação diversificada em "escolas e sistemas de ensino básico e técnico, cursos preparatórios para concursos, ensino a distância e de idiomas"[11]. Era missão da Fundação Victor Civita (voltada especificamente para a educação, tendo entre seus mantenedores o Grupo Abril, levando inclusive o nome do fundador): "*Contribuir para a melhoria da qualidade da Educação Básica no Brasil, produzindo conteúdo que auxilie na capacitação e valorização de professores e gestores e influencie políticas públicas*"[12]. Desse modo, podemos perceber a forte relação do grupo com o setor educativo, sendo que foi criado inclusive o *Prêmio Victor Civita Educador Nota 10* destinado a homenagear profissionais que atuavam de forma inovadora no fortalecimento da Educação brasileira.

A revista *Nova Escola* tinha seu conteúdo disponível em versão impressa e também no ambiente virtual. Ela apresentava conteúdos referentes à educação infantil, abrangendo o ambiente de creches e pré-escola, ensino fundamental um e dois e ensino médio. Em seu conteúdo encontravam-se planejamentos de aulas de todas as disciplinas e diversas reportagens sobre temas que se relacionavam à vida escolar, tais como *bullying*, indisciplina, inclusão de pessoas com deficiência, relação comunidade-escola, etc.

Como nossa análise do discurso é feita sobre um meio de comunicação – a revista *Nova Escola* –, é relevante tratar também, ainda que brevemente, a questão da informação, a partir da ótica da própria análise do discurso. Como indica Charaudeau (2012, p.34) "a informação implica

[9] <http://grupoabril.com.br/pt/o-que-fazemos/M%C3%ADdia/marcas-e-empresas/Editora%20Abril>.

[10] <http://www.abrileducacao.com.br/a_abril_educacao.html>.

[11] <http://www.abrileducacao.com.br/a_abril_educacao.html>.

[12] <http://www.fvc.org.br>.

processo de produção de discurso em situação de comunicação". Esse mesmo autor aponta elementos que constroem a informação. São eles: a **atualidade**, que diz da temporalidade em que a informação deve ser comunicada, a **expectativa**, no sentido de que ela deve corresponder ao interesse do público e a **sociabilidade**, significando que toda informação deve dizer de acontecimento em espaço público.

Charaudeau (2012) também se refere ao fato de que toda informação é sempre construída, como pode ser percebido na citação:

> O acontecimento não é jamais transmitido em seu estado bruto, pois, antes de ser transmitido, ele se torna objeto de racionalizações: pelos critérios de seleção dos fatos e dos atores, pela maneira de encerrá-los em categorias de entendimento, pelos modos de visibilidade escolhidos. Assim, a instância midiática impõe ao cidadão uma visão de mundo previamente articulada, sendo que tal visão é apresentada como se fosse a visão natural do mundo. (p.151).

Quanto à questão da manipulação dos meios de comunicação, o autor aponta que a mídia é sim, manipuladora, embora não necessariamente de forma intencional, mas que é também manipulada por forças externas. Porém, o autor ressalta que a mídia é importante e contribui para a democracia. Reafirmando sua relevância, ele afirma:

> Que pensem como quiserem, as mídias relatam fatos e acontecimentos que se produzem no mundo, fazem circular explicações sobre o que se deve pensar desses acontecimentos, e propiciam o debate. Nesse aspecto, as mídias mantêm um espaço de cidadania, sem o qual não há democracia razoável, e não podem ser taxadas, como se fazia em determinada época (principalmente a respeito da televisão), como o "ópio do povo". (Charaudeau, 2012, p.252).

Após essa breve apresentação da revista objeto de nossa análise e das considerações de Charaudeau (2012) sobre a questão da informação e das mídias, descrevemos o método utilizado neste estudo.

Método

Para a realização deste estudo, buscou-se em um primeiro momento analisar todas as edições da revista *Nova Escola* disponíveis em meio eletrônico intentando identificar reportagens sobre TDAH e/ ou medicalização infantil. As edições de 2006 até 2014 estavam disponibilizadas no *site*. Porém, somente as edições até agosto de 2013 permitiam acesso ao conteúdo das reportagens, sendo que, a partir dessa data tinha-se apenas o índice. Das edições que permitiam a leitura de seu conteúdo totalizam-se 76 exemplares. A sua publicação acompanhava o calendário escolar, sendo, portanto, uma edição para os meses de janeiro e fevereiro, uma edição também para os meses de junho e julho, períodos de férias escolares, e uma edição mensal para todos os outros meses do ano.

Nos exemplares, usou-se como critério de seleção a presença de dizeres que indicassem proximidade com o tema TDAH e/ou medicalização infantil nos títulos e subtítulos das reportagens e, em caso de aproximação, procedeu-se com a leitura na íntegra do texto. Ao final dessa busca, foram encontradas apenas duas reportagens sobre o tema deste estudo. Elas se intitulam *O que é o Transtorno de Déficit de Atenção com ou sem Hiperatividade (TDAH)* (Bibiano, 2010), publicada na edição de abril de 2010 e, *Ritalina, a escola esqueceu que é melhor prevenir do que remediar* (Ferreira, 2013), de junho/julho de 2013. As duas reportagens, portanto, constituem nosso *corpus* de pesquisa.

Para o tratamento das informações utilizou-se a análise de discurso que, segundo Gill (2012), possui "quatro temas principais: uma preocupação com o discurso em si mesmo; uma visão da linguagem como construtiva (criadora) e construída; uma ênfase no discurso como uma forma de ação; e uma convicção na organização retórica do discurso." (p. 247).

A autora (Gill, 2012) indica alguns passos que devem ser seguidos em uma análise do discurso. O primeiro passo é a leitura exaustiva do corpus de pesquisa. Após a familiarização com o texto, surgirão as categorias utilizadas para a sua codificação, associadas ao tema de interesse do pesquisador. Diversas técnicas podem ser utilizadas nesse momento, como acompanhar padrões nos dados, atentar-se a não ditos, etc.

Machado (2008) chama a atenção para a necessidade de "identificar as *condições de produção* do discurso: onde, como, por quem, em que circunstâncias ele foi produzido. Que determinações sociais, econômicas, históricas, geográficas, linguísticas o regem" (p. 365). Além disso, definindo análise do discurso como a articulação de contexto e texto, a autora sugere "definir os *procedimentos de análise* a serem utilizados" (p. 365), entre os quais o uso de marcadores, tais como as palavras-chave ou termos-pivô, que são realidades linguísticas observáveis diretamente (no caso "TDAH", entre outros). Além deles, sugere atenção ao uso de:

> verbos performativos, atos ilocucionários, implícitos discursivos, insinuações, regras e convenções de fala, intenções, interrogações, ordens, interações, pressupostos, diálogos, diferentes vozes. (...) Com esses dispositivos, ou outros, percorre-se, numerosas vezes, os *corpora* escritos ou falados (nesse caso, de preferência, transcritos), procurando-se apreender seu sentido. (p. 365)

Explicitado o método, passamos para a análise do discurso sobre o TDAH presente na revista *Nova Escola*.

Resultados e discussões

Primeiramente, cabe apontar o pequeno número de reportagens destinadas a tratar de problemas como o TDAH e a medicalização infantil, que nos parecem tão sérios e recorrentes no cotidiano escolar, especialmente se considerarmos a taxa crescente de medicamentos vendidos para esse "distúrbio" que, no Brasil, no período de 2009 a 2011, chegou a um aumento de 75% para sujeitos entre seis e 16 anos, como aponta a Anvisa (2013). Em quantidade de miligramas (mg) do medicamento, houve um aumento de 156.623.848 mg em 2009 para 413.383.916 mg em 2011, sendo que o valor acumulado pela indústria farmacêutica chegou a R$ 28,5 milhões de reais somente em 2011 (Anvisa, 2013).

Para a compreensão do discurso sobre o TDAH e a medicalização infantil nas reportagens encontradas, inicialmente buscamos os termos -pivô TDAH, ritalina e seus possíveis sinônimos. Buscamos também a presença da palavra diagnóstico e as associações relacionadas a ela. Ainda realizamos análises provindas da organização do texto na revista, uso de verbos, dentre outras.

Alguns sinônimos são utilizados para referenciar o TDAH. São eles: hiperatividade, transtorno e problema, encontrados na primeira reportagem; doença, na segunda. Analisando as relações estabelecidas a respeito do TDAH e seus sinônimos na reportagem número um, tem-se que o transtorno é conhecido como hiperatividade e atinge de "3 a 6%

das crianças em idade escolar" (Bibiano, 2010, parag.1)[13]. Muitas vezes "o transtorno não se confirma" (Bibiano, 2010, parag.3); porém, quando realmente se trata do problema "são três os sintomas principais: agitação, dificuldade de atenção e hiperatividade" (Bibiano, 2010, parag.1); ele é definido por esses e mais "uma lista de sintomas" (Bibiano, 2010, parag.3).

Por outro lado, o texto adverte que inquietação não indica o problema, estando ela mais relacionada à dinâmica da escola. Também aponta que agitação sozinha também não constitui hiperatividade. Além disso, estar agitado e com pouca atenção algumas vezes não pode ser considerado TDAH, pois quando de fato existe o transtorno os sintomas são permanentes e sua gravidade chega a prejudicar a qualidade de vida e as relações do sujeito. Desse modo, o sujeito fica isolado e não conversa. Porém, alerta, muitas vezes o TDAH pode não ser tão prejudicial. Constata-se aqui uma incoerência, uma vez que, para o diagnóstico, é necessário que o transtorno seja limitador e de alta gravidade; porém, em seguida, o autor afirma no texto que o mesmo transtorno pode não causar tanto prejuízo. Acreditamos que essa incoerência pode estar presente não só nesse texto, mas também em nossa realidade, pois tal confusão justificaria a quantidade de diagnósticos, aparentemente nem sempre pautados nas mesmas considerações. O questionário utilizado para diagnosticar, demasiado subjetivo, daria margem para isso, além do fato desse instrumento ser considerado insuficiente para o diagnóstico (Vasconcelos; *et al.*, 2003).

O sujeito que sofre com o transtorno, segundo a reportagem, possui uma "energia típica" (Bibiano, 2010, parag.6) que pode ser canalizada para algumas tarefas. Assim, algumas recomendações são feitas ao professor:

– "Quando o estudante está hiperativo, manter o tom de voz num nível normal e tentar estabelecer um diálogo é a melhor alternativa". (Bibiano, 2010, parag.5);

– "Adaptar algumas tarefas ajuda a amenizar os efeitos mais prejudiciais do transtorno." (Bibiano, 2010, parag.6);

– "Deixar alunos com TDAH próximos a janelas pode prejudicá-los". (Bibiano, 2010, parag.6).

13 Por tratar-se de texto da internet, as reportagens não possuem paginação. Por esse motivo, optou-se por localizar as citações diretas por meio de numeração dos parágrafos.

O autor assinala também que: "Não é por causa do transtorno que professores e pais devem pegar leve com a criança e deixar de estabelecer limites." (Bibiano, 2010, parag.5).

Na segunda reportagem, há apenas que o TDAH é uma doença que atinge de "8 a 12% de crianças no mundo" (Ferreira, 2013, parag.2). Nela, critica-se o uso de remédios dizendo que "não é possível tratar uma doença cujos sintomas são comportamentais somente com um remédio" (Ferreira, 2013, parag.7) e que "o TDAH virou justificativa para o fracasso escolar" (Ferreira, 2013, parag.2).

Para conhecer a incidência, nas duas reportagens, de discursos que se referem a tratamentos de dificuldades da aprendizagem como questões de saúde, foram localizadas as palavras-chave medicação, medicalização, medicamento, metilfenidato e Ritalina. Na primeira reportagem encontra-se que "estimulantes a base de metilfenidato são os mais prescritos" (Bibiano, 2010, parag.4). Tal medicamento "auxilia na concentração e no controle da impulsividade" (parag.4). Diz ainda que "o medicamento não cura, ajuda a controlar sintomas" (parag.4), podendo causar efeitos colaterais e só pode ser vendido com receita médica. Essa reportagem também traz uma conceituação de medicalização: "a ideia de tratar com remédios todo tipo de problema de sala de aula" (parag.4).

Na segunda reportagem, é dito sobre o medicamento que o metilfenidato é o princípio ativo dos remédios Ritalina, Concerta e Ritalina LA, cujo consumo aumentou em 73,5% (Ferreira, 2013). Aponta-se que essa substância é muito utilizada no tratamento do TDAH.

Assumindo uma postura mais crítica, essa segunda reportagem trata o uso desses medicamentos como medicalização e adverte: "a medicalização é uma opção custosa e arriscada" (Ferreira, 2013, parag.3). Cita alguns efeitos colaterais do uso do medicamento e ainda defende que "o remédio deve ser a última alternativa" (parag.3), sendo que "sua indicação deve ser feita de maneira cuidadosa" (parag.3). Além disso, defende que "o medicamento deve funcionar como adjuvante (auxiliar) no estabelecimento do equilíbrio comportamental do indivíduo" (parag.7) e não como terapia única, pois, segundo a reportagem: "usar a medicação como única ferramenta para solucionar dificuldades de comportamento e/ou aprendizagem é tratar questões comportamentais como algo exclusivamente biológico" (parag.7).

A mesma reportagem também aponta que "recorrer à farmácia pode parecer a solução mais simples" (parag.3) e que "docentes e pais se satisfazem com o diagnóstico" (parag.2) vendo "no remédio o único meio para controlar um 'aluno-problema'" (parag.2). Porém, ressalta que "mais do que uma intervenção medicamentosa, o que falta é descobrir os melhores caminhos para ensinar" (parag.7). Lembrando que "se tornou rotina tratar com remédio problemas que não são necessariamente de saúde" (parag.2), afirma que "remediar os efeitos significa, neste caso, encarregar a Medicina de responder onde o ensino fracassou" (parag.8) e que "em vez de medicalizar o ensino, é preciso solucionar seus problemas" (parag.9). Ao responsabilizar a escola pelo problema, traz dados da Anvisa que afirmam que "o consumo de medicamentos caiu nos períodos de férias escolares" (parag.2), indicando, desse modo, uma relação entre a escola e a suposta hiperatividade.

Quanto ao diagnóstico do TDAH, a primeira reportagem indica que é necessário o "respaldo médico" (Bibiano, 2010, parag.1). Aponta que não existe exame físico e que a "investigação costuma ser bem detalhada" (parag.3). A segunda reportagem mostra o papel do professor como o de alguém que é orientado pela escola e se torna o responsável pela análise inicial. Aponta que não há exame clínico, sendo a avaliação feita por questionários. Porém, "os questionários não fornecem um diagnóstico, apenas apontam a presença ou não de alguns sintomas" (Ferreira, 2013, parag.5). Ao invés de apontar, tal como foi feito na primeira reportagem, que a avaliação *costuma* ser detalhada, indicando implicitamente que às vezes ela não o é de fato, nessa afirma-se: "Para dizer que uma criança tem TDAH é preciso saber quando os sintomas surgiram, se ela tem outros problemas psicológicos, se as reações se manifestam pelo menos em dois contextos e se realmente tem causado dano a ela" (parag.5).

Entendida a forma como as reportagens tratam o TDAH, a medicalização infantil e o diagnóstico envolvido passamos agora a algumas outras descrições provindas de outras análises dos textos. A imagem que introduz a primeira reportagem traz uma receita médica com indicações de como proceder na aula. Ao nosso entender, é o discurso da autoridade, o discurso médico já presente na Educação se mostrando também na revista, reafirmando a relação entre a Educação e a Medicina apontada por Moysés (2008), Guarido (2006), Meira (2012) e Zucoloto (2007), entre outros.

Essa reportagem inicia-se dizendo de uma estatística que à primeira vista soa alarmante: a quantidade de crianças e jovens que sofrem TDAH. O comentário gera a expectativa de que haverá um questionamento a esse respeito o que parece se confirmar quando se inicia uma pergunta: "então numa turma com 30 alunos sempre haverá um ou dois que precisam de remédio?" (Bibiano, 2010, parag.1). Com a resposta: "Não. Na maioria das vezes, o acompanhamento psicológico é suficiente" (parag.1), percebe-se, porém, que o questionamento é outro, limitando-se tão somente ao uso do medicamento. Conclui-se, portanto, que, embora considere o número alarmante, a reportagem não nega nem questiona a quantidade de diagnósticos de TDAH.

Embora a reportagem busque apontar a responsabilidade da escola e dos professores na disseminação do TDAH, não se coloca essa como sendo sua opinião, resguardando-se ao afirmar que essa é a opinião dos especialistas. Assim, quando Bibiano (2010) aponta a inquietação do aluno como possivelmente associada à escola, essa fala é colocada como vinda de um especialista em Neuropsicologia infantil da Unifesp. O mesmo ocorre quando aponta que a escola é responsável pela maior parte dos encaminhamentos que, em sua maioria, não confirmam a ocorrência do diagnóstico. As críticas relativas ao aumento do uso de medicamento são também colocadas como falas dos especialistas, assim como as recomendações de ações para a escola. Desse modo, utiliza-se o discurso da autoridade externa para responsabilizar os profissionais e chamar a atenção deles.

Quando se trata de um problema pessoal ou familiar, a reportagem o trata como pré-determinado, como na escrita: "as causas SÃO emocionais" (Bibiano, 2010, parag.2). Porém quando se refere à escola ou ao profissional da Educação diz-se de uma possibilidade: "o problema PODE ter raízes na própria aula" (Bibiano, 2010, parag.2). Essa parece mais uma vez uma tentativa de se resguardar, já que a reportagem traz várias indicações de que a escola pode estar envolvida no problema se não for ela a própria causa. Mas isso não é dito de forma direta e clara, mas apenas, por meio de meandros verbais, dando espaço a suposições do leitor. Permanecem na reportagem a reprodução do senso comum e a opinião bastante presente no meio educativo segundo a qual os problemas de aprendizagem da criança têm causa na família ou na própria criança.

Na segunda reportagem, de Ferreira (2013), percebe-se o uso de defesas contra ações da indústria farmacêutica. Com o mesmo expediente da primeira reportagem que utilizou as falas de especialistas para apontar falhas na escola, na segunda, são os especialistas que apontam os problemas da medicação. Assim, recorre-se à Anvisa e à própria bula do metilfenidato para indicar efeitos danosos de seu uso. Desse modo, o texto é escrito com muita fundamentação para uma possível defesa jurídica, sendo que até mesmo a autoria do repórter é colocada de forma indireta, utilizando-se do termo "com apuração de", diferentemente do que ocorre na primeira reportagem, na qual aparece apenas o nome da jornalista, indicando sua autoria.

Os verbos utilizados nessa segunda reportagem também chamaram a nossa atenção por duas vezes. Em um primeiro momento, é dito que o aumento do uso de metilfenidato *deveria* alarmar o país. Implicitamente, pode-se concluir que não alarma, embora devesse. Quanto ao diagnóstico, esse *virou* justificativa para o fracasso escolar. Portanto, entende-se que ele não é uma justificativa ou ao menos não era. Lembramos que já havíamos chamado a atenção, na primeira reportagem, para a fala de que o diagnóstico *costuma* ser detalhado, o que sugere implicitamente que algumas vezes não o é.

Embora a segunda reportagem teça duras críticas à escola e aos professores, ao final ela acaba por culpar a família e o aluno pelas dificuldades de aprendizagem, assim como na primeira reportagem, dizendo que eles deveriam assumir sua parcela de responsabilidade, persistindo na culpabilização do indivíduo (Collares & Moysés, 1994; Asbahr & Lopes, 2006). Com isso, o teor crítico da reportagem, muito voltada ao julgamento dos processos de ensino-aprendizagem e das relações escolares, é bastante amenizado.

Considerações finais

Pela análise das reportagens sobre o tema, pode-se perceber que o discurso divulgado na revista *Nova Escola* acerca do TDAH e da medicalização sofreu mudança de 2010 para 2013, ano em que passou a falar de medicalização ao invés de medicação, conceito que Bibiano (2010, parag.4) definiu em 2010: "a ideia de tratar com remédios todo tipo de problema de sala de aula". Na segunda reportagem, em 2013, toma-se uma posição de crítica mais efetiva que na primeira, assumindo e apontando claramente a responsabilidade da escola na disseminação do TDAH. Duras críticas são feitas também ao uso da medicação. A nosso ver, esse fato indica uma evolução e um compromisso com uma perspectiva mais crítica à biologização da Educação. Há inclusive uma censura ao discurso médico dominante na Educação, como se vê em comentário que se segue a uma citação da psicanalista Maud Mannoni:

> Maud Mannoni (1923-1998) já afirmava que: "Em vez de revolucionar o ensino e sua estrutura, o Ocidente prefere, pelo contrário, remediar os efeitos das anomalias geradas por um ensino inadequado à nossa época. Remediar os efeitos significa, neste caso, encarregar a Medicina de responder onde o ensino fracassou". A fala não poderia ser mais atual. O que se vê, em alguns casos, é docente abrindo mão do seu papel de especialista em Educação e pedindo que a área médica lhe diga o que fazer, como se ele e a escola fossem incapazes de garantir a aprendizagem. (Ferreira, 2013, parag.8).

Para finalizar, apontamos mais uma vez o número reduzido de publicações, na revista *Nova Escola*, acerca do TDAH e da medicalização infantil, problemas sérios e cujas estatísticas são, de fato, alarmantes. Ressaltamos ainda que uma das reportagens foi pedida pelos leitores, o que indica que existe uma busca por parte dos educadores voltada à compreensão desse fenômeno. Cabe às instituições formadoras e aos veículos de comunicação, como a revista que teve duas de suas reportagens analisadas, perceber essa necessidade de informação e debate, já comunicada pelos próprios profissionais da Educação, e responder a ela.

Referências

ALVES, P. M. Saberes médicos e remédios para educar: uma análise crítica sobre a medicalização do ensino. **Revista Lentes Pedagógicas**, v. 1, n. 2, p. 84-101, 2011.

ANVISA. **Estudo aponta crescimento no consumo de metilfenidato**. Disponível em: <http://portal.anvisa.gov.br/wps/content/anvisa+portal/anvisa/sala+de+imprensa/menu++noticias+anos/2013+noticias/estudo+aponta++tendencia+de+crescimento+no+consumo+de+metilfenidato>. Acesso em: 28 fev. 2014.

ASBAHR, F. D. S. F.; LOPES, J. S. A culpa É SUA. **Psicologia USP**, v. 17, n. 1, p. 53-73, 2006. Disponível em: <http://dx.doi.org/10.1590/S0103-65642006000100005 >. Acesso em: 25 jul. 2018.

AZZI, G. R.; SILVA, S. H. S. A importância de um novo olhar do professor para os alunos – Um primeiro passo na busca de melhores resultados no processo ensino aprendizagem. In: F. F. SISTO (org.). **Leituras de psicologia para formação de professores**. Petrópolis: Vozes, 2000. p. 135-147.

BASSANI, E.; NASCIMENTO, C. M. V.; PINEL, H.; PEREIRA, S. C. L. O fracasso escolar em uma escola municipal de Vitória: a patologização dos problemas escolares. Simpósio Brasileiro, 25 e Congresso Ibero-Americano de Política e Administração da Educação, 2., 2011, São Paulo. **Anais**... São Paulo: ANPAE, 2011. Disponível em: <http://www.anpae.org.br/simposio2011/cdrom2011/PDFs/trabalhosCompletos/comunicacoesRelatos/0170.pdf>. Acesso em: 2 mar. 2014.

BIBIANO, B. O que é o Transtorno de Déficit de Atenção com ou sem Hiperatividade (TDAH). **Revista Nova Escola**, *2010*. Disponível em: <http://revistaescola.abril.com.br/formacao/transtorno-deficit-atencao-com-sem-hiperatividade-tdah-546797.shtml>. Acesso em: 11 jun. 2014.

BUENO, S. F. Semicultura e educação: uma análise crítica da revista Nova Escola. **Revista Brasileira de Educação**, v.12, n.35, maio/agosto, 2007. Disponível em: <http://www.scielo.br/pdf/rbedu/v12n35/a10v1235>. Acesso em: 25 jul. 2018.

CALIMAN, L. V. A constituição sócio-médica do 'fato TDAH'. **Psicologia & Sociedade**, v. 21, n.1, p.135-144, 2009. Disponível em: <http://www.scielo.br/pdf/psoc/v21n1/16.pdf>. Acesso em: 25 jul. 2018.

CHARAUDEAU, P. **Discurso das mídias**. São Paulo: Contexto, 2012.

CIASCA, S. M. (2003). **Distúrbios de aprendizagem**: proposta de avaliação interdisciplinar. São Paulo: Casa do Psicólogo, 2003.

COLLARES, C. A. L.; MOYSÉS, M. A. A. Educação ou saúde? Educação X saúde? Educação e saúde. **Caderno CEDES**, v.15, 1985, p. 7-14.

COLLARES, C. A. L.; MOYSÉS, M. A. A. (1994). A transformação do espaço pedagógico em espaço clínico: a patologização da educação. In: ALVES, M.L. (org). **Cultura e saúde na escola**. São Paulo: Fundação para o Desenvolvimento da Educação, 1994, p. 25-31.

DINIZ, M. Os equívocos da infância medicalizada. In: COLÓQUIO DO LEPSIIP/FE USP, FORMAÇÃO DE PROFISSIONAIS E A CRIANÇA-SUJEITO, 7, 2008, São Paulo. Proceedings. Disponível em: <http://

www.proceedings.scielo.br/scielo.php?script=sci_arttext&pid=MS-C0000000032008000100056&lng=en&nrm=abn>. Acesso em: 1 abr. 2014.

EIDT, N.M.; TULESKI, S.C. Discutindo a medicalização brutal em uma sociedade hiperativa. In: MEIRA, M.E.M; FACCI, M.G.D. **Psicologia Histórico-Cultural**: Contribuições para o encontro entre a subjetividade e a educação. São Paulo: Casa do Psicólogo, 2007.

FERREIRA, A.R. Ritalina: a escola esqueceu que é melhor prevenir do que remediar. **Revista Nova Escola**, 2013. Disponível em: <http://revistaescola.abril.com.br/formacao/ritalina-escola-esqueceu-melhor-prevenir-remediar-tdah-752047.shtml>. Acesso em: 11 Jun. 2014.

FINI, L.D.T. Rendimento escolar e psicopedagogia. In: F.F. Sisto, G.C.; Oliveira, L.D.T.; Fini, M.T.C.C. Souza; R.P. Brenelli (Orgs.). **Atuação psicopedagógica e aprendizagem escolar**. Petropólis, RJ: Vozes, 1996. p. 64-77.

GILL, R. Análise de discurso. In: Bauer, M. W.;Gaskell, G. **Pesquisa qualitativa com texto, imagem e som: um manual prático**. Petrópolis: Vozes, 2002. p. 244-270.

GUARIDO, R. A Presença do Discurso Médico na Educação. COLÓQUIO DO LEPSIIP/FE USP, PSICANÁLISE, EDUCAÇÃO E TRANSMISSÃO. São Paulo. **Anais eletrônicos...**, 2006. Disponível em: <http//www. proceedings. scielo. br/scielo. php>. Acesso em: 24 jan. 2014.

GONDRA, J. G. Homo hygienicus: educação, higiene e a reinvenção do homem. **Cadernos Cedes**, v.23, n.59, 2003. p. 25-38.

FEITOSA, F. B., DEL PRETTE, Z. A. P.; MATOS, M. D. Definição e avaliação das dificuldades de aprendizagem (I): Os impasses na operacionalização dos distúrbios de aprendizagem. **Revista de Educação Especial e Reabilitação**, v. 4, n.13, 2006.p. 33-46.

LEAL, M. A. I. **Distúrbios e dificuldades da aprendizagem na aquisição da escrita**: reflexões sobre seu diagnostico na sala de aula. Dissertação (Mestrado em Educação). Unicamp, Campinas, 1991.

LUENGO, F. C.; CONSTANTINO, E. P. A vigilância punitiva: a postura dos educadores no processo de patologização e medicalização da infância. **Revista de Psicologia da UNESP**, v. 8, n.2, 2009. p.122-126.

MACHADO, A. M. A queixa escolar e seus encaminhamentos. **Jornal do Conselho Regional de Psicologia** – *6a região*, **v.**14, n.87, 1994.

MACHADO, M. N. M. Análise do discurso nas ciências da administração. In D. H. HELAL, F. C. GARCIA; L. C. HONÓRIO. **Gestão de pessoas e competência**: teoria e pesquisa. Curitiba: Juruá, 2008. p. 341-368.

MEIRA, M. E. M. Para uma crítica da medicalização na educação. **Psicologia Escolar e Educacional**, v.16, n.1, 2012. p.135-142 Disponível em: <http://www.scielo.br/pdf/pee/v16n1/14.pdf>. Acesso em: 25 jul. 2018

MOYSÉS, M. A. A. A medicalização da educação infantil e no ensino fundamental e as políticas de formação docente: a medicalização do não-aprender-na-escola e a invenção da infância anormal. In: REUNIÃO ANUAL DA ASSOCIAÇÃO NACIONAL DE PÓS-GRADUAÇÃO E PESQUISA EM EDUCAÇÃO (ANPED), 31, 2008, Caxambu. **Anais**... Rio de Janeiro: Editores Associados, 2008. Disponível em: <http://31reuniao.anped.org.br/4sessao_especial/se%20-%2012%20-%20maria%20aparecida%20affonso%20moyses%20-%20participante.pdf>, 2008. Acesso em: 11 mar. 14

ORTEGA, F., BARROS, D., CALIMAN, L., ITABORAHY, C., JUNQUEIRA, L.; FERREIRA, C. P. A Ritalina no Brasil: produções, discursos e práticas. **Interface-Comunicação, Saúde, Educação**, v.14, n.34, 2010. p. 499-510. Disponível em: <http://dx.doi.org/10.1590/S1414-32832010005000003>. Acesso em: 25 jul. 2018.

OSTI, A. **As dificuldades de aprendizagem na concepção do professor**. Dissertação (Mestrado em Educação). Faculdade de Educação, Universidade Estadual de Campinas, Campinas, 2004.

ROCHA, H. H. P. Educação escolar e higienização da infância. **Cadernos Cedes**, v. 23, n.59, 2003. Disponível em: <http://dx.doi.org/10.1590/S0101-32622003000100004>. Acesso em: 25 jul. 2018.

SCORTERGAGNA, P.; LEVANDOWSKI, D. C. Análise dos encaminhamentos de crianças com queixa escolar da rede municipal de ensino de Caxias do Sul. **Interações**, v. 9, n.18 2004. Disponível em: <http://www.redalyc.org/comocitar.oa?id=35401808 >. Acesso em: 25 jul. 2018.

VASCONCELOS, M. M.; WERNER Jr, J.; MALHEIROS, A. F. D. A.; LIMA, D. F. N., SANTOS; I. S. O.; BARBOSA, J. B. Prevalência do transtorno de déficit de atenção/hiperatividade numa escola pública primária. **Arquivos Neuropsiquiatria**, v. 61, n.1, 2003. Disponível em: <http://dx.doi.org/10.1590/S0004-282X2003000100012>. Acesso em: 25 jul. 2018.

WELCH, G, SCHWARTZ, L, WOLOSHIN, S. O que está nos deixando doentes é uma epidemia de diagnósticos. **Jornal do Cremesp** (2/2008). (Artigo publicado no *The New York Times*, em 02/01/2007; tradução de Daniel de Menezes Pereira), 2008. Disponível em: <http://www.cremesp.com.br/?siteAcao=Jornal&id=954>. Recuperado em: 1 abr. 2014.

ZUCOLOTO, P. C. S. D. V. O médico higienista na escola: as origens históricas da medicalização do fracasso escolar. **Revista brasileira de crescimento e desenvolvimento humano,** v.17, n.1 2007. Disponível em: <http://dx.doi.org/10.7322/jhgd.19822>. Acesso em: 25 jul. 2018.

7

O louco e seus predicados

Marília Novais da Mata Machado
Maristela Nascimento Duarte
Mayara Pacheco Coelho
Ivânia Fátima de Carvalho Moura
Fábio Henrique Silva[1]

Introdução

A necessidade de implantação da reforma psiquiátrica vem acompanhada por dificuldades para a nomeação do "louco", nomenclatura aceita, talvez adotada, pela reforma. Mas não há acordo entre as diferentes posições ideológicas que atravessam o campo da saúde mental, quanto às designações. A de "cidadão em sofrimento psíquico" é a proposta, em 2010, da IV Conferência Nacional de Saúde Mental. "Pessoas com transtorno mental" e "usuários do serviço de saúde mental" são formas neutras relativamente bem aceitas. "Assistido" e "doente mental" já extrapolam ligeiramente a correção esperada. Quanto aos usuários de álcool e drogas, ora sim ora não, são vistos como loucos.

As dificuldades léxicas ocorrem também na predicação do louco, justificando a pesquisa aqui apresentada que busca responder à questão: Que predicados qualificam esse sujeito? Entende-se por predicado,

[1] Este trabalho resultou do curso sobre Análise do Discurso ministrado pela primeira autora, em 2013, no programa de pós-graduação em Psicologia da Universidade Federal de São João del-Rei. Maristela Nascimento Duarte, professora doutora da mesma instituição, realizou as gravações e transcrições que formaram o corpus de análise. Mayara Pacheco Coelho, Ivânia Fátima de Carvalho Moura e Fábio Henrique Silva eram mestrandos, na data.

gramaticalmente, "tudo aquilo que se atribui ao sujeito" (Sacconi, 1994, p. 296) ou, linguisticamente, a "parte da sentença que sobra quando se exclui o sujeito" (Trask, 2006, p. 234). Essa divisão sujeito/predicado, de fato, foi proposta pela primeira vez pelo filósofo grego Aristóteles.

Predicado é também definido como:

> Termo [...] tradicionalmente associado com a análise que divide a sentença entre sujeito e predicado (= tudo o que não é sujeito). [...] Na gramática funcional, o termo tem um papel central, pois um predicado é visto como o elemento básico de uma predicação [...]. (Crystal, p. 206-207)

A função de predicar é preenchida por um sintagma verbal, definido em dicionário de linguagem e linguística como:

> Uma unidade da estrutura da sentença formada por um verbo mais os outros elementos que têm estreita ligação com ele. Os gramáticos tradicionais dividem uma sentença típica em duas partes: um sujeito e um predicado. Em nossa elaboração moderna disso, a categoria sintática que funciona como um sujeito é um sintagma nominal, ao passo que a categoria que funciona como predicado é um sintagma verbal. Um sintagma verbal sempre contém um verbo e, normalmente, contém mais coisas, estreitamente ligadas a esse verbo. (Trask, 2006, p. 272).

Entende-se por sujeito nesta pesquisa não apenas aquele definido gramaticalmente – "o ser ao qual se atribui a ideia contida no predicado" ou "o termo representado por substantivo ou expressão substantiva, ao qual, no sintagma oracional se atribui um predicado" (Sacconi, 1994, p. 288) –, mas também a pessoa, o indivíduo, "alguém que é simultaneamente observador dos outros e observado por eles" (Roudinesco; Plon, 1998, p. 742).

Uma teorização da predicação é encontrada na Filosofia Analítica de Searle (1981), para quem falar uma língua "é executar atos de fala, atos como fazer afirmações, dar ordens, fazer perguntas, fazer promessas, etc., e, num domínio mais abstrato, atos como referir e predicar" (p. 26); falar uma língua é, ainda, "adotar uma forma de comportamento regido por regras. De um modo mais conciso, falar é executar atos de acordo com certas regras" (p. 33).

De fato, Searle (1981) deu continuidade ao trabalho de Austin (1990), o filósofo formulador da Teoria dos Atos de Fala, pesquisador das regras de uso da linguagem, observador do contexto sociocultural das trocas verbais intersubjetivas e, sobretudo, investigador de expressões que, por meio de verbos que ele designou performativos, realizam atos: eu prometo, eu lhe felicito, eu peço, eu ordeno, eu agradeço, eu o cumprimento, eu afirmo, eu lhe aconselho, eu o advirto, eu certifico, eu juro, eu aposto, eu o abençoo, eu lhe dou, eu lhe empresto[2].

Além desses performativos explícitos, Austin reconheceu também a existência de performativos implícitos, capazes de realizarem atos prescindindo do emprego do pronome "eu". Por exemplo, pode-se dizer "obrigado" no lugar de "eu lhe agradeço". Os performativos implícitos foram estudados por Searle (1981), que se dedicou especialmente aos seguintes atos ilocucionários: pedir, asseverar, declarar (que), afirmar, perguntar, agradecer, aconselhar, avisar, cumprimentar, congratular (p. 88-90).

Embora sem marca linguística própria, os performativos implícitos permitem a realização de ações, isto é, eles têm força ilocucionária (ou ilocutória), noção desenvolvida na teoria da predicação. Com efeito, para Searle (1981), uma predicação nunca é neutra, mas aparece sempre sob uma determinada forma, seja ela uma interrogação, uma resposta afirmativa ou negativa, uma promessa, uma ordem, uma advertência ou outra. O conteúdo de uma ordem ou de uma interrogação pode ser o mesmo, mas a força ilocucionária, nesses casos, é diferente. Portanto, a predicação não é um ato isolado, mas parte do ato ilocucionário.

Retomando as teorias formuladas por Austin e Searle, Maingueneau (1998, p. 16) lembra que há dois componentes no ato de fala: o conteúdo proposicional e a força ilocucionária. Assim, a fala *Alguns pacientes estão internados até hoje?* e a fala *Alguns pacientes estão internados até hoje* têm o mesmo conteúdo proposicional, mas não a mesma força ilocucionária. A primeira é uma pergunta e a segunda uma afirmação. O verbo ou a modalidade da frase (pergunta ou afirmação) marcam a força ilocucionária que, contudo, é reconhecida apenas pelo contexto em que a proposição ocorre e pelas modificações que provoca.

As noções de *ato de fala*, *performativo implícito* e *força ilocucionária* são importantes para se apreender a teorização searleana da predicação, ato

[2] Exemplos retirados de Machado (2002).

que "jamais se apresenta sob forma neutra, mas sempre sob um determinado modo ilocucionário, seja ele qual for" (Searle, 1981, p. 164). É igualmente importante a noção de *ato ilocucionário total* que retoma a distinção entre o conteúdo e a função de um ato de fala, para afirmar que "o conteúdo é a proposição; a função é a força ilocucionária com a qual a proposição é apresentada" (p. 167-168). Para Searle:

> A distinção entre sujeito e predicado é uma distinção de função. O sujeito serve para identificar um objeto; o predicado, se o ato ilocucionário total for um ato de descrever ou de caracterizar, serve para descrever ou caracterizar o objeto que foi identificado (1981, p. 159)
>
> A predicação fornece apenas um conteúdo e o papel no qual esse conteúdo é apresentado é inteiramente determinado (pelo menos nos tipos de atos de fala simples que examinamos) pela força ilocucionária da enunciação. (1981, p.168)

Na pesquisa, como já está claro, o sujeito tratado é o louco. São buscadas as diferentes nomenclaturas sob as quais o louco surge no corpus analisado – usuário, paciente, doente mental, entre outras –, assim como suas endóforas, isto é, as retomadas desses mesmos termos por outros como "as pessoas", "eles", "aqueles". O predicado é tudo aquilo que descreve, caracteriza e qualifica esse sujeito.

Evidentemente, o contexto de produção dos discursos analisados é fundamental, como já se ressaltou na apresentação da teoria searleana da predicação. A pesquisa não se situa em qualquer lugar, mas em uma cidade mineira que abrigou um dos hospícios que mais degradou seus loucos, foi foco importante da luta antimanicomial e da reforma psiquiátrica e, hoje, implanta conscienciosamente formas alternativas de acolhimento, atenção, atendimento e resgate do louco. Nessa cidade, foram recolhidas as falas de profissionais da saúde mental e de autoridades e se perguntou: como eles nomeiam o louco? Como o predicam? Que regras operam quando eles designam e predicam o louco?

Para a análise desses discursos, partiu-se da hipótese de que é importante considerar a formação discursiva local, ou seja, as diferentes determinações históricas, políticas, culturais, sociais, linguísticas e econômicas que incidem sobre o que é dito, repetido e sugerido, por quem e como. Assim, iniciou-se a parte de apresentação da pesquisa propriamente dita com as informações de contexto: uma revisão rápida da história da cidade e de sua relação com a loucura[3]. Em seguida, foram detalhados os procedimentos metodológicos empregados, apresentadas e discutidas as designações e predicações do louco encontradas e as conclusões a que se chegou.

A formação discursiva local

A cidade em que a pesquisa se situou tem suas raízes no final do séc. XVII. Na capitania de São Paulo e Minas Gerais, ainda durante a expansão da atividade mineradora, um povoamento indígena situado no entroncamento dos dois principais caminhos que levavam às minas se transformou em arraial e ponto importante para pouso e abastecimento de viajantes. Um século após, antes que as reservas auríferas se esgotassem, o povoado, já com a população aumentada, tornou-se vila e entreposto comercial de tropeiros e outros passantes, sede de sesmarias e centro de decisões políticas que afetavam o império. Desde esse momento, dividindo postos militares, títulos de nobreza, posições elevadas executivas e legislativas, duas famílias se alternavam na política local.

Com a proclamação da república, a vila aspirou ser capital do Estado, posição que perdeu para Belo Horizonte, situada a cerca de 170 quilômetros de distância. Consta que, como prêmio de consolação, ganhou o primeiro hospício do Estado de Minas Gerais. Com efeito, desde 1870, não longe do centro da vila, em edificações elegantes construídas numa antiga sesmaria, funcionava a Companhia Sanatório para tratamento de tuberculosos abastados, usufruindo o clima ameno, o charme e a riqueza local. O sanatório era servido por uma estação ferroviária. Em 1900, esse espaço incluiu um anexo, a Assistência aos Alienados. Em 1903, sob administração pública, após falência do sanatório, foi transformado em hospício-modelo que se valia de terapêuticas atualizadas, desenvolvidas, sobretudo, na Europa.

Não foi modelo por muito tempo: em 1905 surgiram as primeiras reclamações de maus-tratos dos loucos e indigentes que o povoaram. Logo as 270 vagas já não eram suficientes. No vagão ferroviário – prontamente apelidado "trem de louco" – chegava gente de todo o

[3] Utilizaram-se, para tanto, as seguintes referências: Duarte (1996; 2009); Duarte e Passos (2009); Passos (2009); Passos, Barboza e Souza (2009).

Estado e mesmo de fora de Minas Gerais: "Os loucos viajavam imobilizados, de mãos e/ou pés atados por tiras de panos fortes, ou envoltos pelo *manchón* – conhecido também por camisa de força ou colete. Após a viagem, desciam na estação e seguiam para o Hospital." (Duarte; Passos, 2009, p. 131).

Em 1913 e 1914, o número de mortes de internos, respectivamente 136 óbitos para 593 internamentos e 115 para 579, foi motivo de preocupação. Ao mesmo tempo, surgiram na cidade os primeiros estabelecimentos psiquiátricos privados, reconhecidos por adotarem as práticas terapêuticas mais atualizadas. Atendiam a uma clientela mais rica e logo se tornaram importante fonte de renda e de empregos.

Em 1924, a superlotação do hospital psiquiátrico já era crítica, mais que o dobro do número de vagas. A instituição funcionava como uma clausura para indesejáveis sociais e como um depósito de pacientes crônicos. A alcunha de "cidade dos loucos", nada apreciada pelos moradores, ganhou destaque inclusive devido à criação, em 1929, do Manicômio Judiciário, na área central. Paralelamente, as práticas terapêuticas – isolamento, camisa-de-força (*manchón*), eletrochoque, ducha escocesa, lobotomia –, embora estivessem em voga na época, tornaram-se cada vez mais agressivas e punitivas (Duarte, 1996; 2009). A laborterapia era uma espécie de trabalho escravo: os loucos, a serviço da prefeitura, arrancavam o mato entre os paralelepípedos na rua, plantavam hortas públicas ou privadas e participavam das colheitas.

Em 1930, os dois clãs familiares que dominavam (e ainda dominam) a cidade entraram em discordância, o que repercutiu inclusive no funcionamento do hospital psiquiátrico público e nas clínicas privadas: os gestores e funcionários das instituições, fiéis às suas indicações político-familiares, se dividiram em facções opostas e independentes de filiações partidárias. Assim, é possível que o rompimento entre os clãs explique também alguns problemas de superlotação e maus-tratos observados, já nessa época, nas clínicas psiquiátricas (Passos, 2009, p.111) que dependiam de convênios firmados com o Estado. Quando as reivindicações de melhoria da situação dos loucos chegavam aos ouvidos do governador do Estado, a resposta vinha em forma de verbas para construção no hospital psiquiátrico de novos pavilhões que brevemente também se tornavam superlotados e para contratação de médicos que logo acumulavam atendimentos públicos e privados.

Uma vez, em 1941, os loucos desceram do trem não na estação do sanatório, mas na estação central. População e mídia, num misto de horror e compaixão diante daquelas figuras esquálidas, tremendo de frio, caminhando penosamente rumo ao hospício, protestaram: a visão terrível seria desnecessária, argumentavam, e atrapalharia o turismo (Duarte; Passos, 2009). No imaginário social, ainda parcialmente persistente, o louco era sempre alguém de fora, não da própria cidade que por ele não se responsabilizava. Nessa qualidade, ele não deveria ser visto pelos moradores nem pelos visitantes.

Porém, ainda nas décadas de 1960 e 1970, desde que invisíveis, eles eram uma necessidade para a cidade, pois os convênios firmados com o poder público eram um bom negócio. A assistência psiquiátrica se articulava com a economia local, pois os atendimentos em saúde mental correspondiam a numerosos empregos, diretos e indiretos. Ela articulava-se também com a política local e seus clãs parentais – não foi à toa que os diretores de hospital foram também vereadores, vice-prefeitos e prefeitos. A capacidade de distribuir cargos nas diferentes instituições psiquiátricas fortalecia os clãs, gerava renda para o município e mantinha o ciclo clientelista de trocas de favores em que apoio político redundava em proteção e vice-versa.

Dois eventos simultâneos amorteceram a repetição do ciclo: o fortalecimento de outra fonte de renda local, a floricultura organizada em cooperativa, que veio com a denominação benquista pelo município de "cidade das rosas", e as primeiras denúncias, na mídia estadual e nacional, sobre as condições extremamente precárias do hospital psiquiátrico.

As pesquisas de Duarte (1996; 2009) e Passos (2009) descrevem a situação antes da reforma: internos sem roupa, famintos e sujos; mais de 100 óbitos mensais; venda de cadáveres de internos indigentes a diversas faculdades de Medicina; manutenção da superlotação com a chegada constante de pacientes de diferentes cidades mineiras, internados graças a pedidos de deputados, médicos, psicólogos, prefeitos e policiais militares. Contudo, essas primeiras denúncias foram recebidas com menosprezo na cidade e interpretadas como reflexo de paixões partidárias.

Para que as coisas começassem a mudar, foi necessário o III Congresso Mineiro de Psiquiatria, em 1979, com a participação de Franco Basaglia e Robert Castel: o primeiro, médico italiano que teve papel central na reforma psiquiátrica de seu país e o segundo, sociólogo francês estudioso crítico do saber/poder psiquiátrico. Em visita ao hospital psiquiátrico da cidade, Basaglia comparou a instituição a um campo de concentração. Simultaneamente, o cineasta Helvécio Ratton documentou em filme a degradação do hospital. A mídia estadual e nacional acompanhou de perto esses acontecimentos. Segundo Passos, Barboza e Souza (2009, p. 138): "Noticiários da imprensa sobre os manicômios do país tiveram um papel fundamental para o desencadeamento da reforma psiquiátrica, ao denunciarem os abusos cometidos pelos serviços de saúde mental no emprego das práticas terapêuticas".

Mesmo em 1979, a imprensa local silenciou. Segundo Passos, Barboza e Souza (2009, p. 138): "Não havendo mais como 'tampar o sol com a peneira', o silêncio talvez fosse a única resposta possível, diante de uma situação totalmente insustentável". Com efeito, na cidade, incluindo os funcionários do hospital psiquiátrico (ou, sobretudo, com eles), "a convivência cotidiana com aquela realidade produzia certo deslocamento ou inversão de sentido. As pessoas tendiam a atribuir à própria condição de loucos os horrores existentes no hospital como, por exemplo, dormirem e andarem nus, comerem sem talheres, serem colocados em camisas de força, em celas de isolamento, etc." (p. 158).

Contudo, apesar dos entraves na cidade, incluindo as disputas políticas, a reforma foi implantada e os serviços foram reestruturados. Passos (2009), referindo-se a 2004, aponta ainda atritos entre a administração estadual e a municipal, a precária articulação entre a atenção básica e a saúde mental, a dominação do discurso psiquiátrico na comunidade. Mas os serviços substitutivos já funcionavam: o Centro de Atenção Psicossocial – CAPS II – se encarregava das avaliações e encaminhamento para internação, havia o hospital-dia álcool e droga, havia atendimento para as emergências psiquiátricas noturnas, além de centro de convivência, módulos residenciais e oficinas terapêuticas e de trabalho.

Em 2013, nesta pesquisa, constatou-se o acréscimo dos seguintes serviços: ambulatório de saúde mental, CAPS III AD 24 horas, outros centros de convivência e mais 28 módulos residenciais, consultório de rua e escola de redução de danos. No cofre público da localidade, havia verba empenhada para implantar e equipar unidades de acolhimento infanto-juvenil e leitos clínicos no hospital geral para usuários de álcool e outras drogas.

O método

O corpus desta pesquisa foi formado por (a) transcrições de falas de trabalhadores de saúde mental e de autoridades durante a inauguração de um Centro de Atenção Psicossocial (CAPS) na cidade; (b) texto de uma palestra escrita previamente e lida durante o mesmo evento; (c) transcrições de duas entrevistas, uma com K., funcionária de uma fundação hospitalar de Minas Gerais e outra com U., enfermeiro de equipe de saúde.

Esse material foi lido cuidadosamente, repetidas vezes, em equipe e individualmente. Destacaram-se as incidências de aparecimento das diferentes designações à loucura. Para analisar as predicações foram feitas transformações nas proposições, simplificando-as sem reduzi-las. Buscou-se distinguir claramente o sujeito (o louco e suas respectivas endóforas) e o predicado.

Adotou-se a seguinte notação para as proposições geradas na análise:

- No caso de apenas um sintagma verbal: Sujeito [predicado]. Por exemplo: *Pacientes [eram de longa permanência].*
- No caso de mais de um sintagma verbal: Sujeito [[sintagma verbal 1] [e sintagma verbal 2]]. Por exemplo: *Alguns pacientes de longa permanência [[receberam alta] e [foram encaminhados para Residências Terapêuticas]].*

Para se chegar às proposições simples, leu-se e analisou-se o corpus e elas foram construídas buscando-se guardar não apenas o conteúdo presente nas falas e escritas, como também a função (ou força ilocucionária) da proposição (indagações, afirmações, etc.). Por exemplo, a partir da observação de um fragmento de discurso como o que se segue, foram extraídos sujeitos e predicados mais prontamente compreensíveis a um olhar leitor:

> É, como eu disse é uma longa história, mas no início o hospital tava tendo um bom atendimento, e até por influência do J. D., o Dr. J. D. foi o primeiro diretor do hospital, ele, ele, consta que ele tinha toda uma dedicação e uma, uma vontade de fato que o hospital pudesse acolher aqueles doentes que estavam abandonados, é, pelas famílias, ou que não tinham atendimento adequado, então, de fato assim ser um lugar para o tratamento dos portadores de transtorno mental, tá?

Nesse fragmento considerou-se que o sintagma nominal "aqueles doentes" é uma referência ao louco, cuja predicação desejava-se conhecer. As seguintes proposições mostram as predicações presentes:

1. Aqueles doentes [estavam abandonados pelas famílias].
2. Aqueles doentes [não tinham tratamento adequado].
3. Aqueles doentes [eram portadores de doença mental].

Uma única proposição dá conta da predicação àqueles doentes que inclui três sintagmas verbais: "Aqueles doentes [[estavam abandonados pelas famílias,] [não tinham tratamento adequado] [e eram portadores de doença mental]]".

A análise consistiu basicamente em realizar essas transformações, sempre percorrendo o corpus, detectando as diferentes menções ao louco, tomando-as como sintagmas nominais ou sujeitos das proposições predicativas do louco que se gerava. Trabalhou-se sobre essas proposições, sem retirá-las do contexto em que foram produzidas, a fim de responder às questões desta pesquisa.

Resultados: as predicações da loucura

No material pesquisado, variando em gênero, número e frequência relativa, os sujeitos (ou sintagmas nominais) que designaram o louco foram: agudo, alcoólatra, algum, algum deles, algum indivíduo, andarilho, aquela pessoa, aquele doente, cara, certo produto social, clientela, degredado marginal, dependente químico, doente clássico, doente mental, doente da Fhemig, ele, essa pessoa, ex-paciente, homossexual, indesejável, indivíduo, internado para tratamento em hospitais psiquiátricos, interno, louco, mãe solteira, muitos, paciente (crônico, externo, morador, etc.), pessoa, pessoa em crise, portador de sofrimento mental, sujeito e usuário. Embora raras, houve também ocorrências de sintagmas nominais coletivos que incluem o falante e o louco (a gente, nós).

Quanto aos predicados (ou sintagmas verbais), eles são apresentados a seguir, obedecendo-se a notação adotada nesta pesquisa. Introduziramse, nessa exposição, alguns comentários, com a finalidade de contextualizar e descrever as falas. Buscou-se conservar não apenas a proposição, mas também a força ilocucionária da predicação, isto é, o fato de se tratar de uma afirmação, uma negação, uma interrogação, uma advertência ou outro ato de fala. Subtítulos ajudam a classificar de alguma forma os predicados que foram encontrados: a presença do passado, a transição, o tempo presente, olhar do futuro, questionamentos e contradições, o profissional e a autoridade.

A presença do passado

K., pedagoga e funcionária da fundação hospitalar, entrevistada para a pesquisa, repassa a história do hospital psiquiátrico, recorrendo inclusive a lembranças de infância na cidade. Segundo ela, quando ele foi inaugurado: "A clientela [[que vinha] [era de fato atendida nos primeiros 30 anos]]"; "Aquelas pessoas [recebiam tratamento digno e correto nos primeiros anos]".

Porém, em conformidade com as informações históricas apresentadas acima, K. diz:

> Pessoas [[que eram deficientes] [e que estavam fora do padrão definido pela família ou pela sociedade] [vinham para o hospital]].
>
> Andarilhos, alcoólatras, homossexuais e mães solteiras [vinham].
>
> Muitos doentes mentais e muito indesejáveis [passaram a ser recebidos na cidade].
>
> Os loucos [vinham [para se tratarem na cidade], [vinham de fora]].

B., psicólogo, profissional de saúde mental, falando para uma plateia durante a inauguração de um novo serviço de saúde, igualmente revisita o cuidado oferecido à loucura no passado. A *vol d'oiseau*, ele percorre a Europa setecentista, o Brasil dos anos anteriores à ditadura militar e a cidade do momento que antecedeu a reforma psiquiátrica. Na medida em que avança no tempo, as designações do louco e suas predicações, condizendo com a época a que ele se refere, se transformam. As proposições geradas a partir de sua fala mostram atos de palavra que adquirem força ilocucionária: B. interroga a plateia, provoca-a, faz com que seus ouvintes reconsiderem suas respectivas posições e predicações do louco:

> Degredados marginais [, na Modernidade, segundo Foucault, ainda [são condenados a muros e grades], [são isolados à margem e além da margem]].

> Certos produtos sociais [[, já denunciados por Foucault], [eram vigiados, em 1964, no Brasil, em 75 instituições manicomiais e, no período da ditadura militar, em mais de 450 instituições psiquiátricas]].
>
> Mais de 60 mil internados para tratamento em hospitais psiquiátricos da cidade [chegaram a óbito, entre 1930 e 1980, dentro das instituições].
>
> Esses internos [eram pessoas [que enfrentaram o pesadelo]]. Eles [eram doentes, loucas, alcoólatras, mendigos, familiares indesejáveis, mães solteiras, marginais]?
>
> Essas pessoas [estavam condenadas até o último dia de suas vidas por crimes [que não cometeram] [e, ainda hoje, estão privadas da palavra, do conhecimento, dos direitos civis, da possibilidade [de tomarem decisões] [como ter um filho], [estudar] [ou trabalhar]]]?
>
> Elas [sofrem, à margem da sociedade (e além da margem) a repulsa da sociedade].
>
> Essa pessoa [[tem algo de profundamente irracional e doentio em sua condição humana] [ou pode apenas parecer perturbada, agitada, estranha, repelente, ofensiva, marginal, louca, drogada]]?

B. relembra à plateia que o ouve: "Usuários [estão em um lugar [onde degradação humana estava em seu limite]]". Cita um caso:

> Um senhor de 85 anos [[que é alcoolista, sem referência familiar, sem referência nenhuma, pior que um cão], [apareceu caído], [apanhou], [foi roubado de seu salário], [foi roubado em sua dignidade]].
>
> Essa pessoa [é resgatada no consultório de rua].
>
> Esse senhor [foi internado [para ser um pouco resgatado]].

U., um enfermeiro do CAPS AD 24 horas e estudante de Medicina, entrevistado para a pesquisa, tem consciência de que deve tomar distância do passado da cidade. Recorda a situação anterior à reforma e também adianta uma teoria muito particular, segundo a qual, no passado, quem foi enclausurado e conviveu com o sofrimento dos loucos, se tornou um deles:

> O louco [[, como está instituído na cidade], [é a pessoa que foi confinada]].

O indivíduo [[que não participava de alguma coisa da família], [não aceitava algumas condições], [era considerado louco]].

O indivíduo [confinado num ambiente [que tinha pessoas com distúrbios] [passou a ser louco]].

L., psicólogo social com experiência em saúde coletiva e mental, lembra que, mesmo recentemente: "Pessoas [[que têm problemas com uso de drogas], [no nosso país, sofreram desassistência por parte da saúde pública]]".

Alguém na plateia sustenta fala similar: "Pessoas [estão sendo internadas contra a vontade por causa do moralismo na questão álcool e droga]". "Usuários de crack [[foram vistos na TV correndo na rua], [atravessando a rua], [correndo o risco [de serem atropelados]]]."

A transição

Nas lembranças de infância de K., "Os doentes da Fhemig [[tinham música de vez em quando], [transitavam esporadicamente] [e estavam sempre uniformizados de azulão]]". Quando veio a reforma psiquiátrica, "Pacientes de longa permanência [estavam abandonados há muitos anos] [e não tinham como voltar para suas famílias]." "Alguns deles [[receberam alta] [e foram encaminhados para Residências Terapêuticas]]." "Alguns [estão internados até hoje]".

Para B., na transição, "Portadores de sofrimento mental [foram reinseridos pelos serviços substitutivos nos espaços e meio sociais [dos quais foram privados] ou [foram colocados à margem]]".

M. G., gerente de saúde mental, aponta dificuldades práticas da transição, como a de familiares distinguirem CAPS e hospital. Ela observa com relação ao ocupante de um dos oito leitos do CAPS-AD cuja família insiste em lhe levar um lanche que: "Ele [pode ser recebido [para fazer um lanche na casa de seus familiares]]!" Assim, ciente da necessidade de preservação de vínculos com os parentes, mas também de manter o CAPS como um serviço aberto, imagina uma conversa com a família: "Ele [pode almoçar lá que dia]?" De outro lado, aponta que o risco das coisas darem erradas vem tanto do próprio sujeito usuário quanto do serviço público:

Eles [[, às vezes, não têm casa lá] e [o CAPS-AD funciona como uma casa]].

Alguns [[não querem voltar], [querem ficar nesta casa]].

Eles [falam: [esta casa toda para receber a gente]]?

Um usuário [teve uma recaída [porque não tinha leito no CAPS-AD]].

Embora seja indiscutível que a cidade esteja adotando a reforma psiquiátrica com ousadia, persistem ainda predicações ao louco que rotulam e, de forma impensada, repetem jargões do passado. Por exemplo: "O paciente [[que vem ao serviço], [tem vínculo familiar frágil, na maioria das vezes]]".

O tempo presente

A fala pública de M. G. resume a situação atual no campo da atenção básica à saúde mental: "O paciente [, com a criação do CAPS, tem acolhimento e cuidado]". Da mesma forma, para L.: "Pessoas com problemas com drogas [, com a inauguração do CAPS, têm um serviço de acolhimento]".

O depoimento de K. descreve as condições presentes do hospital psiquiátrico. "Eles" e "pessoas" são as endóforas que retomam o louco:

Eles [[são hoje cento e setenta e poucos] [e estão em uma idade mais avançada]].

Eles [[, hoje, não ficam mais nus no pátio], [têm roupa], [têm uma alimentação adequada]].

Pessoas [[que não estão em crise] [vêm durante o dia para atendimento] [ou para atividade terapêutica]; [não estão internadas]].

Pacientes [[que passaram pelo CAPS] [e têm a indicação de internação] [estão em crise [que pode ser dependência química] [ou ser outra patologia]]].

Os pacientes externos [têm um vínculo ambulatorial ou uma indicação de atividade terapêutica].

Os agudos [são internados].

As pessoas [[recebem suporte das oficinas,] [são atendidas nos serviços abertos] [e ficam na internação apenas na crise]].

Paciente crônico [tem módulo residencial].

Para K., nem tudo está resolvido na sociedade: "O louco [[ainda é objeto de muito preconceito], [ainda é objeto de estigma]]". Mas as principais linhas da reforma estão implantadas, sobretudo no que diz respeito ao hospital psiquiátrico:

> Os ex-pacientes [estão transitando].
>
> Os [[que moram em residências terapêuticas] [estão circulando no centro da cidade]].
>
> Muitos [[dos que eram daqui do hospital] [estão passeando no centro da cidade, numa lanchonete]].
>
> Eles [têm feito viagens, passeios].
>
> O doente mental [, hoje, acaba sendo aceito melhor pelas pessoas da cidade].
>
> O paciente [foi humanizado no bloco de carnaval *Tirando a Máscara*, antes mesmos das residências terapêuticas].
>
> Um paciente nosso [[que saiu para residência terapêutica] [fez um curso de garçom]]. Ele [[é bastante conhecido], [já trabalhou em algum momento como garçom] [e trabalha direitinho]].

Falas de L. descrevem o tratamento de "pessoas com problemas de uso de álcool e outras drogas", no momento presente, tanto na cidade como em outras regiões do país:

> Pessoas motivadas para o tratamento [são acolhidas por ambulatórios de dependência química].
>
> Pessoas com problemas de uso de álcool e outras drogas [não devem ser acolhidas em um lugar só – uma comunidade terapêutica, uma clínica de desintoxicação, um ambulatório –, mas na rede de atenção psicossocial, [que tem uma diversidade de pontos componentes]].
>
> As pessoas [vão ter necessidades diferentes, em diferentes momentos de suas vidas].
>
> Pessoas [[que têm problemas com uso de drogas], [no Ceará, são atendidas em rede], [isto é, intersetorialmente, com a participação não apenas da área da saúde, mas também da educação, justiça, segurança pública e desenvolvimento social]].
>
> Pessoas com problemas com drogas e com álcool [, no serviço substitutivo CAPS-AD, são cuidadas em liberdade].

M. G. relata um pouco o dia num CAPS-AD:

> Eles [têm ido, à tarde, [frequentar o Centro de Convivência]].

> Eles [[saem], [o técnico acompanha], e [eles fazem a oficina lá no Centro de Convivência ou no CAPS municipal]].
>
> Os usuários [vão para o municipal [pra fazer essa oficina de esporte, de jardinagem e as oficinas [que eles preferem nos Centros de Convivência]], [que pode ser de alfabetização, de tai-chi, de artesanato]].

B. acrescenta, explicitando outro dispositivo indicativo da abertura da rede: "Os mais jovens [[foram cadastrados num curso [que o Senac oferta na rede], [falam o nome deles e uma área de interesse]]".

Da plateia, vem a pergunta: "Como esse público chega ao CAPS?". Cabe a M. G. responder: "Ele [chega de várias formas: de forma espontânea, [família encaminha], o Samu, o CAPS municipal, o CREAS [podem encaminhar]]". A informação é completada por pessoa da plateia: "O usuário [[passa por outros serviços], [tem essa trajetória] e [chega ao CAPS]]." "Pessoas dependentes, com problemas de álcool e droga [têm como referência o CAPS]".

É B. quem dá detalhes sobre o Consultório de Rua:

> O sujeito [[está no território dele], [está usando uma pedra], [ou usou], [ou está fazendo porre], [ou juntando cinza], [ou mangueando] – gírias da boca dele – e [você fica ali]].
>
> Ele [[te dá uma brecha], [você chega]].
>
> Ele [[fuma], [acalma], [pergunta]: ['que vocês estão fazendo aqui?']].
>
> Eles [voltam ao mesmo lugar, no mesmo horário [e o pessoal do Consultório de Rua se organiza], [fica em torno], [parece [que está começando]] [a usar droga]].

M. G. se manifesta com relação à situação pós-alta: "Eles [[pedem muito a questão do emprego], pois [é complicado], [quando a gente dá alta]]." "Ele [vai embora e a realidade lá [é difícil também]]".

U. descreve as pessoas que ele atende no CAPS. Diferente dos profissionais psi, ele adota, para elas, entre outras, a designação indivíduo:

> Alguns indivíduos [no CAPS têm problema mental].
>
> Alguns indivíduos [[no CAPS não têm distúrbio mental nenhum,] [mas são usuários,] [são dependentes de droga]].
>
> Alguns indivíduos [[têm dependência de droga] [e ainda têm distúrbio mental]].

> O indivíduo [[pode ser só um dependente] [ou ter uma doença patológica] [e ter a dependência associada à doença patológica]].
>
> O indivíduo [é um usuário [que é dependente]].
>
> O indivíduo [[participa do CAPS durante o dia] [e tem a noite livre] [[pra ele fazer [o que ele quiser]]; [pode usar droga], [pode não usar], [depende da opção dele]]].

Contudo, para U., "O paciente [[, aqui, [tem privacidade], [é respeitado], [independentemente de ser usuário de droga e portador de patologia]]".

Olhar do futuro

L. não tinha vínculos com a cidade. Seu vocabulário é independente do passado local e é preciso em termos da reforma psiquiátrica. Com desenvoltura, ele abandona qualquer exclusão do louco ao falar de um "a gente" e de um "nós": "Nós [[somos trabalhadores da rede, colegas do consultório de rua, alunos, usuários de saúde mental, moradores de residência terapêutica, frequentadores do Centro de Convivência, familiares]; [somos essa riqueza, essa diversidade]]". "A gente [[ganha muito] [quando vem compor junto], [a gente ganha vigor]]".

Referindo-se àqueles com problemas com drogas e com álcool, ele diz: "Essas pessoas [se tornaram, como o próprio louco, corpos estranhos na sociedade], [ocupando o lugar de diferentes], [mas devem [ser aceitas como compondo a nossa sociabilidade de hoje em dia]]".

Durante a entrevista, K., desde sempre vinculada à cidade, reelabora lembranças, vira pelo avesso suas memórias relativas ao louco, resvala e descobre novas formas de predicá-lo. Ela também cria um "nós" que une o louco a ela:

> Eles [[são seres humanos] [, então somos todos iguais]]. Nós [existimos].
>
> O louco, o doente mental, aquela pessoal atrás daquele muro da Fhemig [[era uma pessoa] [que punha em risco a própria vida ou a do outro]], [[era aquela pessoa [que ia te agredir], [te bater]]]. Eles [[, ao contrário, se aproximam da gente [querendo um carinho, uma atenção, uma interlocução]], [querem [conversar]]].
>
> O doente clássico [não existe mais].
>
> Pessoas [[[que têm problema com álcool e droga] [geralmente passam no CAPS]], [são mandadas para internação pelo CAPS] [e têm um perfil diferenciado]].

Questionamentos e contradições

U., com relação a seu trabalho de enfermeiro em um CAPS, aponta dificuldades. Segundo ele, o serviço é incompreendido pelo corpo de bombeiro, pela polícia e pela sociedade em geral que lhe encaminham pessoas erradas:

> O indivíduo em fase de abstinência de droga [[é recebido no nosso serviço]: [[, quando chega], [não está drogado], [não está alcoolizado]]].
>
> O paciente [está em quadro de abstinência].
>
> O indivíduo [é ajudado [a manter a abstinência com medicamentos]].
>
> Indivíduos [que começam [a ficar agressivos] [recebem medicamentos um pouco mais fortes]].

Como se vê, ele advoga que a abstinência é uma pré-condição para receber um "indivíduo" que não pode estar drogado ou alcoolizado. Tal posicionamento difere do ponto de vista de L., psicólogo:

> As pessoas [que estiverem [passando por um problema em relação ao uso de uma droga]] e [não estiverem abstinentes] [também podem conversar comigo].
>
> Elas [[sentem necessidade] e [, em qualquer momento, a gente pode acolher num sentido mais integral e [estar presente na vida delas]]].
>
> Essas pessoas [têm possibilidade de construir autonomia [quando a gente acolhe todas, dentro da lógica de redução de danos,] [sem colocar a abstinência como obrigatória]].
>
> O sujeito [[não ganha em autonomia] [se faz abstinência contra a vontade]].

De sua posição de profissional de saúde crítico e articulado à reforma psiquiátrica, L. questiona também as tentativas de fechamento de serviços de atendimento ao louco e, com base em dados, o funcionamento de comunidades terapêuticas:

> Pessoas [,em um serviço aberto, são tratadas em liberdade].
>
> Pessoas [[que demandam acolhimento em comunidades terapêuticas em função do uso de droga] [nem sempre são acolhidas no momento de sofrimento] [pois o serviço não obedece ao princípio da universalidade]].

Pessoas [em cerca de 70 comunidades terapêuticas no país, de acordo com inspeção do CFP, [não tinham direito de exercer sua religião], [eram submetidas a práticas de confinamento], [eram submetidas à contenção prolongada]].

A posição pró-universalização, abertura da rede, busca de novos modelos, além de redução de danos é também a de B.:

O dependente químico [[, hoje, está nesse estágio]: [a porta tem que ser aberta para ele, não fechada]].

Aquele indivíduo [, em certos países, tem a sua necessidade de suprimento de drogas atendida, sob controle].

Ele [[não é capaz de controlar], [depende da heroína, por exemplo], [não pode ficar sem heroína, da mesma forma que o dependente de Diazepan e o dependente de longa data de Rivotril]].

O dependente [[, quando ouve do médico]: ['vou tratar você' [só se você parar'], [vê [que o médico não sacou [que ele está ali] [porque não consegue [parar]] e [que, se o médico insistir, [ele vai embora dali]]]]].

Ele [volta só quando está na crise].

O usuário de cocaína e o de crack [, no início, [ficam promíscuos], [têm sua sexualidade aflorada] e [têm a libido lá em cima], [têm que ter um preservativo imposto], pois [vão fazer sexo sem proteção]].

O profissional e a autoridade

Como já verificado nas análises apresentadas acima, entre os profissionais de saúde, a predicação do louco está longe de ser monolítica. Outros exemplos descrevem a diversidade. M. G. fala: "Usuário [[tem voz], [a gente não pode [esquecer]]]".

B. descreve momentos do trabalho:

Ele [[está numa clínica de álcool e droga] e [enfrenta angústia]].

Ele [[colocava a droga no lugar da angústia] e [, na clínica, não tem nada para colocar no lugar dela]].

Ele [tem que fazer tratamento].

O usuário [[não tem pavio], [já ta implodindo], [já explodiu]].

Ele [[entra], [se aporta], [chora], [se emociona], [fala dos problemas dele], [aí reza], [aí sai]: ['Eu preciso chupar bala']. ['Quero fazer uma coisa']. ['Quero ir lá [comprar bala]']. ['Pode comprar bala? ']].

Ele [precisa de uma internação urgente]?

> Uma senhora [outro dia [falava], [falava], [falava], [falava], [falava]].
>
> Ela [terminou], [eu falei assim]: ['você sabe [o que você disse? ']] E ela: Ah?]
>
> Ela [[ta desabafando], [precisando de atendimento]].

Um mesmo profissional, como U., pode-se colocar em diferentes posicionamentos. Pressionado pela entrevistadora para definir o que entende por louco, primeiro, dá sua definição particular ("Louco [é o cara que cometeu um crime bárbaro]"). Em seguida, aponta quem não é louco ("O alcoólatra [era tratado como louco] [e hoje não é]; [é dependente químico]") para, finalmente, optar por inverter a posição entrevistadora/entrevistado, passando a interrogá-la, desafiando-a, com atos de palavra que mudam as respectivas posições de interlocução. Aos seus próprios questionamentos sobre quem é o louco, responderá enfaticamente, no final: nenhum desses:

> O dependente químico [pode ser considerado um louco]?
>
> Louco [[é o indivíduo [que está na rua], [que tem sua casa] [e que opta [por ficar na rua]]?]].
>
> O usuário de droga [[que fica uma semana fumando na rua], [que não volta para a casa dele, [onde ele tem todo o conforto]], [que num momento de ira destrói a sua casa], [quebra os seus móveis], [quebra os objetos que têm dentro de casa], [deve ou não [ser considerado louco]]]?
>
> Loucos [[são também aquelas pessoas [que faltam com o respeito com outras pessoas]], [que não têm educação], [que infringem regras sociais]]?
>
> Essas pessoas [são loucas]?
>
> Um paciente [[que está na Fhemig [há 50 anos]] [é louco]]? Ele [lá resolve as coisas dele], [[se busca as condições dele, [busca o que é melhor pra ele]], [será que [ele é louco]]?].

As coisas não se passam diferentemente no discurso da autoridade que também se caracteriza pela diversidade, mas, sobretudo por uma opacidade maior. Os gestores municipais têm maior dificuldade para nomear o louco e, em consequência, deixam o sintagma nominal não dito, o que, muitas vezes, nos impossibilitou gerar proposições. A apreensão da predicação, em consequência, ficou prejudicada. O resultado são proposições sem sentido, incompletas, vazias ou truncadas[4]. Apresentam-se a seguir algumas falas de autoridades, algumas compreensíveis, outras não:

> Nossos dependentes químicos [são atendidos no Consultório de Rua e, agora, aqui no CAPS].
>
> O paciente mental [precisa [que suas necessidades estejam abertas também]].
>
> [Ser tirado de um manicômio judiciário e ser colocado em uma residência terapêutica não é fácil].
>
> Essas pessoas [[receberam de nós mais dignidade] e [ampliaram suas possibilidades de vida]].
>
> O dependente químico [[, se for preciso,] [será internado aqui no CAPS-AD], [mandado para o Centro de Convivência ou para domicílio]].
>
> Nossos dependentes químicos [[, que sofrem muito,] [terão uma situação melhor e o nosso apoio]].
>
> Cada um dos que sofrem de dependência química [tem hoje essa casa e esse acolhimento].
>
> Cada um [terá estruturado a base de um futuro melhor].

Discussões e considerações finais

Pode-se dizer que, nos discursos analisados, as predicações encontradas para o louco são atos de fala que o localizaram na sociedade, ora confinado e contido, ora livre e desfrutando alguma autonomia. Em duas ou três proposições realizou-se o ideal da luta antimanicomial: o louco se tornou um de "nós", integrado à vida e à sociabilidade da "gente".

Verificou-se que nomeá-lo se apresentou como algo difícil, embora datado. No passado, desviante social, andarilho, alcoólatra, homossexual, mãe solteira, degredado, marginal, indesejável, violento e agressivo, ele foi socialmente isolado, encarcerado e contido. Na atualidade, embora ainda sujeito a essas nomeações, ele se transformou, deixou de existir

[4] Grice (1979), filósofo da linguagem como Austin e Searle, lembra que trocas de palavras requerem cooperação que obedece a regras relativas à *quantidade* de informação (tanta quanto necessária, mas não mais do que o requerido), à *qualidade* da informação (ela deve ser verídica), à sua *relevância* e *modalidade* (a informação deve ser clara). Com certa frequência, tais regras estão ausentes no discurso da autoridade.

como modelo clássico, saiu do lugar de corpo estranho diferente para o de sujeito tornado idealmente livre e capaz de afetividade e carinho.

A dificuldade de ter o louco como sintagma nominal de proposições criou designações ou nomeações ora longas demais, ora obscuras ou vazias. Em parte, essa dificuldade pode ter a ver com as imposições do politicamente correto. Assim, a exigência de um determinado vocabulário conhecido pelo especialista impede a espontaneidade e a liberdade das falas não especialistas (é o caso das autoridades municipais). Essa exigência produz também exclusões, como a dos novatos no campo, que devem prestar tributo às vanguardas nele atuantes (é o caso da plateia e de outros neófitos), e a daqueles não autorizados a falar sobre ou pelo louco por razões diversas (por terem superiores hierárquicos no sistema público de saúde mental, por não serem membros das áreas psi, entre outras).

Quanto às predicações, verificou-se que elas pendulam entre a clausura e a autonomia, passando pelo controle, a supervisão e a proteção. O louco é alguém que não mais necessita ser trancado, ou melhor, alguém que jamais precisou ser segregado e trancafiado, como explicitado em algumas predicações. Mas, no discurso do profissional, há ainda atos de fala que colocam o louco no lugar da dependência, da necessidade de ser vigiado, controlado e protegido. Além disso, ele ainda é predicado como alguém cujos direitos à palavra, à tomada de decisão livre, ao conhecimento, à sociabilidade, ao atendimento integral intersetorial, ao estudo e ao trabalho ainda estão por serem conquistados e garantidos. Destaca-se a questão do direito ao emprego ou ao trabalho não apenas porque, segundo depoimento de uma profissional de saúde, é uma demanda importante do usuário na hora em que ele recebe alta, mas também porque é justamente a falta de um emprego ou de um trabalho que o impede de realizar finalmente sua integração a "nós".

Com a observação de que os predicados não dão um único lugar ao louco, mas diversos, da clausura, fechamento e proteção à autonomia, liberdade e cidadania, verificou-se que esses lugares não são neutros, como Searle já advertira. Têm consequências em termos da atenção e do tratamento recebidos pelo louco, assim como modificam a forma de vê-lo e inseri-lo na sociedade.

Os predicados têm também forças ilocucionárias distintas. Elas foram marcadas com pontos finais, de interrogação e de exclamação, mostrando que as predicações são afirmações, negações, interrogações, ênfases, advertências, admoestações. Chama-se agora a atenção para a palavra "não" negando, por exemplo, que o louco seja um criminoso, que ainda fique nu no pátio dos hospitais, que aceite a vida e as regras da sociedade, que tenha autonomia. Com isso quer-se dizer que as possibilidades de análise do material pesquisado não se esgotaram, poderia haver muito ainda a detalhar sobre a força ilocucionária das predicações. Mas isso requereria outros escritos, mais espaço, outras reflexões, outras entrevistas com personagens da cidade: o morador, o juiz, o profissional da mídia, o religioso e muitos outros. Essas são certamente limitações deste trabalho.

Mas a pesquisa permitiu apontar os modos de identificação, descrição, qualificação e caracterização do objeto-sujeito da pesquisa – o louco. É bom lembrar que não se tratou de um louco qualquer, mas daquele inserido numa cidade específica que já dissera que ele não pertencia àquele território, era de fora, e que hoje fala dos "nossos dependentes químicos". E aqui fica uma observação final: os resultados foram muito positivos no que diz respeito à cidade. Ela caminhou muito e continua descobrindo e trilhando os caminhos da reforma psiquiátrica.

Referências

AUSTIN, John L. **Quando dizer é fazer**: Palavras e ações. Tradução de Danilo Marcondes de Souza Filho. Porto Alegre: Editora Artes Médicas Sul Ltda, 1990.

CRYSTAL, David. **Dicionário de linguística e fonética**. Tradução de Maria Carmelita Pádua Dias. Rio de Janeiro: Jorge Zahar Editor, 1988.

DUARTE, Maristela N. **De "ares e luzes" a "inferno humano"**: Concepções e práticas psiquiátricas no Hospital Colônia de Barbacena: 1946-1979. Estudo de caso. 2009. 273 f. Tese. (Programa de Pós-Graduação em História – Mestrado e Doutorado)-Universidade Federal Fluminense, Niterói, 2009.

DUARTE, Maristela N. **Ares e luzes para mentes obscuras**: o Hospital Colônia em Barbacena: 1922-1946. 1996. 173 f. Dissertação. (Programa de Pós-graduação em Ciência Política – Mestrado e Doutorado) – Universidade Federal de Minas Gerais, Belo Horizonte, 1996.

DUARTE, Maristela N.; PASSOS, Izabel C. F.. Barbacena: "Terra dos Bias e dos Andradas", "cidade dos loucos" e "cidade das rosas". In: PASSOS, Izabel C. F. **Loucura e sociedade**: Discursos, práticas e significações sociais. Belo Horizonte: Argvmentvm, 2009, p. 121-136.

GRICE, H. Paul. Logique et conversation. **Communications**/École Pratique des Hautes Études, n. 30, p. 57-72, 1979.

MACHADO, Marília N. M. **Entrevista de pesquisa**: a interação pesquisador/ entrevistado. Belo Horizonte: C/Arte, 2002.

MAINGUENEAU, Dominique. **Termos-chave da análise do discurso**. Tradução de Márcio Venício Barbosa e Maria Emília Amarante Torres Lima. Belo Horizonte: Ed. UFMG, 1998.

PASSOS, Izabel C. F. **Loucura e sociedade**: Discursos, práticas e significações sociais. Belo Horizonte: Argvmentvm, 2009.

PASSOS, Izabel C. F.; BARBOZA, Maria Aline G.; SOUZA, Walderez A. S. Os discursos da loucura em Barbacena: falar loucura, fazê-la calar. In: PASSOS, Izabel C. F. **Loucura e sociedade**: Discursos, práticas e significações sociais. Belo Horizonte: Argvmentvm, 2009, p. 137-158.

ROUDINESCO, Elizabeth; PLON, Michel. **Dicionário de Psicanálise**. Tradução de Vera Ribeiro e Lucy Magalhães. Rio de Janeiro: Jorge Zahar Editor, 1998.

SACCONI, Luiz A. **Nossa Gramática**: Teoria e Prática. São Paulo: Atual Editora Ltda, 1994

SEARLE, John. R. **Os actos de fala**: Um ensaio de Filosofia da Linguagem. Tradução de Carlos Vogt. Coimbra: Livraria Almedina, 1981.

TRASK, R. L. **Dicionário de linguagem e linguística**. Tradução de Rodolfo Ilari. 2ª ed. São Paulo: Contexto, 2006.

8

Análise do discurso de um relato publicado acerca de uma prática psicossocial em instituição prisional[1]

Tamiris Amanda Rezende de Alvarenga[2]
Yara Lombardi[3]
Marília Novais da Mata Machado[4]

Introdução

Nosso objetivo neste trabalho foi o de apresentar a análise do discurso de um artigo científico concernente a uma prática psicossocial. Entendemos por prática ou intervenção psicossocial o ato de intervir em contextos sociais, tais como grupos, associações, organizações, instituições, movimentos sociais ou comunidades, usualmente atendendo a uma demanda explícita ou implícita de um desses conjuntos sociais. A prática tem como finalidade, geralmente, tentar solucionar ou, ao menos, reduzir um possível mal-estar ou sofrimento social vivenciado pelos sujeitos participantes (Machado, 2004). Às vezes, é antecedida por uma oferta dos profissionais, como no caso analisado.

Nossa perspectiva acerca da intervenção psicossocial é bem próxima àquela proposta por Dubost (1987, p. 151), que define intervenção

[1] Artigo publicado anteriormente em *Psicologia em Revista*, 24(1), 2018.

[2] Mestre em Psicologia pela Universidade Federal de São João del- Rei.

[3] Bacharel em Direito. Aluna da disciplina Análise do Discurso, no Programa de Pós-graduação em Psicologia, Universidade Federal de São João de-Rei.

[4] Professora doutora, Laboratório de Pesquisa e Intervenção Psicossocial (LAPIP) e Programa de pós-graduação em Psicologia da Universidade Federal de São João del-Rei (UFSJ).

como "palavra que pode designar tanto uma ajuda, um suporte, uma mediação, um encontro, uma influência, um tratamento enérgico... quanto uma ingerência, uma intrusão, uma ocupação armada [...]". No que diz respeito às práticas de intervenção "psicossociológica", como ele a predica, Dubost (1987, p.62) indaga se elas

> Estão, como se propõem, do lado da mudança, do movimento, da criação cultural, de um esforço anticonformativo, ou, ao contrário [...], do lado da ordem, da repetição, do reforço de comportamentos, da manutenção de um modo de dominação nas organizações?

O mesmo psicossociólogo afirma: "A presença ativa de um terceiro é necessária para o desenvolvimento de um verdadeiro trabalho de mudança" (Dubost, 1987, p. 173). Finalmente, o autor define intervenção psicossociológica como

> Um trabalho de colaboração entre um conjunto [social] concreto que lida com fenômenos de natureza psicossociológica e sociológica, vividos como problema, e um profissional que intervém, individual ou coletivo, escolhido como consultor pelo conjunto (Dubost, 1987, p. 180).

Ainda para Dubost, o trabalho de intervenção psicossociológica é orientado para a análise e para a mudança das relações entre o conjunto social e os agentes da intervenção que almejam ter seus parceiros "como seres autônomos" (Dubost, 1987, p. 180).

Nossa análise indagou sobre os procedimentos e dispositivos de pesquisa e intervenção adotados na prática em foco, os aspectos éticos envolvidos e a capacidade de ela criar/produzir conhecimentos psicológicos e sociais. O trabalho insere-se em uma investigação mais ampla que considera as dimensões epistemológicas, metodológicas e éticas de práticas psicossociais descritas em periódicos de Psicologia.[5] No caso aqui

[5] A pesquisa *Práticas psicossociais: metodologia, epistemologia e ética* cobre os seguintes periódicos: *Psicologia e Sociedade* (Abrapso); *Estudos de Psicologia* (UFRN); *Aletheia* (Ulbra); *Fractal* (UFF); *Psicologia: ciência e profissão* (CFP); *Psicologia: teoria e prática* (Universidade Presbiteriana Mackenzie); *Arquivos brasileiros de Psicologia* (UFRJ); *Psicologia em Revista* (PUC Minas); *Psicologia e Política* (ABPP); *Psicologia Social do Trabalho* (USP); *Pesquisas e práticas psicossociais* (Lapip/UFSJ).

apresentado, foi realizada uma busca nos artigos publicados em *Psicologia em Revista*, da Pontifícia Universidade Católica de Minas Gerais (PUC Minas).

O critério adotado para selecionar os estudos que tratavam de práticas psicossociais foi o fato de eles explicitarem teoria, metodologia e ética abraçadas. Um único estudo resultou dessa busca. Ele foi publicado por Boechat e Kastrup (2009), com o título *A experiência com a literatura numa instituição prisional*. Seu objetivo foi apresentar e discutir os efeitos de uma oficina de leitura feita com prisioneiros da unidade Hélio Gomes, do Complexo Penitenciário Frei Caneca, situado no Município do Rio de Janeiro. Nele, as escolhas metodológicas, epistemológicas e éticas fundamentais para a intervenção foram consideradas e descritas. Esse artigo foi o nosso *corpus* de pesquisa, ou seja, o material empírico sobre o qual realizamos nossa análise.

Nosso guia para a análise do discurso foram dois livros de Foucault (1996; 1987), respectivamente *A ordem do discurso* e *Arqueologia do saber*. O primeiro nos levou a pensar o discurso como "realidade material de coisa pronunciada ou escrita" (Foucault, 1996, p. 8) e a análise do discurso como a descrição crítica (recobrimentos, ordenamentos, rarefações, negações, exclusões e interdições de linguagem) e genealógica (dispersões, descontinuidades, regularidades, positividades) do *corpus* analisado. O segundo livro nos levou a atentar para a formação discursiva das autoras, duas psicólogas, uma ("a pesquisadora") mestranda, na época em que escreveu o referido artigo, e outra doutora. As duas estão ligadas à Universidade Federal do Rio de Janeiro: a primeira atenta à prática e a segunda uma teórica da subjetividade, da Psicologia cognitiva e da cartografia, com importante bagagem teórica, metodológica e epistemológica.

A seguir, apresentaremos o caminho que nos levou ao texto submetido à análise do discurso e algumas informações sobre o veículo em que a publicação surgiu.

Seleção do corpus para a análise e outras questões de método

Nossa intenção foi de analisar todos os artigos relativos a práticas psicossociais publicados em *Psicologia em Revista* ao longo de cinco anos (2008 a 2012). Buscamos especificamente textos que articulavam pesquisa e intervenção, além de abordarem a questão ética, à qual atribuímos a mesma importância que às questões teóricas e metodológicas. Na seleção dos artigos, adotamos os seguintes critérios: presença de detalhamento e discussão da prática, presença de pesquisa e de intervenção e de avaliação da prática. Assim, excluímos da análise todos os artigos que desconsideraram descrições metodológicas, teóricas, epistemológicas e de cuidados éticos.

Vale ressaltar que o critério de seleção restrito a cinco anos foi adotado temendo-se a quantidade de material a ser examinado, o que poderia prorrogar demasiadamente a realização da pesquisa, e ainda, não permitiria uma reflexão minuciosa relativa à articulação de metodologia, teoria, epistemologia e ética. Além disso, a ênfase sobre artigos mais recentes supostamente nos leva a textos mais trabalhados dos pontos de vista teórico, epistemológico, metodológico e ético, temas que apenas na atualidade vêm sendo considerados com mais afinco no que diz respeito às práticas.

Os demais critérios de seleção foram fundamentados nos argumentos encontrados em Machado (2011), que discute a posição atual das práticas psicossociais no âmbito da produção de conhecimento científico. Segundo a autora, nessas práticas, questões envolvendo método, técnicas e procedimentos estão bem encaminhadas, assim como a questão teórica, que vem apresentando avanços por utilizar aportes provenientes de várias áreas do conhecimento. Porém, no que se refere à avaliação e ao registro das práticas, bem como ao seu estatuto epistemológico, a autora reitera que ainda há desafios que precisam ser vencidos.

Ao buscarmos trabalhos que traziam em seu título a palavra "prática", encontramos sete artigos em *Psicologia em Revista*: Melo e Rocha (2008), Hillesheim, Somavilla, Dhein e Lara (2009), Moreau (2009), Silveira (2009), Santos (2012), Vieira e Branco (2010), Campos (2012). Examinamos cuidadosamente o resumo de cada um deles, a fim de verificar se a prática reportada no título se caracterizava como uma pesquisa-intervenção psicossocial e se esta, por sua vez, aproximava-se dos nossos critérios preestabelecidos. Nenhum desses artigos foi selecionado. Uns por não se tratarem de uma intervenção propriamente dita, outros por não se ocuparem com os requisitos exigidos nesta pesquisa.

Depois disso, optamos por verificar todos os outros artigos publicados ao longo dos cinco anos e que haviam ficado fora da primeira seleção. Fizemos uma leitura minuciosa de seus resumos, na tentativa de encontrar os que se reportavam a alguma prática psicossocial. Nesse momento, cinco estudos foram selecionados: Boechat e Kastrup (2009), Brito (2009), Dias e Bighetti (2009), Dias, Cunha e Enumo (2010), Almeida-Verdu e Santos (2012).

Obedecendo ao conjunto de critérios elencados, entre todos os artigos examinados, apenas um, *A experiência com a Literatura numa instituição prisional*, de Boechat e Kastrup (2009), adequou-se aos critérios preestabelecidos e, dessa maneira, foi selecionado para ser submetido à análise do discurso. Sua escolha resultou da leitura integral e cuidadosa de todos os outros. Procuramos cumprir a proposta da pesquisa, isto é, apreender as técnicas, teorias, epistemologia e metodologia utilizadas, assim como os cuidados éticos observados nas pesquisas-intervenções. Simultaneamente, nossa atenção voltou-se também à linguagem neles utilizada. Assim, quando necessário e pertinente, valemo-nos de marcadores da análise do discurso, para responder às questões que despontaram relativas a texto e a contexto. Buscamos responder às perguntas elencadas a seguir, sugeridas em nosso projeto de pesquisa:

1. Fica claro, no artigo, se a intervenção parte de uma demanda dos sujeitos envolvidos? Se sim, em que contexto a demanda aparece? Que temas são trabalhados? São problemas a resolver? São sintomas subjacentes a problemas verdadeiros? Se não, como surge a demanda? Que eventos precedem a intervenção? Como ocorre a relação pesquisador/consultor *vis-à-vis* conjunto social? A prática é dirigida pelo pesquisador? O conjunto social participa? De que maneira?
2. Que procedimentos, técnicas e métodos são usados? Que aparato conceitual é empregado? Qual é o objeto da prática?
3. Que lugar a pesquisa ocupa na prática psicossocial? Como são feitas as observações? São feitas indagações e interpretações? As interpretações são confrontadas com o conjunto de observações empíricas? O registro de observações é feito de forma precisa, consistente e exaustiva? Há um distanciamento entre pesquisador e conjunto social? Qual é o papel da subjetividade (do pesquisador, dos participantes) na prática? Como o pesquisador lida com as suas próprias implicações? Há discussão em grupo?

4. Como o contexto em que a prática ocorre é descrito? É usado o diário de campo? Como são feitos os registros dos procedimentos? Conhece-se o contexto e a história do conjunto social? De que forma os resultados são apresentados? São avaliadas possibilidades de generalização dos resultados?
5. De um ponto de vista ético, em que a prática social contribui para o conjunto social?

Ao buscarmos informação sobre teoria, método, produção de conhecimento e ética, verificamos que um ou mais desses tópicos estavam ausentes nos artigos de Brito (2009), Dias e Bighetti (2009), Dias, Cunha e Enumo (2010), Almeida-Verdu e Santos (2012). Concentramo-nos, assim, no texto de Boechat e Kastrup (2009), buscando responder às perguntas acima.

Antes, porém, de apresentarmos nossa descrição do artigo, trazemos alguns dados sobre o periódico que o veicula. Essas informações de contexto foram obtidas no *site* da revista[6] e se referem aos antecedentes de sua criação, ao público ao qual se destina, entre outras.

Psicologia em Revista

Nascido em dezembro de 1993 e nomeado inicialmente *Cadernos de Psicologia*, o periódico da Faculdade de Psicologia da Pontifícia Universidade Católica de Minas Gerais (PUC Minas), *Psicologia em Revista* (conforme é denominado desde 2002) abre-se não apenas para as práticas e teorias da Psicologia, mas também para campos afins, da academia ou não, para graduandos ou pós-graduandos, brasileiros ou não. Dessa maneira, procura abranger o maior número possível de interessados, a fim de promover uma articulação com outras áreas das Ciências Sociais e Humanas.

De publicação quadrimestral e de cunho generalista, a *Psicologia em Revista* é classificada atualmente como A2 para a área de Psicologia. Vale ressaltar que tal classificação se deve a critérios da Capes/Qualis, podendo, portanto, variar de acordo com as diferentes áreas e a cada avaliação. É periódico bilíngue que aceita artigos em português e espanhol, além de traduzir textos do inglês e do francês.

[6] <http://www.pucminas.br/institutos/psicologia_revista.php>.

Sua comissão editorial é formada por docentes doutores do Programa de Pós-Graduação em Psicologia da PUC Minas e seu corpo editorial científico é composto por professores e pesquisadores de renomadas universidades brasileiras, assim como de universidades e centros de pesquisa internacionais. Da mesma forma, os consultores *ad hoc* são doutores tanto de instituições brasileiras quanto estrangeiras.

Em 2008, a revista implantou a publicação de resumos nas seguintes línguas: português, inglês e espanhol. Ainda nesse ano, ela passou a ser divulgada tanto em formato impresso quanto *on-line*, no portal da PUC Minas. Atualmente, o formato *on-line* é exclusivo. Desde 2005, a revista é divulgada pelo portal dos Periódicos Eletrônicos em Psicologia (Pepsic) e, desde 2008, utiliza o Sistema Eletrônico de Editoração de Revistas (SEER).

Em 2009, passou a publicar 30 artigos originais por ano. Os tipos de colaboração aceitos são divididos em duas grandes seções: (a) seção de artigos, que comporta relatos de pesquisa, revisões de literatura, estudos teóricos, relatos de experiência profissional; (b) seção aberta, para a qual são aceitas várias categorias de trabalho, como artigos ou textos de autores estrangeiros, já publicados em outros países, desde que inéditos em língua portuguesa; resenhas de publicações nacionais ou estrangeiras; resumos de teses e dissertações; entrevistas com profissionais da Psicologia e áreas afins; conferências ministradas em eventos relevantes; outras contribuições relativas a eventos científicos, questões técnico-científicas e sociais relevantes para a área da Psicologia.

Enfim, trata-se de uma revista acadêmica, aberta a diferentes posturas teórico-metodológicas, rigorosa na aplicação de critérios editoriais e muito bem-conceituada nas áreas de Psicologia e afins.

Descrição do artigo

A experiência com a literatura numa instituição prisional, artigo de Boechat e Kastrup (2009), resulta da implantação e desenvolvimento de uma oficina de leitura realizada com presidiários do Complexo Penitenciário Frei Caneca, na unidade prisional Hélio Gomes. Sua finalidade foi promover, por meio da arte, especificamente da literatura, a produção da subjetividade e a transformação social num meio de privação e violência, como é o da prisão. Baseada em um convênio feito entre a Divisão de

Psicologia Aplicada da Universidade Federal do Rio de Janeiro (UFRJ) e a Secretaria do Estado de Administração Penitenciária (SEAP), a oficina foi realizada ao longo de 16 meses, entre 2006 e 2008, coincidindo com o estágio da pesquisadora e primeira autora do artigo, então aluna de Psicologia.

Fundamentadas em informações sobre o sistema carcerário brasileiro (sobretudo do Estado do Rio de Janeiro) e tendo como referência teorias de Foucault, Wacquant e Goffman sobre prisão, de Deleuse, Guattari, Rolnik e Kastruf sobre oficina e subjetividade, e de Foucault sobre modos de subjetivação, as autoras apresentaram como características do referido complexo penitenciário a superlotação e as condições de vida sub-humanas. Referiram-se igualmente à violência diária e à falta de assistência à população carcerária, fazendo um paralelo com a situação nacional. Avaliando a situação local do Rio de Janeiro, sugeriram intervenções voltadas à redução da criminalidade e ao desenvolvimento de projetos que atendessem às populações carcerárias e às famílias dos detentos, juntamente com avaliações sobre os efeitos dessas intervenções. O intuito foi o de "Romper com a lógica viciosa de marginalização da pobreza" (Boechat & Kastrup, 2009, p. 26).

Aprofundando a crítica, as autoras explicitaram que a prisão exerce efeitos sobre os sujeitos e, acompanhando teorização foucaultiana, afirmaram que "O cuidado de si, essa estética da existência, apresenta-se por esquemas criativos de sobrevivência e convívio naquele espaço" (Boechat & Kastrup, 2009, p. 27). Isso produz formas diversas de existir e de se transformar.

As autoras observaram que, nesse meio prisional carente de recursos, tanto com relação a produtos quanto com relação à assessoria, onde geralmente se espera apenas ócio e disposição para o crime, existia também uma potencialidade inventiva sobre as maneiras de agir e de ser, além de interesse em praticar alguma atividade durante o tempo disponível. Nessas circunstâncias, era possível realizar alguma ação que promovesse uma pausa no dia a dia dos presidiários para uma experiência com eles mesmos, segundo a proposta de oficina. Devido à dificuldade de entrar nas penitenciárias com objetos, a ideia dos livros se mostrou prática e promissora, uma vez que a leitura serviria de instrumento para viabilizar a transformação da subjetividade e do meio, segundo as autoras.

O valor da leitura para a promoção de experiências cognitivas, afetivas e comportamentais naqueles que a exercem já se encontra fundamentado em teorias de Guattari e Rolnik, e de Kastrup, entre outras. Com isso, inicialmente, foi feita a proposta de realizar a oficina de leitura noutra instituição prisional, trabalho que, contudo, foi interrompido pela contratante, alegando que essa não era uma prática de Psicologia. Depois disso, a unidade prisional Hélio Gomes foi procurada e aceitou a proposta. Mesmo assim, devido a entraves burocráticos e ideológicos, as atividades tiveram início somente depois de nove meses.

Para a oficina foram selecionados textos de autores clássicos, como Graciliano Ramos, Jorge Luis Borges e Edgar Allan Poe, antevendo que o encontro com essas leituras bem como a discussão com os colegas pudessem propiciar um espaço de promoção de vivências de cunho afetivo, emocional e cognitivo. A princípio, a escolha dos textos foi feita pela própria pesquisadora, visando a despertar falas sobre experiências individuais e coletivas. Posteriormente, alguns livros foram emprestados aos presos para que eles pudessem ler em suas celas e escolher a leitura do encontro seguinte. Nesse caso, a escolha seria justificada no momento das oficinas.

Os encontros, coordenados pela pesquisadora, ocorreram semanalmente, por cerca de duas horas, na escola ou na capela da instituição, de acordo com a disponibilidade desses espaços e contaram com a presença de nove internos. Entre esses, no decorrer do trabalho, três saíram e outros três ocuparam esses lugares. Eles tinham entre 28 e 52 anos, graus diferentes de escolaridade e foram selecionados segundo os seguintes critérios: alta durabilidade da pena (o que garantia maior tempo de participação no grupo) e não recebimento de visitas (o que lhes intensificava a angústia, tornando mais difícil a espera pela libertação). Tais critérios foram adotados a partir de dados de exames criminológicos e de discussões com a supervisão. Os internos até aquele momento somente tinham tido contato com leituras da Bíblia e livros de autoajuda.

A ida para a oficina era de responsabilidade dos guardas do turno. Esse trânsito permitiu que se conhecesse a relação conturbada entre presos e guardas, marcada por insultos e desafetos. O trajeto era permeado por perturbações. Os internos, ao saírem de suas celas e ao retornarem a ela, passavam por outra, menor, que eles chamavam de "gaiola", onde aguardavam horas, sem comida e sem bebida, até serem retirados e levados ao destino. Tratava-se de um lugar geralmente superlotado, sem higiene e foco de provocações entre os presidiários. A travessia entre esses espaços justificaria uma possível desistência ou desinteresse pela oficina. No entanto isso não foi empecilho para a manutenção das atividades, uma vez que os participantes permaneceram na oficina mesmo podendo passar por esses transtornos.

Nos relatos dos encontros, foi possível notar que a pesquisadora abriu espaços para avaliações dos membros com relação ao funcionamento da oficina e questionou sua própria prática e seus efeitos, como quando suscitou a dúvida de estar talvez propondo um texto com uma linguagem muito formal, o que dificultaria a compreensão durante as leituras. Mas sua contribuição em esclarecer as palavras desconhecidas colaborava para o entendimento.

Durante os encontros, os presos tinham liberdade para opinarem, interpretarem os textos, desabafarem sobre o que sentiam, já que associavam, muitas vezes, suas experiências e relacionamentos às estórias lidas. Isso possibilitou à pesquisadora um maior conhecimento sobre a realidade vivenciada por esses sujeitos no dia a dia, dentro e fora dos presídios. As questões que emergiram nas discussões em grupo, como o fato de outros internos quererem participar da oficina e as transferências realizadas a partir dos textos, foram sendo guiadas e controladas pela pesquisadora, sempre atenta em respeitar a subjetividade dos pesquisados.

Essa relação entre pesquisadora e participante forjada pela oficina se deu de maneira adequada, uma vez que todos pareceram respeitar o lugar e o papel de cada um no grupo. Podemos dizer que isso proveio dos cuidados éticos tomados pela pesquisadora e demais envolvidos no projeto. Logo no início das atividades, foi demarcado o objetivo proposto pela oficina, deixando-se claro que a participação nela não acarretaria em benefício judicial ou algo dessa ordem. Tomou-se também o cuidado de se utilizar uma linguagem menos formal para estreitar a relação, bem como se buscou evitar a ideia de que o objetivo das leituras era agregar conhecimento ou cultura.

Além das avaliações regulares, houve o desfecho das atividades em que, mais uma vez, os participantes puderam se expressar a respeito do grupo. Os relatos apontaram os efeitos provocados. Um dos mais marcantes foi a rede de leitores que se formou na unidade prisional.

Com o tempo, não apenas os membros da oficina liam e discutiam os textos, mas também seus colegas de cela. Isso permitiu uma expansão da proposta para outros prisioneiros. Foram despertados sentimentos, desabafos, "abertura de mentes", emoções diretamente ligadas à leitura (como a dúvida se o texto terminara ou não e as interpretações acerca do final das estórias). A possibilidade de caminhar pelo presídio, além da própria presença na oficina, permitiu lidar com fatores ansiogênicos. Além disso, um dos presos participantes retornou às aulas.

Recorrentemente, porém, os internos falaram sobre ganhos e expectativas de pareceres favoráveis nas avaliações judiciais, mesmo tendo sido anteriormente comunicados de que a oficina não colaboraria para isso. Ademais, a literatura ficou em último lugar na lista de considerações com relação aos motivos para frequentarem a oficina. Todavia os itens elencados indicaram compromisso com o trabalho ofertado e, também, mostraram relação, mesmo que indireta, com as leituras, apontando efeitos positivos da oficina.

Os resultados foram contrapostos às teorias de Deleuze e Guattari e de Kastrup. A descrição da unidade prisional, do trânsito dos detentos no caminho das oficinas, bem como de alguns dos encontros esclareceu os procedimentos de intervenção adotados, as circunstâncias em que foram feitos e os seus efeitos.

Considerações finais

Cabe-nos agora voltar às nossas questões de pesquisa. De fato, a prática relatada no artigo construiu um operador conceitual importante (a oficina de leitura) que funcionou de forma a permitir observar e definir diretamente um objeto (o aprisionamento) e, simultaneamente, realizar prática que mudou esse objeto, ainda que dentro de limites estritos. O operador evidenciou a construção de novas subjetividades e de novos modos de subjetivação e possibilitou, dentro de uma instituição de disciplina rigorosa, novas formas de vivências, certa escolha (a de ler ou não), formas singulares e coletivas de dar o tom à leitura, de se comportar dentro do presídio, de criar vínculos novos (por exemplo, encontros entre os participantes da oficina durante os banhos de sol). Ajudou, portanto, a construir teoria e a promover mudança social positiva, não apenas de nove detentos, mas também em seu entorno.

A descrição do trânsito dos presidiários da unidade Hélio Gomes no caminho para as oficinas revelou parte da estruturação e do funcionamento institucional da prisão, em sua complexidade. Produziu, também, conhecimento psicossocial que pode vir a apoiar formulação de teoria, de métodos e de dispositivos, tanto de ação quanto de pesquisa.

A oficina não partiu de uma demanda dos sujeitos, mas de uma oferta da pesquisadora em seu trabalho de estagiária universitária. Foi também da pesquisadora a ideia de pesquisar subjetividade. Observamos que, da proposta à execução, o direcionamento das atividades a colocou em lugar central na montagem da intervenção, sem real coparticipação dos presidiários, ouvidos apenas dentro de limites muito estreitos. Por se tratar de oficina em uma instituição prisional, talvez as coisas não pudessem ser diferentes. De fato, os presos não gozam de qualquer autonomia e não lhes é permitido antecipar livremente nenhuma emancipação. Tampouco a prática rompeu com a estrutura opressiva da prisão. Mas nada disso invalida o resultado da intervenção, positivo, como descrito no artigo.

No que diz respeito aos procedimentos, técnicas e métodos utilizados, eles são descritos com cuidado. Mas restaram lacunas. Há muitos indícios no artigo de que os encontros foram anotados detalhadamente, mas não ficou claro como e quando esses registros foram realizados, se as sessões foram gravadas ou não e que procedimentos foram adotados para a realização da crônica dos acontecimentos. De um ponto de vista metodológico, no relato do trabalho faltaram informações relativas ao registro das atividades.

Mas o aparato conceitual está claro. Nossa análise nos levou a considerar que a descrição dos encontros atesta intimidade com o método cartográfico, atenção à expansão da subjetividade dos participantes e compartilhamento de experiências entre detentos e pesquisadora, no contexto da oficina de leitura. Da mesma forma, objeto e objetivo da prática foram explicitados: a questão da subjetividade, a tentativa de construir dispositivos visando, dentro dos limites institucionais, ao fim dos horrores da prisão.

O estabelecimento do vínculo entre pesquisa, teoria e prática é o ponto alto do artigo. A oficina de leitura é instância que permite observação rigorosa e, além disso, permite registrar a observação. Como vimos, a forma de registrar não foi descrita de forma precisa, consistente e exaustiva, mas sabemos como a própria escrita de um artigo, subordinado a numerosas regras editoriais, limita a quantidade de informação que pode ser transmitida.

Outra lacuna para o leitor diz respeito ao deslocamento entre as celas e a "gaiola" e entre a gaiola e a oficina, trajeto que expunha os participantes a situações desagradáveis e constrangedoras, em "condições desumanas" (Boechat & Kastrup, 2009, p. 36), como descrevem as autoras. Apesar das informações nos parecerem insuficientes, o relato permitiu entender que o deslocamento voluntário dos presos indicava afetos positivos criados entre eles e deles com a leitura, como podemos pressupor da citação que se segue:

> Após o encontro, saíam diretamente da escola para a "gaiola" e lá esperavam serem levados de volta para a cela. O encontro era realizado na parte da manhã, e os internos aguardavam naquele cubículo imundo até quatro horas sem se alimentar, e ainda sofriam ameaças e provocações. [...] Todos concordavam que frequentar a oficina era arriscado. Além disso, a postura de concentração e envolvimento não parecia em nada com uma simples atitude de evadir de suas celas apenas para "passar o tempo" (Boechat & Kastrup, 2009, p. 36).

No que se refere aos cuidados éticos adotados, ressaltamos o valor das avaliações regulares feitas com o grupo, a fim de sentir e direcionar o andamento das tarefas; o *rapport* estabelecido inicialmente; o uso de linguagem informal para estreitamento dos vínculos sociais e redução de barreiras entre a coordenadora e os membros da oficina; o cuidado de não incutir a ideia de que as leituras teriam a finalidade de agregar valor ou cultura. Esses elementos foram fundamentais para o estabelecimento de práticas saudáveis e transformadoras.

Salientamos também a rede de leitores formada ao redor da oficina de leitura. Entendemos que essa participação não presencial expandida entre os prisioneiros de celas diferentes prova o sucesso da oficina como prática psicossocial. Isso porque ampliou a possibilidade de outros detentos experimentarem os efeitos da criação de novos modos de subjetivação. Práticas como essa, além de colaborarem para a produção de conhecimento, auxiliando na formulação de teorias, métodos e dispositivos operacionais contribuem para a melhoria do cenário psicossocial de todos os envolvidos, demonstrando sua significância em ambientes de privações e controle como o são os presídios.

Referências

ALMEIDA-VERDU, A. C. M. & SANTOS, S. de L. R. Leitura em uma criança surda após equivalência de estímulos. **Psicologia em Revista**, 18(2), 209-226, 2012. Disponível em: <http://periodicos.pucminas.br/index.php/psicologiaemrevista/article/view/P.1678-9563.2012v18n2p209/5018> . Acesso em: 12 mai. 2014.

BOECHAT, M. & KASTRUP, V. A experiência com a literatura numa instituição prisional. **Psicologia em Revista**, 15(3), 22-40, 2009. Disponível em: <http://periodicos.pucminas.br/index.php/psicologiaemrevista/article/view/P.1678-9563.2009v15n3p22/954>. Acesso em: 12 mai. 2014

BRITO, D. C. S. de. A orientação profissional como instrumento reabilitador de pacientes portadores de doenças crônicas e deficiências adquiridas. **Psicologia em Revista**, 15(1), 106-119. 2009. Disponível em: <http://periodicos.pucminas.br/index.php/psicologiaemrevista/article/view/P.1678-9563.2009v15n1p106>. Acesso em: 12 mai. 2014

CAMPOS, G. W. de S. Apoio matricial e práticas ampliadas e compartilhadas em redes de atenção. **Psicologia em Revista**, 18 (1),148-168, 2012. Disponível em: <http://periodicos.pucminas.br/index.php/psicologiaemrevista/article/view/3851/4155>. Acesso em: 12 mai. 2014

DIAS, N. M. & BIGHETTI, C. A. Intervenção em habilidades metafonológicas em estudantes do ensino fundamental e desenvolvimento de leitura. **Psicologia em Revista**, 15(3), 140-158, 2009. Disponível em: <http://periodicos.pucminas.br/index.php/psicologiaemrevista/article/view/P.1678-9563.2009v15n3p140/960>. Acesso em: 13 mai. 2014.

DIAS, T. L, CUNHA, A. C. B. DA & ENUMO, S. R. F. Avaliação cognitiva por provas assistidas em crianças com necessidades educativas especiais. **Psicologia em Revista**, 16(3), 594-612, 2010. Disponível em: <http://periodicos.pucminas.br/index.php/psicologiaemrevista/article/view/P.1678-9563.2010v16n3p594/2222>. Acesso em: 12 mai. 2014.

DUBOST, J. **L'intervention psychosociologique**. Paris: PUF, 1987.

FOUCAULT, M. **A arqueologia do saber**. Trad. L. F. B. Neves. Rio de Janeiro: Forense-Universitária, 1987.

FOUCAULT, M. **A ordem do discurso**: aula inaugural no Collège de France, pronunciada em 2 de dezembro de 1970. São Paulo: Loyola, 1996.

HILLESHEIM, B., SOMAVILLA, V. DA C., DHEIN, G. & LAFA, L. Saúde da mulher e práticas de governo no campo das políticas públicas. **Psicologia**

em Revista, 15(1), 196-211, 2009. Disponível em: <http://periodicos.pucminas.br/index.php/psicologiaemrevista/article/view/P.1678-9563.2009v15n1p196/>. Acesso em: 13 mai. 2014.

MACHADO, M. N. M. **Práticas psicossociais**: pesquisando e intervindo. Belo Horizonte: Edições do Campo Social, 2004.

MACHADO, M. N. M. Indagações sobre epistemologia e metodologia das práticas psicossociais. In: Abrapso (Org.). **Textos completos do 16º Encontro Nacional da Abrapso**. Recife: Abrapso, 2011. Disponível em: <http://www.encontro2011.abrapso.org.br/trabalho/view?q=YToyOntzOjY6InBhcmFtcyI7czozNToiYToxOntzOjExOiJJRF9UUkFCQUxITyI7czozOiIxMDciO30iO3M6MToiaCI7czozMjoiOTUxNjZiMTQxNWNjNjBkNGJkMzc5MjQyMDIwODZkZGUiO30%3D>. Acesso em: 14 jun. 2014.

MELO, P. L. DE & ROCHA, M. L. de. Poder e trabalho na escola: práticas inclusivas de discussão. **Psicologia em Revista**, 14(2), 81-94, 2008. Disponível em: <http://periodicos.pucminas.br/index.php/psicologiaemrevista/article/view/332/360>. Acesso em: 12 mai. 2014

MOREAU, D. Conjurar a qualificação da violência: justificativas e práticas do recurso à coerção nas hospitalizações psiquiátricas. **Psicologia em Revista**, 15(3), 1-21, 2009. Disponível em: <http://periodicos.pucminas.br/index.php/psicologiaemrevista/article/view/P.1678-9563.2009v15n3p1/953>. Acesso em: 12 mai. 2014

SANTOS, M. A. G. dos. A prática da terapia cognitivo comportamental baseada em *mindfulness* e aceitação. **Psicologia em Revista**, 18(3), 527-530, 2012. Disponível em: <http://periodicos.pucminas.br/index.php/psicologiaemrevista/article/view/3622/5269>. Acesso em: 13 mai. 2014.

SILVEIRA, R. D. (2009). Projeto Lopes Rodrigues: continuidades e rupturas nas conexões entre ensino psiquiátrico e prática assistencial em Minas Gerais 1920-1930: resumo de tese. **Psicologia em Revista**, 15(1), 246-248, 2009. Disponível em: <http://periodicos.pucminas.br/index.php/psicologiaemrevista/article/view/628/649>. Acesso em: 12 mai. 2014

VIEIRA, A. O. M. & BRANCO, A. U. Cultura, crenças e práticas de socialização de gêmeos monozigóticos. **Psicologia em Revista**, 16(3), 575-593, 2010. Disponível em: <http://periodicos.pucminas.br/index.php/psicologiaemrevista/article/view/P.1678-9563.2010v16n3p575/2236>. Acesso em: 13 mai. 2014.

9

Reflexologia do trote de calouros:

argumentos histórico-políticos contra o condicionamento subversivo

Marília Novais da Mata Machado[1]

Rodolfo Luís Leite Batista[2]

Introdução

A ditadura que vigorou no Brasil entre 1964 e 1985 criou para cada órgão público sua respectiva Assessoria Especial de Segurança e Informação – AESI. O decreto nº 66.967 de 27 de julho de 1970, que dispôs sobre a organização administrativa do Ministério da Educação e Cultura, caracterizou as AESIs das autarquias – caso das universidades federais – como órgãos que "tinham como função a triagem de funcionários, em especial de professores, bem como o controle de suas atividades, colhendo e repassando ao SNI[3] aquelas informações que pudessem ser de caráter subversivo". As AESIs universitárias vinculavam-se aos gabinetes de reitores e à Divisão de Segurança e Informação do Ministério da Educação e Cultura (DSI-MEC), órgão do SNI.

Para esta pesquisa foi consultado o arquivo AESI/UFMG, composto por 12.606 documentos textuais que cobrem o período de 1964 a 1982, presente na Biblioteca Central da Universidade Federal de Minas Gerais (UFMG). Nele, foram localizados dois artigos estreitamente relacionados:

[1] Professora doutora aposentada da Universidade Federal de Minas Gerais (UFMG).

[2] Psicólogo e Mestre em Psicologia pela Universidade Federal de São João del-Rei (UFSJ).

[3] Serviço Nacional de Informações.

o de Rubens Resstel (1970) intitulado "A subversão na escola", que havia sido publicado no jornal Estado de São Paulo em 19 de novembro de 1970, e o de Zeferino Vaz (1971), "Contribuição ao conhecimento da guerra revolucionária: o processo do 'trote' dos 'calouros' como técnica de base científica reflexológica de imposição de liderança estudantil subversiva nas Universidades", enviado diretamente pelo autor, então reitor da Universidade Estadual de Campinas (UNICAMP), ao reitor da Universidade Federal de Minas Gerais, em 20 de janeiro de 1971.

Os dois artigos são aqui tratados como discursos que funcionam simultaneamente e se encadeiam. Talvez o de Resstel tenha gerado o de Vaz, mas o oposto também é possível. Somente o de Vaz será aqui objeto de uma análise do discurso: ele diz respeito à utilização política de uma teoria psicológica – a reflexologia – e representa, assim, um tópico da história dessa disciplina no Brasil. O de Resstel é tratado como informação importante para compreender o contexto da escrita do segundo artigo.

A pesquisa é tributária de reflexões de Michel Foucault (2005), apresentadas em entrevista concedida a Raymond Bellour, sobre as maneiras de escrever a história, sugerindo o uso de conceitos operatórios e a descrição de enunciados. É o que Foucault afirma ter feito em seu livro *As palavras e as coisas*: "esforcei-me para descrever os enunciados, grupos inteiros de enunciados, fazendo surgir as relações de implicação, de oposição, de exclusão, que podem ligá-los novamente." (pp.65-66). Essa forma de fazer história sugeriu parte do trajeto metodológico adotado ao tratar o texto de Vaz: usou-se como conceito operatório a noção de argumentação e restringiu-se o tratamento analítico do texto à descrição dos enunciados que continham conectivos argumentativos. Reconheceu-se que história e linguagem se articulam. Indagou-se a respeito da apropriação da reflexologia no documento de Vaz arquivado na UFMG.

Método

Tomou-se o texto de Zeferino Vaz encontrado no Arquivo AESI/UFMG sob o registro "Estudo do significado do trote" como o corpus para uma análise do discurso. Os fundamentos metodológicos dessa análise foram alguns escritos de Pêcheux (1990), Flahault (1978), Maingueneau (1989, 1991, 1998) e Ducrot (1991). Além disso, adotou-se o princípio segundo o qual fazer análise do discurso é articular texto e contexto.

Basicamente, foram realizados simultaneamente dois procedimentos da análise do discurso: (a) para se conhecer o contexto, foram buscadas as *condições de produção do discurso* de Vaz que acompanha o discurso de Resstel, que o precede no arquivo e, (b) assumindo que o texto de Vaz é uma longa argumentação que denuncia o uso político da reflexologia no trote estudantil, os *conectivos argumentativos* encontrados nele foram tomados como base da análise realizada, agora, sobre a língua.

A fim de se conhecer as *condições de produção do discurso*, indagou-se a respeito de como o texto de Vaz foi produzido: quem era esse autor, por que escreveu sobre o trote universitário, a quem se dirigiu, em que circunstâncias produziu seu discurso, que determinações políticas e históricas regeram sua escrita. São questões que não diferem daquelas propostas por Trask (2006, p.31): "Por que o texto foi escrito? A quem era dirigido e por quê? O escritor ou o orador têm objetivos ocultos e, nesse caso, quais são esses objetivos? Que assunções não declaradas e que vieses subjazem ao texto?" (Trask, 2006, p. 31).

Lembrando a proximidade temporal e temática entre o discurso de Vaz e o de Resstel e considerando teorização de Pêcheux (1990), pode-se dizer que os lugares respectivos dos autores dos dois textos estão representados nos seus discursos:

> (...) o que funciona nos processos discursivos é uma série de formações imaginárias que designam o lugar que A e B se atribuem cada um a *si* e ao *outro*, a imagem que eles se fazem de seu próprio lugar e do lugar do outro (p.82).

Por sua vez, Maingueneau (1991) assim se expressa:

> Não se pode analisar o sentido de uma sequência se não se considera a formação discursiva à qual ela pertence (as "formações discursivas" são os componentes de uma *formação ideológica* determinada, ela própria articulada a *condições de produção* particulares). (...).
>
> [O sujeito] é dominado pela formação discursiva na qual seu discurso se inscreve. Palavras, frases... mudam de sentido de acordo com as posições que têm aqueles que as empregam (...). (p.92).

Já Flahault (1978, pp.137-146) sugere quatro registros para analisar situações de produção de discurso: (a) registro inconsciente, (b) registro ideológico, (c) registro instituído por determinada situação de palavra e (d) registro de circulação de insígnias no tecido discursivo. O primeiro se refere às relações de lugar que inconscientemente estruturaram relações transferenciais (no caso, aquelas entre Vaz e Resstel, entre outras, e as histórias de vida desses dois autores); o segundo registro se refere a relações de classe, à formação social a qual o autor pertence, se representa e quer ser reconhecido; o terceiro diz respeito ao sistema de lugares instituído pela situação específica da produção do discurso (no caso, o lugar de um reitor de universidade dirigindo-se a outro reitor conforme regras reconhecidas mutuamente de polidez); finalmente, o quarto registro refere-se às articulações entre os três primeiros, às insígnias e lugares atribuídos por Vaz não só a Resstel, mas também a si e ao outro reitor de universidade ao qual se dirige, às representações de lugares na estrutura social que atravessam o discurso, às posições ocupadas pelos interlocutores (Resstel, Vaz, reitor(es), analistas do discurso), aos reconhecimentos, intenções e convenções que permeiam discurso e análise.

Paralelamente à busca dessas informações de contexto que informam sobre as determinações históricas, políticas, sociais, imaginárias e psicológicas que operaram sobre o discurso em análise, tomou-se o artigo de Vaz (1971) como texto e, na língua nele empregada, analisaram-se os *conectivos argumentativos* utilizados pelo autor.

Com efeito, as leituras iniciais do discurso de Vaz sugeriram que ele funciona como uma longa argumentação. Acompanhando teorizações de Ducrot (1991), pode-se dizer que o discurso em análise objetiva "levar o destinatário a certa conclusão ou dela desviá-lo." (p.178). Essa função argumentativa deixa marcas na própria estrutura enunciativa de tal forma que morfemas, expressões e termos, "além de seu conteúdo informativo, servem para dar uma orientação argumentativa ao enunciado, a conduzir o destinatário em tal ou qual direção" (Ducrot, 1991, p.178).

Por isso, decidiu-se percorrer o discurso de Vaz analisando especificamente conectivos argumentativos. Eles foram bem estudados por Maingueneau (1989, p.159-185). Desse autor, foram apropriados os seguintes conectivos: *mas, ainda que, pois, porque, logo, então, assim, finalmente, de qualquer modo, aliás*.

Consultas a dicionários de análise do discurso, linguística, linguagem e fonética (Charaudeau & Maingueneau, 2004; Crystal, 1988;

Trask, 2006) sugeriram a adoção dos conectivos: *uma vez que, porque, portanto, em consequência, além disso, justamente, mas.*

O trabalho sobre o discurso em pauta indicou que *porém*, bastante utilizado no texto de Vaz, funciona como uma possível tradução do conectivo argumentativo *mais* francês (usualmente traduzido para o português por *mas*). Além disso, o *porém*, do discurso de Vaz poderia ser substituído pelos conectivos *então* e *portanto*, já apontados, respectivamente, por Maingueneau (1989) e nos dicionários. Dessa forma, *porém* mereceu ser instrumento desta análise do discurso.

Enfim, utilizou-se *ainda* e *também* (os dois conectivos com o sentido de *finalmente*) e *ainda quando*.

Análises

Inicia-se a análise com a apresentação das *condições de produção do discurso* que cobrem informações de contexto relativas aos seguintes temas: momento histórico-político da escrita do texto, surgimento da reflexologia e sua difusão no Brasil; informações sobre Zeferino Vaz, o autor do discurso em análise e suas relações com Resstel; os pontos em comum entre os escritos de Vaz e Resstel. Em seguida, apresenta-se a *análise textual* do artigo de Vaz feita com a utilização dos conectivos argumentativos.

Com relação ao *momento histórico-político*, lembra-se primeiro que o texto de Vaz (1971) foi encontrado em arquivo de segurança e informação do tempo da ditadura. São necessárias algumas palavras sobre o momento político então vivido. Busca-se manter o foco nas autarquias universitárias e nos anos 1970 e 1971. Porém, para entender a política daquela época, convém lembrar primeiro que eram tempos de Guerra Fria e que o Brasil se encontrava politicamente alinhado e subordinado aos Estados Unidos e, portanto, contra a União Soviética. Convém ressaltar também que o golpe de Estado de 1º de abril de 1964 não foi recebido sem protestos e que o movimento estudantil foi importante oposição a ele.

No governo estava o general Emílio Garrastazu Médici (1969-1974). Foi quando ocorreu o chamado "milagre brasileiro", com índices elevados de crescimento econômico, o que por certo desmobilizava a resistência à ditadura. Precisamente esses foram "os tempos mais repressivos do período ditatorial, 'os anos de chumbo'." (Reis, 2014, p.23).

As principais lideranças estudantis haviam sido presas no final de 1968, quando tentavam realizar clandestinamente o Congresso da União Nacional de Estudantes (UNE), em um sítio próximo a Ibiúna, São Paulo. Poucos dias depois, a 13 de novembro de 1968, foi decretado o Ato Institucional nº 5 (AI-5) que levou ao endurecimento do regime, fechamento do Congresso Nacional, suspensão de direitos políticos e civis, inclusive do *habeas corpus*, suspensão de mandatos parlamentares, prisão e perseguição política de desafetos do regime, censura de meios de comunicação.

Respaldado pelo AI-5, em fevereiro de 1969 foi promulgado o Decreto Lei nº 477, "concebido para desmantelar o movimento estudantil, considerado perigoso adversário do governo no contexto dos eventos de 1968." (Motta, 2014, p.154). Esse instrumento autorizava expulsar das escolas de ensino superior alunos tidos como contrários ao regime.

No final de abril de 1969, iniciaram-se os expurgos de docentes: "o clima político nas universidades tornou-se ainda pior, e mesmo alguns líderes simpáticos ao regime militar condenaram os atos." (Motta, 2014, p.152). Segundo o mesmo autor:

> Visto de longe, o AI-5 pode parecer um desdobramento natural do regime autoritário, porém essa visão elide a dinâmica política e as ações crescentes das forças de oposição que, em 1968, na percepção de muitos atores, pareciam capazes de desestabilizar o governo. Os grupos de direita ficaram atemorizados sobretudo com a força demonstrada pela esquerda estudantil, nas ruas, ocupando faculdades, fazendo passeatas, montando barricadas e atacando os setores universitários conservadores. (p.149).

Para 1970 e 1971, o Dossiê Ditadura da Comissão de Mortos e Desaparecidos Políticos (2009) registra 83 casos de desaparecimento, tortura e morte de presos políticos. Cabe aqui uma última informação: a repressão e a perseguição política se passavam secretamente, longe dos olhos da população e totalmente à margem da mídia censurada, o que deixou erroneamente uma lembrança da ditadura como sendo tempo de paz (exceto, é claro, na lembrança dos que viveram diretamente os abusos e horrores que ocorreram).

Também como informação de contexto, lembra-se que o discurso de Zeferino Vaz funciona apropriando-se da *reflexologia*. Essa teoria psicológica surgiu na Rússia, em meados do século XIX, como crítica e resposta a doutrinas mentalistas e metafísicas. Seu momento de maior desenvolvimento ocorreu no início do século XX com as pesquisas de Ivan Séchenov (1829-1905), Vladimir Bechterew (1857-1927) e Ivan Pavlov (1849-1936), em meio a importantes transformações sociais e políticas na Rússia: derrubada do Estado czarista e adoção do regime socialista.

Ivan Pavlov fez do *reflexo condicionado* o conceito basilar da reflexologia e descreveu o processo pelo qual se dava seu estabelecimento (hoje denominado condicionamento clássico ou pavloviano). Com base em seus experimentos com cães, ele

> (...) descobriu que qualquer estímulo não aversivo poderia provocar respostas reflexas em seus sujeitos, desde que condicionadas corretamente. Por exemplo: um som (até então um estímulo neutro) é apresentado ao sujeito. Poucos instantes depois (digamos, 5 segundos), é apresentado o alimento (estímulo incondicionado). É óbvio que o sujeito salivará apenas diante do estímulo incondicionado no momento inicial. Repetindo-se os emparelhamentos entre o estímulo neutro e o estímulo incondicionado, o estímulo neutro será capaz de eliciar a salivação. Quando isto ocorre, o estímulo neutro se torna um estímulo condicionado, passando então a produzir respostas condicionadas. (...) (Souza-Júnior, Lopes, Cirino, 2011, p.173).

Desde então, o reflexo condicionado passou a ser reconhecido como a unidade experimental da análise do comportamento, permitindo explicar até mesmo as variações comportamentais mais sofisticadas, ao assumir que os processos psíquicos humanos resultam de "combinações de unidades reflexas elementares" (Souza-Júnior, Lopes, Cirino, 2011, p.176).

Os dirigentes soviéticos viram nas pesquisas pavlovianas uma ciência orientada pelo verdadeiro materialismo marxista (Souza-Júnior, 2008). Assim, os trabalhos que demonstravam a vida psíquica como resultado de processos fisiológicos foram impulsionados pelo governo, especialmente por Joseph Stálin, que buscava alinhar o desenvolvimento científico ao materialismo marxista e as determinações políticas de seu partido. No mesmo período, Lev Vygotsky (1896-1934) e outros pesquisadores também reconhecidos como materialistas tiveram suas investigações censuradas (Prestes, 2010).

As contribuições da reflexologia para a psicologia têm a ver com a busca de uma objetividade científica para o estudo do psiquismo humano, expressa na delimitação de objeto de estudo, de terminologias e de método de investigação. Isso criou condições para o surgimento posterior de outras explicações materialistas e mecanicistas do comportamento humano como as do behaviorismo estadunidense, cujos principais representantes são John Watson (1878-1958) e Burrhus Skinner (1904-1990) (Cançado, Soares, Cirino, 2011).

No Brasil, a reflexologia foi ensinada desde a primeira metade do século XX. Os primeiros laboratórios de análise do comportamento foram instalados em departamentos de Fisiologia (como o da Universidade de São Paulo), onde a obra pavloviana foi lida e discutida por professores interessados em psicologia experimental e comportamento humano (Miranda, 2010). A reflexologia foi também divulgada em manuais e livros-texto (Klineberg, 1953; Keller & Schoenfeld, 1966).

Em Minas Gerais, experimentos pavlovianos foram reproduzidos com fins didáticos em cursos oferecidos por André Rey (1906-1965) em Belo Horizonte e em Ibirité, na Fazenda do Rosário, na década de 1950. A teoria foi ensinada pelo professor Pedro Parafita de Bessa (1923-2002), na cadeira de Psicologia Educacional da Faculdade de Filosofia, instituição que veio a compor, nos anos 1960, a Universidade Federal de Minas Gerais (Miranda, 2010). O mesmo professor, em 1969, foi expurgado da UFMG pela ditadura e teve seus direitos políticos cassados, acusado de ter tolerado que a Faculdade de Filosofia, da qual era diretor, se tornasse "foco de irradiação da subversão em Belo Horizonte" (Motta, 2014, p.181).

Ainda tratando das condições de produção do discurso, busca-se mostrar *quem foi Zeferino Vaz e a importância de sua relação com Resstel.* Construções biográficas sobre Vaz (1908-1981) o caracterizaram de maneira ambígua (Campos, 1981; Meneghel, 1994; Pedão, 2013; Toledo, 2015). Nascido em 1908, ele se formou em 1931 pela Faculdade de Medicina de São Paulo. Seu percurso profissional foi marcado por docência, política e administração pública. Atuou como professor da Escola de Medicina Veterinária da Universidade de São Paulo, onde lecionou Biologia, Zoologia e Parasitologia e da qual foi diretor entre 1936 e 1947. Indicado e protegido por políticos, Vaz participou da criação da Faculdade de Medicina da USP, em Ribeirão Preto, dirigindo-a entre 1951 e 1964.

Nas décadas de 1950 e 1960, sempre no Estado de São Paulo, ocupou cargos na Secretaria de Saúde e no Conselho Estadual de Educação.

Em virtude de seu alinhamento ao golpe de 1964 e de sua trajetória acadêmica e política, em abril de 1964, Zeferino Vaz foi nomeado pelo general Castelo Branco (1897-1967), então ocupante da presidência do País, reitor-interventor da Universidade de Brasília (UnB). Desde seu tempo na USP, Vaz mantinha boas relações com instituições estadunidenses que apoiaram os golpes de Estado nos países latino-americanos (Toledo, 2015). Em sua passagem pela UnB, que durou até agosto de 1965, Vaz participou, amiúde com a participação de professores norte-americanos, da instalação de diversos cursos – como os de Engenharia, Medicina e Psicologia –, e também revogou contratos de professores, cassou funcionários e expulsou estudantes (Campos, 1981, Toledo, 2015).

De volta à capital paulista, Vaz retomou suas atividades no Conselho Estadual de Educação denunciando infiltração marxista nas faculdades paulistas. Não sendo escolhido para presidir o órgão, passou a criar empecilhos ao seu funcionamento. Nesse cenário, o governador Adhemar de Barros (1901-1969), com quem ele mantinha relações pessoais, o designou para liderar a comissão organizadora de uma universidade em Campinas (Toledo, 2015).

Em 1966, Vaz assumiu a reitoria da recém-criada UNICAMP. Deixou o cargo somente quando se aposentou compulsoriamente, por idade, em 1978. Durante todo esse período, foi membro do Conselho de Reitores das Universidades Brasileiras (CRUB), do qual também fazia parte o reitor da UFMG, a quem enviou o texto sobre "o processo do 'trote' dos 'calouros'", aqui analisado, com a apresentação:

> Tenho a grata satisfação de submeter ao alto espírito crítico e à reconhecida experiência do eminente amigo e colega, o trabalho anexo sobre o problema da subversão estudantil, ousando solicitar-lhe que se digne de prestar atenção à importância do assunto nele ventilado e, sobretudo, às suas conclusões. (Vaz, 1971, p.283).

É possível que tenha enviado o mesmo texto aos outros reitores membros do CRUB. De acordo com Toledo (2015), seu longo tempo como reitor *pro tempore* se deveu ao apoio dos governadores biônicos Laudo Natel (1920-) e Abreu Sodré (1917-1999) que ignoraram o descaso de Vaz na convocação de eleições para a reitoria. Vaz recebia também o apoio do regime militar, embora com alguns percalços. Assim, até onde se sabe, inexistiu na UNICAMP uma agência subordinada ao sistema de informações da ditadura, como era o caso das AESIs instaladas nas instituições públicas (Toledo, 2015).

Defensores do reitor o descrevem como responsável por fazer da UNICAMP uma instituição de vanguarda tecnológica. Outros apontam suas ambiguidades frente à ditadura: ele ocupava cargos por indicação de líderes do regime, mas também parecia acobertar feitos de pessoas ligadas às esquerdas (Gomes, 2004; Toledo, 2015). Em 1968, visitou jovens que haviam sido presos no 30º Congresso da UNE. Dentre eles, estava o estudante de Economia da UNICAMP Luiz Antônio de Vasconcelos, que seria preso novamente, em 1971, no DOI-CODI, acusado de integrar a Aliança Libertadora Nacional (ALN), sem receber dessa vez a visita do reitor. Ainda em 1971, quando foi preso o professor Rubens Murillo Marques, do Instituto de Matemática, Vaz recorreu ao coronel Rubens Resstel (1919-2008), então comandante da Guarnição Militar de Campinas, como testemunha no Inquérito Policial Militar que fora instaurado contra o docente.

É bastante provável que Zeferino Vaz e Rubens Resstel tenham mantido relações de proximidade e interlocução por anos. Em 1964, nos preparativos do golpe contra o presidente João Goulart, Vaz, na época diretor da Faculdade de Medicina da USP e Secretário de Saúde do governador Adhemar de Barros, se articulou ao então tenente-coronel Resstel para liberar "peruas de transporte e depósito de gasolina" para a mobilização (Toledo, 2015, p.120). Resstel, que havia participado da Segunda Guerra Mundial como oficial da Força Expedicionária Brasileira, foi um dos principais responsáveis pela rebelião do II Exército, em São Paulo, importante antecedente do golpe de 1964 (Gaspari, 2014). Reconhecido pelo radicalismo, o militar exerceu atividades de planejamento, informações, segurança interna e ensino, trabalhou no Serviço Nacional de Informações e foi membro do Conselho de Segurança Nacional (Gaspari, 2014). É de sua autoria a conferência publicada integralmente no jornal "Estado de São Paulo" sobre infiltração comunista nos meios educacionais, documento do arquivo da AESI/UFMG, de pasta que antecede a do artigo de Vaz.

Outros eventos auxiliam na descrição do contexto de produção do texto pesquisado: em 1970, o estudante de Tecnologia de Alimentos,

Alcides Mamizuka, filiado da ALN, foi enquadrado na Lei de Segurança Nacional e preso pela Operação Bandeirante (OBAN), em São Paulo, fato até então inédito a um estudante da UNICAMP. Em 1971, durante o trote de calouros, algumas moças teriam sido expostas a situações consideradas inadequadas por seus pais e membros da sociedade campineira, sendo o fato comunicado ao promotor público Armando Gallo (Gomes, 2004; Toledo, 2015). O reitor Vaz viu-se obrigado a abrir sindicância pelo Conselho Diretor da Universidade, o que resultou na perda do semestre para quatro lideranças estudantis, embora os estudantes não tenham "protagonizado cenas de violência física, apenas 'atentados aos bons costumes'." (Toledo, 2015, p.123). O clima institucional agitava-se cada vez mais. Nessa época, o trote já havia sido pauta da escrita do reitor, datada de janeiro de 1971. Ressalta-se que esses eventos vieram a público apenas três ou quatro décadas depois, alguns no bojo de comissões da verdade, nacionais e locais[4], que apuraram alguns dos desmandos da ditadura. São fatos importantes da trajetória de Zeferino Vaz, ontem e hoje. (Gomes, 2004).

Comparando-se os dois textos encontrados no arquivo AESI/UFMG, encontram-se *pontos em comum entre os escritos de Vaz e Resstel.* Por exemplo: (a) a conjectura de que o movimento comunista internacional teria se desinteressado pela classe operária e decidido atuar, com novos métodos, nos meios educacionais, particularmente no secundarista, com o objetivo de doutrinar e recrutar agentes que pudessem servi-lo por longo tempo; (b) a suposição de que, como linha de ação, os comunistas se infiltravam nas Faculdades de Filosofia, pois eram elas que formavam professores do curso secundário; (c) a afirmativa de que o trote de calouros é aproveitado pelos agentes infiltrados no meio estudantil a fim de, "prologando-se o período de "trote" obter a obediência da massa dos calouros pelo condicionamento de reflexos." (Resstel, 1970, p.5/83). Os dois autores comungam também com a conclusão de que, para coibir ações subversivas nos meios educacionais, já existiam instrumentos adequados, como o Ato Institucional nº 5, a lei de Segurança Nacional e o Decreto Lei nº 477.

Já a leitura e as releituras atentas do texto de Vaz, associadas à *análise dos conectivos argumentativos* usados pelo autor, ajudam a apontar a que veio a escrita sobre o trote de calouros.

4 O texto de Toledo (2015), por exemplo, tem como base depoimentos de entrevistados pela Comissão da Verdade e Memória Otávio Ianni da Unicamp (2014-2015).

O *primeiro argumento* encontrado tem caráter mais "psicanalítico" que "reflexológico": o trote não é uma diversão inofensiva, mas um meio de satisfazer impulsos sadomasoquistas que se manifestam pela necessidade de infligir sofrimento ou dele tirar satisfação. Nesta análise, chegou-se a esse argumento a partir do contexto intradiscursivo no qual se insere o seguinte fragmento de discurso que contém o conectivo *porque*: "Isso explica *porque*[5] alguns veteranos sádicos se excedem e *porque* alguns calouros masoquistas se submetem alegremente às práticas sádicas." (VAZ, 1971, p.1/282).

Utilizando o mesmo procedimento, isto é, atenção especial ao contexto discursivo em que aparece um segmento contendo conectivos argumentativos, obteve-se um *segundo argumento*: desde que a esquerda subversiva convenceu-se de que os estudantes universitários estavam mais abertos que os operários à mensagem revolucionária, o trote passou a ser orientado cientificamente por meio de técnicas de reflexologia, justamente para impor, por meio da criação de reflexos condicionados, a obediência dos estudantes a seus líderes subversivos. Duas propriedades dos reflexos condicionados tornaram-se importantes: sua especificidade e sua estabilidade. A primeira propriedade requer a presença repetida de um mesmo estímulo para garantir a resposta condicionada: "Essa propriedade, cientificamente demonstrada, é extremamente importante, *porque* é baseado nela que os líderes subversivos universitários impõem sua liderança aos calouros, durante os 30 a 50[6] dias de duração do trote e somente as suas ordens são por eles obedecidas." (p.3/280).

Quanto à estabilidade – o fato de que um reflexo condicionado instalado poder durar toda a vida –, ela "explica *porque*, uma vez imposta ao jovem calouro a obediência a líderes subversivos (...) ficam os estudantes, pelo resto do curso universitário, sempre obedientes às ordens daqueles líderes." (VAZ, 1971, p.3/280).

O *terceiro argumento* encontrado na análise assume que é perfeitamente possível que veteranos condicionem calouros: "Através de experiências

5 Os conectivos argumentativos utilizados por Vaz foram destacados com o uso de itálico.

6 Vaz escreve, na revisão que faz dos experimentos de Pavlov: "Se repetirmos essa experiência um certo número de dias, em geral 20 a 50, basta depois tocar apenas a campainha e o cão, instantaneamente, passa a secretar o mesmo número de gotas de saliva." (VAZ, p. 2/281). Ao longo de seu texto, repete seis vezes que o trote se estende por 30 a 50 dias, portanto período suficiente para criar propositalmente o reflexo de obediência.

numerosíssimas e bem conduzidas, demonstrou-se exaustivamente que é possível impor ao homem fobias, medos, obediência, agressividade, *assim como* ordem e disciplina." (VAZ, 1971, p.3/280).

O *quarto argumento* traz uma crítica à teoria psicológica empregada pelos líderes estudantis: embora a reflexologia tenha constituído uma nova Psicologia, baseada em reflexos condicionados, ela é uma concepção estreita, mecanicista e negativista da alma humana: "*Mas* daí a considerá-lo [o reflexo condicionado] como único mecanismo da formação do psíquico vai uma larga distância." (VAZ, 1971, p.4/279).

O *quinto argumento* sugere que o trote não é apenas o que aparenta ser. Ele culmina com a passeata final, uma espécie de desfile de tropa em que os estudantes, obedecendo em massa aos líderes estudantis, carregam cartazes ofensivos à moral, com críticas às autoridades civis e universitárias e incitamentos à desordem. Embora as autoridades policiais vejam a passeata apenas como uma "estudantada", o mesmo não ocorre com a população civil, o verdadeiro alvo dos líderes subversivos: "[Os civis] Temem, *porém*, os estudantes e este é, *também*, um dos objetivos da passeata: incutir na população o temor aos movimentos estudantis." (VAZ, 1971, p.5/278).[7]

O *sexto argumento* busca provar que, desde o curso colegial, os líderes universitários subversivos são cuidadosa e cientificamente aparelhados para implantarem nos calouros o reflexo condicionado de obediência. Eles são preparados por professores secundaristas doutrinados nas Faculdades de Filosofia. Esses professores arregimentam jovens agressivos, revoltados, idealistas e inteligentes para o marxismo:

> É de observação corrente que esses líderes, apesar de inteligentes, quase sempre repetem o segundo ano do curso várias vezes, *porque*, por esse meio, estão sempre em contato próximo com os calouros, impondo-lhes reflexologicamente uma sólida autoridade. Quando surgem outros, capacitados a substituí-los na preparação dos calouros, prosseguem e concluem o curso com facilidade. (VAZ, 1971, p.5-6/278-277).

No *sétimo argumento*, Vaz demonstra, valendo-se de diversos conectivos argumentativos, que os calouros são facilmente "manejáveis"

[7] Essa frase pode perfeitamente ser reescrita, sem mudar seu sentido, usando os conectivos argumentativos que aparecem na literatura: "[Os civis] Temem, *então*, os estudantes e este é, *finalmente*, um dos objetivos da passeata: incutir na população o temor aos movimentos estudantis)".

e influenciados pela "liderança estudantil subversiva" que facilmente implanta neles o reflexo condicionado de obediência:

> Na gíria estudantil, o calouro é sempre burro, *ainda quando* inteligente. Parece burro *porque* é tímido, quando não atemorizado por entrar em ambiente desconhecido e ameaçador. Passa, *então*, a comportar-se como burro, pronto a obedecer às ordens dos veteranos.
>
> Considera-se, *também* o tremendo esforço físico e mental de preparação para o vestibular (...). De outro lado, considera-se, *também*, que o calouro é pouco mais que adolescente (...). Passa, *então*, a transformar em ideal a figura dos líderes estudantis (...). É, evidente, *também*, que alguns calouros de forte personalidade e de mentalidade construtiva, não se deixam impregnar pelas lideranças estudantis. São, *porém*, obrigados a manter-se afastados e silenciosos *pois*, se tentam reagir em assembleias, são estrepitosamente vaiados e suas vozes silenciadas pelos grupos subversivos, sempre bem treinados. (VAZ, 1971, p.6/277).

Oitavo e nono argumentos aparecem na conclusão final, quando Vaz explica a presença do termo "processo" no título de seu artigo, justificando a necessidade de impedir a continuação do trote nas universidades e argumenta pelo fim da presença de lideranças de esquerda nas universidades:

> Verifica-se, *pois*, que o "trote" não é um *momento* na vida universitária; transformou-se em um *processo*[8], calculadamente desenvolvido, com fins definidos, dentro do esquema global da ação subversiva. (VAZ, 1971, p.8 /275).
>
> Convém, *ainda*, ressaltar que a ação preventiva e coercitiva do Ato Institucional nº 5 e da legislação subsequente (...) interromperá o processo de afirmação de novos líderes da esquerda ativista ainda atuantes nas Universidades. (VAZ, 1971, p.8 /275).

Com essas análises, vê-se que o texto de Vaz foi escrito objetivando impedir a continuação do trote estudantil e, por esse meio, no correr dos anos seguintes, eliminar a esquerda na universidade, talvez no país. Ignorando toda a história anterior do trote, Vaz o imagina apenas como um momento, ou um processo, de doutrinação esquerdista. Naquele

[8] Esse e o anterior são itálicos de Zeferino Vaz.

momento, seu texto se dirigia a autoridades universitárias e apenas a elas – de fato, o arquivo mostra que o reitor da UFMG enviou cópias do documento aos diversos diretores das faculdades, usando os canais sigilosos de sua AESI.

A análise realizada elimina todo resíduo de ambiguidades presentes nas biografias, relativas à posição ideológica do autor. Vaz era homem da ditadura, um agente dela, favorável a medidas ditas de exceção como o AI-5 e o Decreto nº 477. Diferente do texto de Resstel, publicado na grande imprensa, o de Vaz destinava-se imediatamente a um grupo restrito de supostos braços-de-ferro – os membros do CRUB – e, em longo prazo, à história.

Considerações finais

As condições de produção do discurso de Zeferino Vaz relativo ao trote estudantil e os enunciados argumentativos usados por ele e apresentados ao longo da análise aqui descrita permitem sintetizar o documento em sua totalidade: Vaz defende o fim do trote universitário como estratégia de eliminação da subversão estudantil e da infiltração comunista. Ele entende a formação dos jovens *subversivos* do movimento estudantil universitário como a fase final de um processo longo e amplo, que ocorre desde as escolas de ensino secundário. Nelas, a presença de professores formados em Faculdades de Filosofia e influenciados por um hipotético movimento internacional de uma esquerda imaginariamente monolítica, cria ambiente favorável para a preparação de jovens subversivos no ensino superior.

Nesse cenário, Vaz (1971) recorre à psicologia, a fim de explicar a ação política dos estudantes, argumentando que essa disciplina e, especialmente, a reflexologia cumprem papel científico na explicação da obediência e formação de líderes: "O reflexo condicionado de obediência individual e em massa aos líderes subversivos, cientificamente implantado, é que explica a facilidade e a rapidez com que se mobilizam milhares de estudantes para passeatas de protesto." (p.278/5).

O mesmo imaginário já havia sido percorrido por Resstel (1970, p.83/5) em sua conferência divulgada pelo Estado de São Paulo: "Em sua ação junto aos estudantes, os agentes comunistas utilizam-se da chantagem, da coação psicológica, dos tóxicos e, comumente, da atração sexual, propagando o amor livre". Vaz e Resstel afirmam o caráter ideológico da Educação, tema novamente presente na atualidade brasileira.

Vaz mantém uma dupla relação com a reflexologia. O contexto de Guerra Fria da época em que ele escreve e a busca por um inimigo a ser perseguido geram uma associação pretensamente lógica entre a teoria psicológica soviética e seu uso para doutrinação comunista. Em seu *Estudo sobre o significado do trote,* nome da pasta do arquivo da AESI em que o documento se encontra, como se viu, Vaz (1971) considera que a reflexologia é uma poderosa teoria psicológica, capaz de criar reflexos condicionados em uma massa de estudantes, fazendo deles cegos obedientes pelo resto de suas vidas. Em contrapartida, ele também considera que a reflexologia produz um conhecimento mecanicista e redutor do homem, que desconhece as sutilezas do sadomasoquismo e outras características humanas. Dessa dicotomia, surge a contraposição teórica colocada por Vaz entre a reflexologia e a psicanálise, fundamento do texto e oposição comum na história da psicologia daquele período. Essa dupla relação talvez espelhe amor e ódio, admiração e medo com relação ao bloco comunista, modelo de ordem e também, para o reitor *pro tempore*, de política execrável.

Por fim, com base nos registros inconscientes, ideológicos, de situação de palavra e de circulação de insígnias no tecido discursivo, propostos por Flahault (1978), e na articulação do documento analisado com o contexto de sua produção, conclui-se que as coincidências entre os textos de Resstel e Vaz expõem a proximidade entre esses autores e a aliança entre eles. Eles têm objetivos comuns, pertencem a uma formação ideológica e imaginária que associa poder militar e civil a lutarem juntos numa mesma Guerra Fria (não tão fria, contudo, se examinamos os casos das vítimas desse conluio[9]). Vaz ocupa uma posição de suposto conhecimento acerca das estratégias científicas sobre a ação revolucionária; Resstel garante a proteção em relação às supostas ameaças. Eles estabelecem uma relação de complementaridade: saber e poder, informação e proteção.

Pode-se concluir que o estudo sobre o trote foi criado sob a ótica da direita e é um documento expressivo do período ditatorial. Destinado a um reitor, é ao mesmo tempo um comando civil-militar no sentido

9 Toledo (2015) cita nomes de acadêmicos perseguidos pelo reitor, projetos destruídos, carreiras interrompidas.

de se eliminar o trote universitário e uma suposição imaginada de que outras autoridades universitárias compartilhariam a mesma visão, validariam os argumentos defendidos e eliminariam o trote. A análise aqui realizada não valida esses argumentos. Diferentemente, ela desmonta os fundamentos da autoridade científica tanto de Zeferino Vaz, como de seu espelho, Rubens Resstel. Porém, também esta análise, certamente, sofre as determinações do contexto em que foi realizada.

Referências

CAMPOS, M. S. Professor Doutor Zeferino Vaz. **Revista da Faculdade de Medicina Veterinária e Zootecnia**, v. 18, n. 2, p. 87-92, 1981.

CANÇADO, C. R. X.; Soares, P. G.; CIRINO, S. D. O behaviorismo: uma proposta de estudo do comportamento. In: JACÓ-VILELA, A. M.; FERREIRA, A. A. L.; PORTUGAL, F. T. (Orgs.). **História da Psicologia**: rumos e percursos. Rio de Janeiro: Nau Editora, 2011. p. 179-194.

CHARAUDEAU, P.; MAINGUENEAU, D. **Dicionário de análise do discurso**. São Paulo: Contexto, 2004.

COMISSÃO DE MORTOS E DESAPARECIDOS; IEVE – INSTITUTO DE ESTUDOS SOBRE A VIOLÊNCIA DO ESTADO. **Dossiê Ditadura**: mortos e desaparecidos políticos no Brasil: 1964-1985. São Paulo: Ieve, Imprensa Oficial, 2009.

CRYSTAL, D. **Dicionário de linguística e fonética**. Rio de Janeiro: Jorge Zahar, 1988.

DUCROT, O. **Provar e dizer**: leis lógicas e leis argumentativas. São Paulo: Global, 1991.

FLAHAULT, F. **La parole intermédiaire**. Paris: Seuil, 1978.

FOUCAULT, M. Sobre as maneiras de escrever a história. In: FOUCAULT, M. **Ditos e Escritos II**. Rio de Janeiro: Forense Universitária, 2005. p. 62-77.

GASPARI, E. **A ditadura encurralada**. Rio de Janeiro: Intrínseca, 2014.

GOMES, E. Zeferino flutuou entre a adesão e a resistência. **Jornal da Unicamp**, Campinas, p. 6, mar./abr. 2004.

KELLER, F. S.; SCHOENFELD, W. N. **Princípios de psicologia**. São Paulo: Herder, 1966.

KLINEBERG, O. **A psicologia moderna**. São Paulo: Agir, 1953.

MAINGUENEAU, D. **Novas tendências em análise do discurso**. Campinas: Pontes Editores, 1989.

_______. **L'analyse du discours**: introduction aux lectures de l'archive. Paris: Hachette, 1991.

_______. **Termos-chave da análise do discurso**. Belo Horizonte: UFMG, 1998.

MENEGHEL, S. M. **Zeferino Vaz e a UNICAMP –** Uma trajetória e um modelo de universidade. 1994. Dissertação (Mestrado em Educação) – Faculdade de Educação, Universidade Estadual de Campinas, Campinas, 1994.

MIRANDA, R. L. **Laboratórios de Análise do Comportamento no Brasil**: percursos na UFMG na década de 1970. 2010. Dissertação (Mestrado em Educação) – Faculdade de Educação, Universidade Federal de Minas Gerais, Belo Horizonte, 2010.

MOTTA, R. P. **As universidades e o regime militar**. Rio de Janeiro: Zahar, 2014.

PÊCHEUX, M. Análise automática do discurso (AAD-1969). In: GADET, F.; HAK, T. **Por uma análise automática do discurso**. Campinas: Unicamp, 1990. p. 61-161.

PEDRÃO, G. B. **O Arquivo Zeferino Vaz**: um lugar de construção da memória da UNICAMP. 2013. Dissertação (Mestrado em Ciências da Informação) – Programa de Pós-graduação em Ciências da Informação, Universidade Estadual Paulista, Marília, 2013.

PRESTES, Z. R. **Quando não é quase a mesma coisa** – Análise de traduções de Lev Semionovitch Vigotski no Brasil: repercussões no campo educacional. 2010. Tese (Doutorado em Educação) - P rograma de Pós-graduação em Educação, Universidade de Brasília, Brasília, 2010.

REIS, D. A. A ditadura faz cinquenta anos: história e cultura política nacional-estatista. In: REIS, D. A.; RIDENTI, M.; MOTTA, R. P. **A ditadura que mudou o Brasil**: 50 anos do golpe de 1964. Rio de Janeiro: Zahar, 2014. p. 11-29.

RESSTEL, R. A subversão na escola: Artigo publicado no Estado de São Paulo, em 19 de novembro de 1970 (AESI/UFMG, Caixa 15/1970, Maço 14, Folhas 1-9/87-79). In: Brasil (1964-1982). **Assessoria Especial de Segurança e Informação AESI/ASI/UNI**: documentos UFMG. Infiltração comunista nos meios educacionais. Caixa 15/1970, Maço 14, Folhas 79-92, 1970.

SOUZA-JÚNIOR, E. J. **Reflexologia soviética e teoria histórico-cultural**: uma análise das interlocuções entre o pensamento de Vigotski e o pavlovianismo. 2008. Dissertação (Mestrado em Educação) – Faculdade de Educação, Universidade Federal de Minas Gerais, Belo Horizonte, 2008.

SOUZA-JÚNIOR, E. J.; LOPES, M. G.; CIRINO, S. D. A reflexologia soviética: Séchenov, Pavlov e Bechterew. In: JACÓ-VILELA, A. M.; FERREIRA, A. A. L.; PORTUGAL, F. T. (Orgs.). **História da Psicologia**: rumos e percursos. Rio de Janeiro: Nau Editora, 2011. p. 169-178.

TOLEDO, C. N. Zeferino Vaz: um reitor de direita que protegia as esquerdas? **Germinal – Marxismo e Educação em Debate**, v. 7, n. 2, p. 116-132, 2015.

TRASK, R. L. **Dicionário de linguagem e linguística**. São Paulo: Contexto, 2006.

VAZ, Z. Contribuição ao conhecimento da guerra revolucionária: o processo do "trote" dos "calouros" como técnica de base científica reflexológica de imposição de liderança estudantil subversiva nas universidades (AESI/ UFMG, Caixa 16/1971, Maço -, Folhas 1-8/282-275). In: Brasil (1964-1982). **Assessoria Especial de Segurança e Informação AESI/ASI/UNI**: documentos UFMG. Infiltração comunista nos meios educacionais. Caixa 16/1971, Maço -, Folhas 275-283, 1971.

10

Em favor da análise do discurso

Marília Novais da Mata Machado

Estritamente falando, não existe uma única "análise de discurso", mas muitos estilos diferentes de análise, e todos reivindicam o nome. O que essas perspectivas partilham é uma rejeição da noção realista de que a linguagem é simplesmente um meio neutro de refletir, ou descrever o mundo, e uma convicção da importância central do discurso na construção da vida social.

(GILL. Análise do discurso. In BAUER & GASKELL. **Pesquisa qualitativa com texto, imagem e som.** Petrópolis: Vozes, 2002, p. 244).

Neste livro trouxemos o relato de oito práticas de análise do discurso, realizadas em diferentes momentos das três últimas décadas. O que elas têm em comum é o fato de terem sido exercícios realizados numa relação professora/alunos em que se estudou a análise do discurso, se decidiu quanto a um tema de pesquisa e, conjuntamente, se construiu uma forma singular de analisar. Foi um trabalho coletivo e aberto, portanto. São assim oito exemplos que ilustram a diversidade apontada na epígrafe acima e corroboram com ela.

A primeira prática descrita – *Análise de uma entrevista de pesquisa* – foi realizada em 1990, quando as coautoras Keila Deslandes e Marta

Elisabete Guimarães Alfano eram mestrandas do Programa de Pós-Graduação em Psicologia da Universidade Federal de Minas Gerais, onde eu lecionava. A forma de analisar é marcada especialmente por recomendações de André Lévy, meu orientador de tese francês: atenção ao eixo articulador do discurso e ao contrato implícito estabelecido entre entrevistador e entrevistado.

O homossexual e a AIDS: O discurso do risco teve como coautoras Juliana Dias Paes Nahass e Maria José Duarte Utsch, então psicólogas recém-formadas pela UFMG e bolsistas de aperfeiçoamento pela Fapemig (1997-1999), vinculadas ao Projeto Horizonte (Estabelecimento de coorte de homossexuais e bissexuais masculinos para estudos de incidência da infecção pelo HIV e para futuros ensaios clínicos com vacinas candidatas anti HIV/AIDS em Belo Horizonte). A análise do discurso foi feita a partir de leituras repetidas de quatro entrevistas transcritas nas quais, com foco no tipo de contrato estabelecido entre pesquisadoras/entrevistados, buscou-se especialmente o ganho visado pelos entrevistados ao concederem a entrevista e as possíveis articulações de suas falas com pressupostos da teoria psicanalítica.

Contribuição para a historiografia da saúde mental no Brasil: análise de discurso de 1991 do presidente da Associação Internacional de Psiquiatria, resultou da pesquisa de Filippe de Mello Lopes, Danilo Rodrigues de Matos e Talyta Resende de Oliveira, membros do Núcleo de Estudo, Pesquisa e Intervenção em Saúde (NEPIS) do Laboratório de Pesquisa e Intervenção Psicossocial (Lapip) da Universidade Federal de São Joaõ del-Rei (UFSJ). Eles foram meus alunos na disciplina Análise do Discurso, oferecida no Programa de Pós-Graduação em Psicologia da UFSJ, em 2013. Nesse caso, a análise do discurso, além da ênfase em informações de contexto relativas às condições de produção do discurso analisado, valeu-se dos resultados de pesquisas da Linguística a respeito de predicação, implícito discursivo e pressupostos.

A construção discursiva da autoridade e do saber salesianos no jornal Diário do Comércio de São João del-Rei em meados do século XX foi texto elaborado por Rodolfo Luís Leite Batista, também aluno da disciplina Análise do Discurso, em 2013. O tema derivou do desenvolvimento da dissertação de Rodolfo sobre o antigo Laboratório de Psicologia Experimental da Faculdade Dom Bosco de Filosofia, Ciências e Letras, escola vinculada à congregação religiosa salesiana. A dissertação foi orientada por mim e pelo Prof. Dr. Carlos Henrique de Souza Gerken, também coautor do capítulo. A análise do discurso teve como corpus recortes do jornal *Diário do Comércio* sanjoanense publicados entre 1958 e 1961 e, utilizando-se o referencial teórico metodológico proposto por Charaudeau, foram observados os não ditos, os pontos ocultos, as significações possíveis por trás do jogo de aparências.

Análise do discurso sobre o TDAH em uma revista voltada para a Educação foi outro trabalho que resultou do curso sobre Análise do Discurso de 2013. A autora Tatiane Rose Oliveira de Mendonça realizou pesquisa cuidadosa sobre TDAH, biologização da Educação, medicação e medicalização. Ela contou com a minha participação e a de sua orientadora de dissertação, Larissa Medeiros Marinho dos Santos, para analisar as duas reportagens da revista *Nova Escola* que trataram do assunto. A análise do discurso buscou informações de contexto sobre o TDAH e sobre a revista, além de valer-se do uso de termos-pivôs e de implícitos discursivos.

O louco e seus predicados foi resultado de trabalho conjunto na disciplina sobre Análise do Discurso de 2012. Maristela Nascimento Duarte realizou gravações e entrevistas e as transcreveu. Coordenei os trabalhos da análise do discurso assim obtido. A equipe toda, formada ainda pelos mestrandos Mayara Pacheco Coelho, Ivânia Fátima de Carvalho Moura e Fábio Henrique Silva, procedeu às análises que tiveram como referencial teórico-metodológico a teoria da predicação de Searle.

Análise do discurso de um relato publicado acerca de uma prática psicossocial em instituição prisional resultou de pesquisa feita por Tamiris Amanda Rezende de Alvarenga e Yara Lombardi, também alunas do curso de Análise do Discurso de 2013, que, sob minha orientação, indagaram a respeito das decisões metodológicas, epistemológicas e éticas de uma prática psicossocial ocorrida em uma instituição prisional. A análise do discurso foi feita sobre o relato publicado dessa prática, adotando-se um olhar foucaultiano que privilegiou a descrição crítica e genealógica. Nela, estudaram-se as articulações texto/contexto e, quando necessário, utilizaram-se marcadores linguísticos.

Reflexologia do trote de calouros: argumentos histórico-políticos contra o condicionamento subversivo resultou de pesquisa que Rodolfo Luís Leite Batista, hoje doutorando na Universidade Federal de Minas Gerais, e eu fizemos em 2018. O corpus analisado foi o texto encontrado no arquivo da Assessoria Especial de Segurança e Informação da Universidade

Federal de Minas Gerais (AESI/UFMG), escrito por Zeferino Vaz, então reitor da Universidade de Campinas. A análise do discurso consistiu no levantamento exaustivo das condições de produção do discurso e na análise dos conectivos argumentativos empregados pelo autor.

Penso que a principal contribuição do livro não é a de mostrar a diversidade de formas de analisar discursos, mas antes a de reduzir o receio que se tem de entrar nesse território plural, desafiador e polissêmico da análise do discurso, território de minúcias que exigem atenção, precisão, paciência, questionamento e, em especial, muito rigor.

A grande vantagem teórica da análise do discurso é a sua capacidade de problematizar questões tidas como banais, corriqueiras: a herança, a infecção, a autoridade, a educação, a loucura, a política. A grande vantagem metodológica é a de reduzir muito a ingerência do pesquisador, pois ele não estabelece categorias de análise nem grades de leitura, como nas análises de conteúdo. Diferentemente, ele busca na língua não a resposta às suas questões, mas as perguntas que podem e devem ser feitas a partir de determinado discurso.

Sobre os autores

Carlos Henrique de Souza Gerken é psicólogo e mestre pela Universidade Federal de Minas Gerais e Doutor em Educação pela Pontifícia Universidade Católica de São Paulo. Foi Pró-reitor de Pesquisa e Pós-graduação da Universidade Federal de São João del-Rei (UFSJ) de 2004-2008. Atualmente é Professor Associado III da UFSJ. Atua nos programas de pós-graduação em Psicologia (colaborador) e em Processos socioeducativos e práticas escolares da UFSJ. *E-mail*: chsgerken@gmail.com

Danilo Matos é graduado e mestre em Psicologia pela Universidade Federal de São João del-Rei (UFSJ), onde também integrou o Núcleo de Estudo, Pesquisa e Intervenção em Saúde (NEPIS). Sua formação é voltada para o estudo de Políticas Públicas de Saúde, Controle Social e Saúde Mental, sendo um dos organizadores dos livros *Quando Acabar o Maluco Sou Eu* (Espaço Artaud, 2010) e *Universidade e Sistema de Saúde: a democratização do conhecimento* (Espaço Artaud, 2013). *E-mail*: danmatos@ymail.com

Fábio Henrique Silva é psicólogo pela Universidade do Estado de Minas Gerais e mestrando do Programa de Pós-Graduação em Educação da UFMG na linha de pesquisa Psicologia, Psicanálise e Educação. *E-mail*: fabiohsilva.86@gmail.com

Filippe de Mello Lopes é psicólogo e mestre em Psicologia pela UFSJ, conselheiro do Conselho Regional de Psicologia de Minas Gerais (CRP-MG)

no plenário 2016-2019; coordena a comissão de Saúde Mental, Álcool e Outras drogas e a comissão de Psicologia e Relações étnico-raciais do CRP-MG. É membro do coletivo Intercambiantes. *E-mail*: filippeufsj@gmail.com

Ivânia Fátima de Carvalho Moura é mestre em Psicologia social pela Universidade Federal de São João del-Rei, especialista em Gerontologia pela Faculdade de Ciências Médicas no núcleo FELUMA/CIAPE. Trabalha em Instituição de Longa Permanência para Idosos (ILPIs), em clínica com adultos e idosos e em projeto social (Paróquia da Igreja Católica, Prados, MG, com pessoas carentes). Participa de grupo multiprofissional de estudos do envelhecimento, é voluntária na Universidade da Terceira Idade da UFSJ e membro da Associação dos Aposentados (ASAP) e do Conselho Municipal do Idoso de São João del-Rei, MG. *E-mail*: ifcmoura@gmail.com

Juliana Dias Paes Nahass. *In memoriam*. Bacharel em Psicologia pela Universidade Federal de Minas Gerais, especialista em Saúde Mental, Técnica Superior de Saúde do Centro de Testagem e Aconselhamento de Belo Horizonte. Foi pesquisadora do Projeto Horizonte: Estudo de coorte de homossexuais e bissexuais masculinos em Belo Horizonte, Minas Gerais. Falecida em 2013.

Keila Deslandes é psicóloga e mestre pela Universidade Federal de Minas Gerais. Doutora em Psicologia pela Universidade de Paris-7, pós-doutora em Educação (USP) e em Psicologia Política (UFRJ). Professora Associado IV no Departamento de Educação da Universidade Federal de Ouro Preto (UFOP) e membro do Edges (Grupo de Estudos de Gênero, Educação e Cultura Sexual, da USP). Seus trabalhos mais recentes são nas áreas de relações de gênero, feminismos e diversidade, com ênfase em Educação. *E-mail*: keila_deslandes@ufop.edu.br

Larissa Medeiros Marinho dos Santos é doutora em Psicologia (2008) pela Universidade de Brasília (2008). É professora do Departamento de Psicologia e do Programa de Pós-Graduação em Psicologia da Universidade Federal de São João del-Rei. Atua na área de Psicologia Escolar e Educacional e é integrante do NELUS – Núcleo de Estudos em Ludicidade e Sóciotecnologias da UFSJ. *E-mail*: larissa@ufsj.edu.br.

Maria José Duarte Utsch é psicóloga graduada pela Universidade Federal de Minas Gerais (1995). Áreas de atuação: Psicologia, Pesquisa Qualitativa e Aconselhamento de prevenção de Infecções sexualmente transmissíveis (IST). É pesquisadora e Coordenadora do Componente Psicossocial do Projeto Horizonte: Estudo de Coorte que avalia a incidência da infecção pelo HIV/AIDS em homossexuais e bissexuais masculinos, HIV negativos, residentes na grande BH (MS/UFMG) e integrante de equipe psicossocial atuante na abordagem de prevenção combinada: Profilaxia Pré Exposição ao HIV (PrEP), na Faculdade de Medicina/UFMG. *E-mail*: jodutsch@gmail.com

Marília Novais da Mata Machado é professora doutora aposentada do Departamento de Psicologia da Faculdade de Filosofia e Ciências Humanas da Universidade Federal de Minas Gerais (UFMG). Foi Pesquisadora Visitante Nacional Sênior (PVNS/CAPES) na Universidade Federal de São João del-Rei e membro da comissão editorial da revista *Pesquisas e Práticas Psicossociais* de mesma universidade. É pesquisadora do Laboratório de Grupos, Instituições e Redes Sociais (L@gir/ FAFICH/UFMG) e do Laboratório de Pesquisa e Intervenção Psicossocial (LAPIP/ UFSJ). *E-mail*: marilianmm@gmail.com

Maristela Nascimento Duarte é professora associada aposentada da Universidade Federal de São João del-Rei (UFSJ). Graduou-se em Ciências Sociais pela Universidade Federal de Juiz de Fora (UFJF); é mestre em Ciência Política pela Universidade Federal de Minas Gerais (UFMG). Concluiu doutorado em História na Universidade Federal Fluminense (UFF) e pós-doutorado no Curso de Psicologia da UFMG. É membro do LAPIP/UFSJ e do L@gir/UFMG. Desenvolve pesquisas nas áreas de história da psiquiatria e saúde mental. *E-mail*: duarte.maristela@gmail.com

Marta Elisabete Guimarães Alfano é psicóloga graduada pela Universidade Federal da Bahia (UFBa), mestre em Psicologia pela Universidade Federal de Minas Gerais, professora aposentada pela Universidade Federal do Recôncavo da Bahia (UFRB). Área de atuação: Psicologia e Educação. Criadora do Projeto Acompanhamento à Queixa Escolar (AQE) no Serviço de Psicologia da UFRB. Colaboradora do Projeto de Extensão "Brincando em Família" da Universidade Federal da Bahia. *E-mail*: martaalfano@gmail.com

Mayara Pacheco Coelho é professora no Centro Universitário Salesiano de São Paulo (UNISAL), unidade Americana/SP; Pós-graduanda em Terapia Sexual, UNISAL, campus Pio XI, São Paulo; mestre em Psicologia, linha Processos Psicossociais e Socioeducativos, pelo Programa de Pós-Graduação em Psicologia da Universidade Federal de São João del-Rei (UFSJ); Graduada em Psicologia pela Universidade Federal de São João del-Rei (UFSJ). *E-mail*: mayarapachecocoelho@gmail.com

Rodolfo Luís Leite Batista é psicólogo e mestre em psicologia pela Universidade Federal de São João del-Rei. Atualmente, é doutorando pela Faculdade de Educação da Universidade Federal de Minas Gerais e professor no Centro Universitário Presidente Tancredo Neves. Tem experiência nas áreas de História da Psicologia e Psicologia da Educação. *E-mail*: rodolforllb@gmail.com

Talyta Resende de Oliveira é psicóloga e mestra em Psicologia pela Universidade Federal de São João del-Rei. Atuou por aproximadamente dois anos como Psicóloga do Serviço Residencial Terapêutico de Barbacena-MG. Atualmente é professora e coordenadora do curso de Psicologia do Centro Universitário Presidente Tancredo de Almeida Neves (UNIPTAN). *E-mail*: oliveiratr.90@gmail.com

Tamiris Amanda Rezende de Alvarenga é psicóloga e mestra em Psicologia pela Universidade Federal de São João del-Rei. Atualmente é pós-graduanda em educação em Saúde pela Universidade Federal de Minas Gerais, professora no curso de Psicologia da Faculdade de São Lourenço, Mantenedora Unisepe e Bolsista de Desenvolvimento Tecnológico Industrial CNPq – Nível C. *E-mail*: tamiris.alvarenga@hotmail.com

Tatiane Rose Oliveira de Mendonça é mestra em Psicologia pelo Programa de Pós-Graduação em Psicologia da Universidade Federal de São João del-Rei (UFSJ). Graduada em Psicologia pela UFSJ. Tem experiência profissional nas áreas de Psicologia Escolar e Educacional, Psicologia Clínica e Orientação Profissional. *E-mail*: tatianerose@yahoo.com.br

Yara Lombardi é bacharel em direito. Em 2013, com matrícula isolada, cursou a disciplina Análise do Discurso no Programa de Pós-Graduação em Psicologia da Universidade Federal de São João del-Rei. *E-mail*: yaralombardi@hotmail.com

Índice remissivo e de autores

Este livro foi composto com tipografia Bembo
e impresso em papel Offset 75g. na Gráfica Del Rey.